Antworten

WISSENSLÜCKEN SCHLIESSEN

Impressum

Baierbrunner Straße 27, 81379 München

Text: Stephan Lamprecht (Technik, Gesellschaft, Politik, Wirtschaft, Recht),
Frank J. Müller (Geschichte), Tanja Müller (Sport), Iris Ottinger (Kultur,
Medien), Ingrid Pfendtner (Natur, Erde, Universum, Mensch),
Volker Wollny (Umwelt, Digitale Welt)
Chefredaktion: Dr. Matthias Feldbaum
Redaktion: Dr. Verena Stindl, Cornelia Giebichenstein, Maximilian Eberhard
Fachredaktion: Dr. Claudia Hangen, Frank J. Müller,
Christian Q. Spitzner, Dr. Torsten Stindl, Volker Wollny
Produktion: Ute Hausleiter
Abbildungen: siehe Bildnachweis S. 256
Titelabbildungen: shutterstock.com/ Lightspring
Gestaltung: textum GmbH, München
Umschlaggestaltung: red.sign GbR, Stuttgart (Anette Vogt)

ISBN 978-3-8174-9927-4
381749927/1

www.compactverlag.de

Über dieses Buch

Was ist Fracking, welche Milch schäumt am besten und warum gibt es eigentlich „rote“ und „schwarze“ Politiker? Wer Antworten auf diese und 500 weitere faszinierende Fragen sucht, wird in diesem Buch garantiert fündig. Denn niemand kann alles wissen – Bildungslücken hat jeder! Mit interessanten Fakten und Hintergrundinformationen werden diese Lücken gefüllt: kurzweilig, anschaulich und prägnant.

Viele treffende Beispiele, aussagekräftige Grafiken und Zusatzinformationen helfen zudem, Zusammenhänge besser zu verstehen – gleichgültig, ob es sich um klassisches Wissen handelt oder um topaktuelle Themen. Natürlich mussten wir eine Auswahl treffen aus der Fülle der möglichen Informationen, aber mit dem Wissen aus diesem Buch werden Sie in jeder Gesprächsrunde bestehen oder sogar glänzen können.

Die 15 thematisch unterschiedlichen Kapitel laden mit ihren zahlreichen beeindruckenden Abbildungen zum Blättern, Schmökern und Nachschlagen ein. Sie werden auf jeder Seite Neues erfahren und sich an Vergessenes erinnern!

Die Redaktion

Inhalt

Natur

Erde

Universum

Natur

Als Teil der Natur kann der Mensch gar nicht anders, als sich mit seiner Umwelt zu befassen. Tagtäglich begegnen wir zahlreichen Tieren, bewusst und unbewusst, wir erfreuen uns an sattem Grün oder flüchten uns in den Schatten der Bäume. Aber bei unserer Naturempfindung hört die Thematik nicht auf: Für unsere Vorfahren war es überlebenswichtig, die Pflanzen zu kennen und die Tiere einschätzen zu können. Das Wissen um die Natur wurde weitergegeben, erst zum rein praktischen Nutzen, aber dann begann der Mensch, dieses Wissen zu systematisieren und die Natur über die Grenzen seines Lebensraums hinaus zu erforschen.

Erforschen, nutzen, schützen: Natur als Wissenschaft

Was wir über die Natur wissen, verdanken wir menschlicher Neugier und unermüdlichem Forschergeist: Seit der Antike beobachten wir sie, entdecken ihre Vielfalt und erkunden, wie sie funktioniert. Und auch um die Natur zu schützen, ist das Wissen über sie elementar.

Wie viele Arten gibt es – und wie behalten die Forscher den Überblick?

Wie viele Arten es wirklich gibt, weiß man nicht, noch lange hat man nicht alle entdeckt. Aber bis heute wurden über 2 Mio. Arten von Organismen gefunden und beschrieben. Schon in der Antike hat man begonnen, Lebewesen nicht nur zu erforschen, sondern auch zu kategorisieren und Verbindungen zwischen ihnen herzustellen. Im Laufe der Jahrhunderte entstanden mehrere Systematiken der Pflanzen und der Tiere. Heute verwendet man folgende Klassifikation:

Klassifikation	Beispiel Rose	Beispiel Elefant	Mensch
Reich (*Regnum*)	Pflanzen (*Plantae*)	Vielzellige Tiere (*Metazoa*)	Vielzellige Tiere (*Metazoa*)
Überstamm (*Superphylum*)	/	Neumünder (*Deuterostomia*)	Neumünder (*Deuterostomia*)
Abteilung/Stamm (*Divisio/Phylum*)	Gefäßpflanzen (*Tracheophyta*)	Chordatiere (*Chordata*)	Chordatiere (*Chordata*)
Unterabteilung/-stamm (*Subphylum*)	Samenpflanzen (*Spermatophytina*)	Wirbeltiere (*Vertebrata*)	Wirbeltiere (*Vertebrata*)
Überklasse (*Superclassis*)	/	Kiefermäuler (*Gnathostomata*)	Kiefermäuler (*Gnathostomata*)
Klasse (*Classis*)	Bedecktsamer (*Magnoliopsida*)	Säugetiere (*Mammalia*)	Säugetiere (*Mammalia*)
Unterklasse (*Subclassis*)	Rosenähnliche (*Rosidae*)	Höhere Säugetiere (*Eutheria*)	Höhere Säugetiere (*Eutheria*)
Überordnung (*Superordo*)	/	*Afrotheria*	*Euarchontoglires*
Ordnung (*Ordo*)	Rosenartige (*Rosales*)	Rüsseltiere (*Proboscidea*)	Primaten (*Primates*)
Unterordnung (*Subordo*)	/	/	Trockennasenprimaten (*Haplorrhini*)
Teilordnung (*Infraordo*)	/	/	Altweltaffen (*Catarrhini*)
Überfamilie (*Superfamilia*)	/	/	Menschenartige (*Hominoidea*)
Familie (*Familia*)	Rosengewächse (*Rosaceae*)	Elefanten (*Elephantidae*)	Menschenaffen (*Hominidae*)
Unterfamilie (*Subfamilia*)	*Rosoideae*	/	/
Tribus	/	/	*Hominini*
Gattung (*Genus*)	Rosen (*Rosa*)	Afrikanische Elefanten (*Loxodonta*)	Menschen (*Homo*)
Art (*Species*)	Nadel-Rose (*Rosa corymbifera*)	Afrikanischer Elefant (*Loxodonta africana*)	Mensch (*Homo sapiens*)

Wie kommen Pflanzen und Tiere zu ihren Namen?

Lebende Organismen haben, sofern sie von uns Menschen entdeckt wurden, immer einen lateinischen oder lateinisch anmutenden biologischen und sehr oft einen populären Namen. Der biologische Name wird in der Regel durch den Forscher vergeben, der einen Organismus das erste Mal wissenschaftlich beschreibt. Dabei müssen strenge Richtlinien eingehalten werden: Beispielsweise besteht der Name immer aus zwei Wörtern; das erste Wort wird großgeschrieben und benennt die Gattung, das zweite beginnt mit einem Kleinbuchstaben und bezeichnet die Art. Die lateinische Form wurde deshalb gewählt, weil der Name international gültig und in allen Sprachen gleich ist. Der populäre Name dagegen unterscheidet sich je nach Sprache oder Sprachfamilie oft beträchtlich und ergibt sich aus verschiedenen etymologischen Entwicklungen.

Rekord!

Von Menschenhand gemacht: die Lüneburger Heide

Die Lüneburger Heide ist eine vom Menschen geschaffene Kulturlandschaft. Schon in der Jungsteinzeit entstanden durch Brandrodung und Ackerbau große offene Flächen. Dort wuchs das Heidekraut. Spätere Heidebewohner lebten von Wolle, Honig und Wachs: Ihre Schafe, Heidschnucken genannt, lieferten Wolle und hielten den Bewuchs flach. Das Heidekraut schmeckte ihnen jedoch nicht, es gedieh prächtig, was wiederum die Bienen anlockte und die Honig- und Wachsherstellung förderte. Auch heute würde die Heide ohne den ständigen Eingriff des Menschen nicht überdauern: Erst kämen Pioniergehölze wie Birken, Hasel und Schwarzdorn, dann die eigentlichen Waldbäume – vor allem die Buche – und bald wäre aus der Heide ein Buchenmischwald geworden.

Was ist eine Naturlandschaft und was eine Kulturlandschaft?

Eine Naturlandschaft ist eine Landschaft, die der Mensch allenfalls nutzt, sie jedoch nicht für seine Zwecke umgestaltet – in Deutschland gibt es, außer einigen kleineren Urwaldgebieten, einzelnen Biotopen und dem Wattenmeer, keine Naturlandschaften mehr. Als Kulturlandschaft bezeichnet man dagegen ein Gebiet, das der Mensch für seine Zwecke angelegt hat oder deren Charakter durch die menschliche Nutzung entstanden ist: etwa eine Landschaft mit Äckern, Wiesen und Weiden, ein Forst oder eine Heide.

Wo liegt die artenreichste Naturlandschaft Deutschlands?

Die artenreichste Naturlandschaft in Deutschland ist das Wattenmeer, das sich von den Niederlanden über drei Bundesländer bis nach Dänemark erstreckt. Es umfasst das Watt, Salzwiesen, Dünen, Strände, Buchten und Kliffs. Hier leben etwa 10 000 verschiedene Arten von der Kieselalge über Kleinkrebse, Muscheln, Schnecken und Würmer bis zu Kegelrobbe, Seehund und Schweinswal. Auf 1 m^2 Watt leben Millionen von Organismen, davon kommen rund 250 Arten nur hier vor. Unzählige Zugvögel rasten im Frühjahr und im Herbst, andere überwintern, etliche Paare brüten. Außerdem ist das Wattenmeer die Kinderstube für zahlreiche Fische, etwa Schollen, Heringe und Seezungen. Das Wattenmeer ist heute Nationalpark, Weltnaturerbe der UNESCO und Biosphärenreservat.

Seit wann gibt es Naturschutzgebiete?

Das weltweit erste Gebiet, das unter Naturschutz gestellt wurde, war 1872 der Yellowstone Park in den USA. In Deutschland wurden Naturschutzgebiete (NSG) erstmals im Jahr 1920 im Preußischen Feld- und Forstpolizeigesetz verankert, 1921 wurde ein Bereich des Neandertals zum NSG erklärt, es folgten die Lüneburger Heide und das Siebengebirge. Drei Jahre später gab es zwölf NSG und 1936 schon 98. Im Jahr 2012 verzeichnete Deutschland über 8589 NSG mit einer Gesamtfläche von 1 341 396 ha.

Wer steht auf der Roten Liste?

Auf der Roten Liste stehen alle Tiere, Pflanzen, Pilze, Pflanzengesellschaften und Biotope, deren Vorkommen und Gefährdung untersucht und eingeschätzt wurden. In Deutschland wird sie vom Bundesamt für Naturschutz veröffentlicht und aktualisiert. Dabei werden folgende Kategorien unterschieden:

Kategorie	Bedeutung
0	ausgestorben/verschollen
1	vom Aussterben bedroht
2	stark gefährdet
3	gefährdet
G	Gefährdung unbekannten Ausmaßes
R	extrem selten
V	Vorwarnliste
D	Daten unzureichend
*	derzeit ungefährdet
**	ungefährdet

Der Seeadler, der zu Beginn des 20. Jhs. in Europa nahezu ausgerottet war und in den 1950er- und 1960er-Jahren zunehmend unter der Belastung der Umwelt durch Pestizide litt, ist heute wieder im Aufschwung und wird inzwischen als „nicht gefährdet" eingestuft.

Außerdem werden kurz- und langfristige Trends erfasst und die Risikofaktoren benannt.

Aktuell werden von ca. 45 000 heimischen Tierarten rund 35 % und von 28 000 heimischen Pflanzen knapp 50 % erfasst. Bei Tieren und Pflanzen, die aufgrund von Kriterien wie Verbreitung und Lebensraum als ungefährdet eingeordnet sind, werden nur Stichproben untersucht. In die Kategorien 1, 2, 3 und G fallen derzeit beispielsweise etwa 28 % der erfassten Wirbeltiere.

Weltweit ist die Internationale Naturschutzunion IUCN (International Union for Conservation of Nature and Natural Resources = Internationale Union zur Bewahrung der Natur und natürlicher Ressourcen) für die Rote Liste verantwortlich. Auf der internationalen Liste stehen etwa 64 000 Tier- und Pflanzenarten, die in freier Wildbahn ausgestorben, vom Aussterben bedroht, stark gefährdet oder gefährdet sind.

Noch bis in die 1980er-Jahre hinein war er vielerorts eine Plage – heute gehört der Feldhamster in Deutschland zu den stark gefährdeten Tierarten.

Das Reich der Pflanzen

Pflanzen können millimeterklein oder dutzende Meter hoch sein, im Wasser leben oder in staubtrockenen Wüsten, manche blühen in allen Farben des Regenbogens, andere beschränken sich auf schlichtes Grün – das Reich der Pflanzen ist unendlich vielfältig. Fast allen Pflanzen gemeinsam ist jedoch die Fähigkeit, Energie aus Licht zu beziehen.

Fotosynthese

Durch die Fotosynthese gewinnt eine Pflanze Energie. Aus Wasser, Kohlenstoffdioxid und Lichtenergie werden der energiereiche Zucker Glukose und Sauerstoff gebildet.

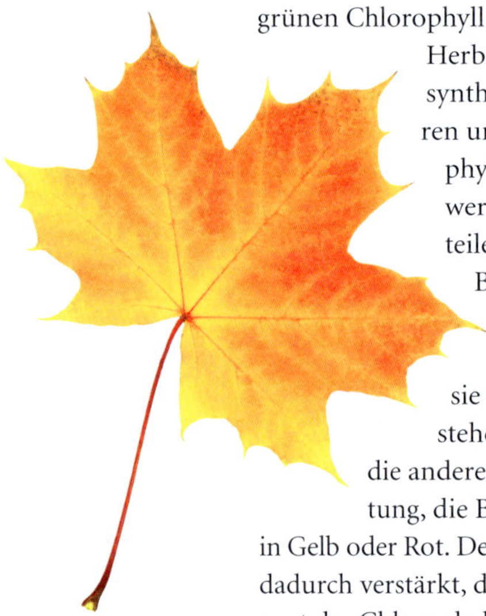

Warum werden Blätter im Herbst bunt?

Dass Blätter grün sind, liegt am Pflanzenfarbstoff Chlorophyll. Es befindet sich in den Chloroplasten: den Zellbestandteilen, die für die Fotosynthese zuständig sind. Weitere Pflanzenfarbstoffe sind die bläulich roten Anthocyane, die rötlich gelben Carotinoide und die gelben Xanthophylle. Sie erfüllen wichtige Funktionen, beispielsweise schützen sie die Pflanze vor UV-Licht, werden im Sommer aber vom grünen Chlorophyll überdeckt. Im Herbst wird die Fotosynthese zurückgefahren und das Chlorophyll abgebaut. Seine wertvollen Bestandteile werden im Baumstamm und in den Wurzeln gelagert, damit sie den Winter überstehen. Nun kommen die anderen Farben zur Geltung, die Blätter zeigen sich in Gelb oder Rot. Der Effekt wird noch dadurch verstärkt, dass zum Transport der Chlorophyll-Bestandteile ein Enzym gebildet wird, das wiederum durch einen roten Farbstoff vor Lichteinfall geschützt ist.

Wie groß und wie alt werden Bäume?

Der höchste gemessene Baum war ein Rieseneukalyptus mit 132,58 m – er wurde 1872 gefällt. Heute hält ein Küstenmammutbaum im kalifornischen Redwood-Nationalpark mit 115,5 m den Rekord. Der höchste Baum Deutschlands ist eine 90 Jahre alte Douglasie in Freiburg mit 65,80 m.

„Zu fällen einen schönen Baum
braucht's eine halbe Stunde kaum.
Zu wachsen, bis man ihn bewundert,
braucht er, bedenk es, ein Jahrhundert."

Eugen Roth (1895–1976)

Als ältester Baum der Welt galt lange Zeit eine 4700 Jahre alte Grannenkiefer in Kalifornien. Einige Tamrit-Zypressen in Algerien sollen bis zu 5000 Jahre alt sein, eine japanische Sicheltanne 7000 Jahre, doch diese Zahlen sind nicht belegt. Im Jahr 2008 fanden Wissenschaftler eine Fichte im Zentrum Schwedens, die 9550 Jahr alt ist. Sie besteht aus vier Generationen; nur der flach über den Boden wachsende Teil ist fast 10 000 Jahre alt, während der baumförmige Teil nur 375 Jahre zählt.

Bäume im deutschen Wald	Wuchsform	Höhe
Eberesche		17 m
Vogelkirsche		20 m
Hainbuche		25 m
Birke		30 m
Erle		30 m
Ahorn		35 m
Buche		35 m
Linde		35 m
Eiche		40 m
Esche		40 m
Kiefer		45 m
Fichte		50 m
Lärche		50 m
Tanne		50 m
Douglasie		60 m

Warum sind Tropenhölzer so wertvoll?

In den tropischen und subtropischen Wäldern dringt kaum Licht bis an den Boden. Junge Bäume wachsen deshalb kerzengerade nach oben zum Sonnenlicht und bilden erst in großer Höhe Äste – für die Verarbeitung des Holzes ist das ideal. Die hohe Luftfeuchtigkeit begünstigt zudem Pilze und Parasiten, vor denen sich der Baum durch spezielle Abwehrstoffe schützt. Diese Stoffe machen das Holz witterungsbeständig und verleihen ihm eine ansprechende Farbe und Härte. Dies alles macht Tropenholz wie Mahagoni, Teak, Bankirai und andere so begehrt. Und was begehrt ist, wird wirtschaftlich wertvoll.

Ist Kürbis Obst oder Gemüse?

Umgangssprachlich versteht man unter Obst süß schmeckende Früchte, die man roh essen kann. Gemüse wird dagegen meist zubereitet – unabhängig davon, ob es Wurzeln, Knollen, Zwiebeln, Stängel, Blätter oder Früchte sind. Im Mittelhochdeutschen bedeutete Gemüse so viel wie „Brei aus gekochten Nutzpflanzen". Von diesem Ursprung erklärt sich auch die Verwandtschaft der Wörter Gemüse und Mus. Und der Kürbis? Er ist eine Frucht, wird aber zubereitet und zählt deshalb zu den Fruchtgemüsen.

Frucht

Die Frucht ist der Teil einer Pflanze, der früher der Blütenboden war und nun die Samen umschließt, bis diese reif sind. Dann öffnet sie sich oder ihr Fleisch zerfällt und die Samen können keimen.

Rekord!

Die größte Blüte der Welt

Sie erreicht einen Durchmesser von etwa 1 m und gehört zur Aasblume *Rafflesia arnoldii*, einer unangenehm riechenden Schmarotzerpflanze in den tropischen Regenwäldern Asiens. Den größten Blütenstand besitzt die Schopfpalme, er wird 6 m hoch und trägt Millionen winziger Blüten.

Blüte der Riesenrafflesie

Die Erdbeere verbreitet sich sowohl durch Tiere, die das Fruchtfleisch fressen und die Samen wieder ausscheiden (Endochorie, von griech. *endon* = innen, *chōrein* = fortbewegen), als auch durch Barochorie (von griech. *baros* = Schwere): Das Fruchtfleisch vertrocknet und die Samen fallen auf die Erde.

Warum sind Erdbeeren gar keine Beeren?

Eine Beere besteht aus einer Fruchthaut, einem saftig weichen Fruchtfleisch und den darin liegenden Samen. So ist es bei Johannisbeere, Tomate, Weintraube, Kürbis oder Banane – denn die Fruchthaut von Beeren kann weich sein oder fest wie ein Panzer. Bei einer Erdbeere sitzen die Samen aber als kleine Nüsschen direkt an der Oberfläche der Frucht, deshalb sind Erdbeeren botanisch gesehen Sammelnussfrüchte und keine Beeren: Die Einzelfrüchte (Nüsschen) sammeln sich auf dem gewölbten Blütenboden. Auch Himbeeren und Brombeeren sind übrigens keine Beeren, sondern Sammelsteinfrüchte: kleine „Sträußchen" einzelner Mini-Steinfrüchte.

Was ist Glücksbambus?

Der Glücksbambus ist kein Bambus, sondern ein kleiner Drachenbaum (*Dracaena sanderiana*). Allerdings sieht er echtem Bambus sehr ähnlich. In Asien wird Glücksbambus als Symbol für Glück und Gesundheit verschenkt, und auch hierzulande hat der Glücksbambus als pflegeleichtes Mitbringsel schnell viele Anhänger gefunden: Man stellt ihn einfach in frisches Wasser an einen halbschattigen Platz. Das Wasser muss einmal pro Woche gewechselt werden.

Glücksbambus

Was unterscheidet die Orange von der Apfelsine?

Orange und Apfelsine sind das gleiche Obst. Nördlich des Mains heißt es Apfelsine, südlich davon Orange. Apfelsine bedeutet „Apfel aus China" und bezieht sich auf die Herkunft der Frucht, nämlich Ostasien. Dort wurde sie bereits im 2. Jt. v. Chr. angebaut. Der Name Orange kommt aus dem romanisch-arabischen Sprachraum. Aus *nárandsch* (arabisch) wurde *naranja* (spanisch), *auranja* (südfranzösisch) und schließlich Orange.

Wie vermehren sich Farne?

Farne gehören zu den ersten Pflanzen, die an Land gewachsen sind. Sie haben eine eigene Art der Fortpflanzung: Auf der Unterseite einiger Blattwedel bilden sich Sporenbehälter – gut sichtbare dunkle Striche oder Tüpfel. In der Fachsprache nennt man sie Sori (Plural von Sorus). In den Sori entwickeln sich unzählige Sporen, die später als feiner Staub herabfallen. Aus den Sporen wachsen ca. 1 cm kleine sogenannte Vorkeime heran. In diesen Vorkeimen reifen Ei- und Samenzellen. Die freigesetzten Samenzellen schwimmen zu einer Eizelle und befruchten sie. Da das nur funktioniert, wenn es Wasser gibt, braucht der Farn schattig-feuchte Standorte. Aus der befruchteten Eizelle entsteht dann eine neue Farnpflanze.

Sind Pilze Pflanzen?

Nein. Pflanzen betreiben in ihren grünen Zellbestandteilen, den Chloroplasten, Fotosynthese (s. S. 12). Pilze können das nicht – denn sie haben keine Chloroplasten – und leben stattdessen oft parasitisch. Pflanzenkrankheiten wie das Mutterkorn, bei der ein schlauchförmiger Pilz in den Ähren von Getreide wächst, sind Erscheinungen dieses Parasitismus. Andere Pilzarten ernähren sich von absterbenden oder verwesenden Tieren und Pflanzen. Ein weiteres Merkmal unterscheidet Pilze von Pflanzen: Ihre Zellwände bestehen meist aus Chitin und nicht wie bei Pflanzen aus Zellulose. Deshalb bilden Pilze neben den Pflanzen und Tieren ein eigenes Reich mit mehr als 100 000 Arten: die *Mycophyta*.

Kann man auf Seerosen übers Wasser gehen?

Die Blätter der Riesenseerosen können einen Durchmesser von über 3 m erreichen und ein Gewicht von bis zu 100 kg tragen. Es gibt zwei Arten, *Victoria amazonica* aus dem Amazonasgebiet und *Victoria cruziana* aus Argentinien. Die Universität Göttingen belud in einem Experiment die Blätter der *Victoria cruziana* mit Kartoffeln. Ein ausgewachsenes Blatt mit einem Durchmesser von 1,65 m trug 80 kg Kartoffeln. Bei einem anderen Experiment legten die Forscher ein sechsjähriges Kind auf ein Blatt – auch das funktionierte. Allerdings hat die Sache einen Haken: Die Riesenseerosen tragen zwar etliche Kilogramm, aber diese müssen gleichmäßig verteilt sein. Ein Gehversuch hätte denselben Effekt wie bei einer schwimmenden Luftmatratze: Das Blatt geriete aus der Balance.

Der sechsjährige Finn auf einem Blatt der *Victoria cruziana*: Vorsichtig versucht er, sich aufzusetzen, und schon läuft Wasser auf die Oberfläche des Blattes.

Kann man wirklich an Lianen durch den Dschungel schwingen?

Nein, das geht nicht. Lianen sind Pflanzen, die im Boden mit Wurzeln verankert sind und von unten nach oben klettern. Mit der Zeit verholzen viele Arten und werden unelastisch. An diesen Lianen kann man hochklettern, aber nicht schwingen.
Anders sieht es bei Aufsitzerpflanzen, den sogenannten Epiphyten, aus. Sie sitzen auf anderen Pflanzen und bilden Luftwurzeln, die frei herunterhängen. An ihnen könnte man sich theoretisch durch den Dschungel schwingen – weil aber die Wurzeln senkrecht nach unten hängen, kann der nötige Schwung nicht von einer Wurzel auf die nächste übertragen werden. In den Tarzan-Filmen hat man dieses Problem mit einem Trick gelöst: Die Liane, die Tarzan als Nächstes ergreift, schwingt ihm schon entgegen.

Was kreucht, fleucht und schwimmt

Insekten sind zwar recht kleine Lebewesen, aber keineswegs zu unterschätzen! Schon fast 1 Mio. Insektenarten hat man bisher entdeckt – und man geht davon aus, dass ein Vielfaches davon unseren Planeten bevölkert. Damit sind Insekten deutlich in der Mehrheit. Die ältesten Tiere dagegen findet man im Wasser, denn dort hat sich einst das Leben entwickelt – um dann in der Gestalt von Amphibien und Reptilien das Land zu erobern.

Warum bilden Ameisen Straßen?

Die Ameisenstraßen dienen der Orientierung. Wenn eine Ameise eine Nahrungsquelle entdeckt hat, eilt sie zurück in den Bau und markiert den Weg mit einer Duftspur. Im Bau gibt sie die Nahrung an andere Ameisen weiter, die damit angeregt werden, der Duftspur zu folgen. Diese Tiere hinterlassen auch eine Duftspur, sodass die Spur umso intensiver riecht, je mehr Ameisen sich auf den Weg machen. Ganz schnell finden sie so den kürzesten Weg zu der Nahrungsquelle. Wer Ameisen loswerden möchte, kann die Duftspur durch stark riechende Kräuter zerstören, etwa Lavendel, Kerbel, Kaffee, Tomatenblätter, Farnkraut oder Gewürznelken. Mathematiker nutzten das Prinzip der Ameisenstraßen und entwickelten den sogenannten Ameisenalgorithmus zur Lösung von logistischen Problemen.

Unaufhaltsam – wenn es einen kurzen Weg zur Nahrung gibt, finden ihn die Ameisen, auch wenn es eine seltsame Route wird.

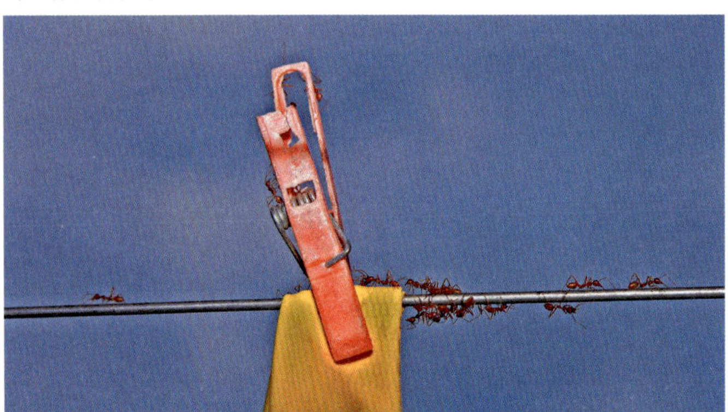

Warum sterben Insekten in der Kältestarre bei längeren Wintern nicht?

Insekten haben eine Körpertemperatur, die etwa der der Umwelt entspricht. Wenn die Temperatur fällt, reduziert sich der Stoffwechsel bis hin zur Kältestarre. Bei Frost schützen sich Insekten auf zwei Wegen: Sogenannte gefriertolerante Insekten vertragen es, dass die Körperflüssigkeit außerhalb der Zellen gefriert. Deshalb geben die Zellen 60–70 % ihrer Flüssigkeit an die Bereiche zwischen den Zellen ab. Die Insekten fallen in eine Kältestarre. Sollte der Frost dennoch das Innere der Zellen erreichen, wachen sie nicht mehr auf. Andere Insekten können ihren Gefrierpunkt mithilfe von Frostschutzmitteln wie **Glycerin** stark senken: Ihre Körpertemperatur fällt unter 0 °C, aber sie gefrieren nicht. Die Dauer der Kälte spielt für diese Insekten keine Rolle, gefährlich wird es nur,

Zitronenfalter gehören zu den Insekten, die körpereigenes Frostschutzmittel produzieren und dadurch auch eisige Außentemperaturen überleben.

wenn Tau- und Eiswetter oft abwechseln oder ihr Winterlager feucht wird.

Glycerin

Glycerin ist ein Zuckeralkohol, der bei Stoffwechselprozessen als Nebenprodukt entsteht – etwa beim Abbau von Fructose in der Leber. Deshalb ist es bei Bedarf schnell verfügbar und anders als andere Stoffwechselprodukte (etwa Ammoniak, das bei der Fleischverdauung entsteht) auch in hohen Konzentrationen nicht giftig.

Sind Vogelspinnen für den Menschen gefährlich?

Vogelspinnen wecken mit ihren 9 cm Körperlänge, den behaarten Beinen und ihren schnellen Bewegungen viele Ängste. Sie können mit ihren über 1 cm langen Giftklauen auch kräftig zubeißen. Der Biss ist sehr schmerzhaft und kann Schwellungen und örtliche Lähmungen verursachen, die Stunden bis Tage anhalten. Wenn sich die Bissstelle entzündet, sind Fieber, Benommenheit und Krämpfe sowie eine Blutvergiftung möglich. Gesunde Menschen überstehen einen Biss jedoch meist ohne größere Komplikationen. Kinder und geschwächte Menschen sind eher gefährdet. Und bei empfindlichen Menschen kann es zu heftigsten allergischen Reaktionen kommen.

Sind Korallen Tiere oder Pflanzen?

Lange Zeit wurden Korallen für Pflanzen gehalten. Erst im 18. Jh. stellte sich heraus, dass sie zu den Tieren zählen, genauer gesagt zu den Hohltieren (*Coelenterata*). Denn Korallenriffe werden von den Korallenpolypen aufgebaut, das sind nur wenige Millimeter große Lebewesen, die in Kolonien zusammenleben und am Untergrund festgewachsen sind. Wenn sie sterben, hinterlassen sie ein Kalkgerippe, auf dem sich neue Polypen ansiedeln.

Hätten Sie's gewusst?

Der Weberknecht und das Handwerk

Weberknechte bilden neben Milben und Webspinnen eine eigene Gruppe innerhalb der Spinnentiere. Häufig werden sie wegen ihrer langen Beine mit Spinnen verwechselt, sie besitzen aber keine Spinndrüsen und können keine Netze spinnen. Der Name Weberknecht kommt vermutlich von der Eigenart des Tieres, mit seinem zweiten Beinpaar die Umgebung abzutasten. Diese Bewegungen erinnern an die eines Webers, wenn er die Fäden einknotet. Andere volkstümliche Namen für Weberknechte sind Schneider, Schuster oder Ernteknecht. Ihr wissenschaftlicher Name *Opiliones* kommt aus dem Griechischen und bedeutet Schäfer. In der Antike benutzten Schäfer Stelzen, um ihre Herden zu überschauen – damit hatten sie ähnlich lange Beine wie die Weberknechte.

Hätten Sie's gewusst?

Seepferdchen als Vorreiter der Emanzipation?
Für Emanzipation interessieren sich diese außergewöhnlichen Fische natürlich gar nicht. Aber ihre Fortpflanzung gestaltet sich auf eine ganz besondere Weise, auf die manch eine(r) neidisch sein könnte: Bei den Seepferdchen ist es das Männchen, das den Nachwuchs austrägt. Natürlich produzieren die Weibchen die Eier, aber beim Geschlechtsakt – dem ein Balztanz des Weibchens vorausgeht – spritzen sie sie dem Partner in eine Bauchtasche. Dort werden sie befruchtet und von Gewebe umschlossen. Zehn bis zwölf Tage lang wachsen die kleinen Seepferdchen in den Eiern heran, schlüpfen und werden vom Vater geboren, der sich dazu ins Seegras zurückzieht. Sie sind sofort selbstständig und gehen auf die Jagd nach kleinen Krebstieren.

Seepferdchen bei der Paarung: Das Weibchen (rechts) übergibt dem Männchen die Eier.

Haben Lungenfische Lungen?

Lungenfische (*Dipnoi* oder Zweiatmer) besitzen sowohl Lungen als auch Kiemen. Mit ihren einfach gebauten Lungen können sie Luft von der Wasseroberfläche atmen. Und manche Arten graben sich in Trockenzeiten ein und können so jahrelang überleben. Lungenfische sind erdgeschichtlich sehr alte Tiere, die am Übergang zu den Landwirbeltieren stehen. Die meisten Formen sind heute ausgestorben, nur sechs Arten existieren noch. Die Lungen entstanden aus Ausstülpungen des Schlundes und entsprechen den Schwimmblasen der moderneren Fische.

Warum kommen Regenwürmer bei Regen aus der Erde gekrochen?

Das weiß man nicht genau. Weit verbreitet ist die Ansicht, die Regenwürmer ertränken in ihren Röhren, wenn diese volllaufen. Allerdings würden sie eher ersticken, denn das vom Regenwurm ausgeatmete Kohlendioxid verflüchtigt sich in der Luft, aber nicht im Wasser. Wahrscheinlicher ist, dass die Regenwürmer wegen des Geräusches flüchten: Regentropfen versetzen den Boden nämlich genau in die Schwingungen (50 Hertz), die auch ein Maulwurf beim Graben erzeugt. Als begehrte Beute verlassen die Regenwürmer dann flugs ihre Röhren.

Warum können Geckos an der Decke entlanglaufen?

Geckos haften an jeder Fläche, gehen die Wände hoch und sogar kopfüber die Decke entlang. Das ermöglicht die besondere Struktur ihrer Fußzehen mit zahlreichen Lamellen, die aus winzigen Haaren bestehen. Die wiederum spalten sich in noch viel kleinere, nur

Rekord!

Die älteste bekannte Schildkröte
Riesenschildkröten können sehr, sehr alt werden. Das nachgewiesen älteste Tier war eine Aldabra-Riesenschildkröte namens Adwaitya. Das Tier wurde von britischen Seeleuten mit ca. 125 Jahren auf den Seychellen gefangen und nach Kalkutta gebracht. Dort lebte es noch 131 Jahre. Vor einigen Jahren starb im Alter von ungefähr 175 Jahren die Schildkröte Harriet, die Darwin selbst von den Galapagosinseln mitgebracht haben soll. Später kam sie in einen Zoo in Queensland, Australien.

wenige Nanometer lange Härchen auf. So entsteht eine riesige Kontaktfläche, die Härchen füllen die feinsten Höhen und Tiefen aus. Zwischen den Härchen und dem Untergrund wirken schwache Anziehungskräfte, die in ihrer Summe für eine extrem hohe Haftkraft sorgen. Um den Fuß wieder anzuheben, „sträubt" der Gecko seine Härchen, der Haftungswinkel verändert sich und die Bindungskräfte werden schwächer.

Der Fuß eines Geckos auf einer Glasplatte: Deutlich sind die Lamellen zu sehen, mit deren Hilfe sich das Tier am Untergrund „festhält".

Warum sonnen sich Eidechsen so gerne?

Echsen sind wechselwarme oder kaltblütige Tiere. Sie können Wärme nicht selbst erzeugen und ihre Körpertemperatur entspricht weitgehend der Lufttemperatur. Sie meiden deshalb kühle Orte und suchen die Sonne auf. Hier „tanken" sie Wärme und werden schneller und wendiger. Bei Kälte sind sie entsprechend träge. Im Winter suchen die Tiere einen frostsicheren Unterschlupf und erstarren dort. Wechselwarm sind alle Reptilien, Frösche, Lurche und Fische.

Welches Tier riecht mit der Zunge?

Schlangen „riechen" mit der Zunge. Sie schnellen fortlaufend ihre Zunge aus dem Maul und nehmen mit ihr die Umgebung wahr. Die Zunge nimmt Geruchsstoffe auf und zieht sie in den Mund. Im oberen Gaumen sitzt das sogenannte Jacobsonsche Organ – eine Einbuchtung voll mit Sinneszellen. Hier riecht die Schlange, was für ein Stoff es ist und aus welcher Richtung der Geruch kommt. Daher weiß sie genau, wohin die Beute flieht.

Hätten Sie's gewusst?

Schlange mit schauspielerischem Talent

Ringelnattern sind in Europa und Asien heimisch. Die ungiftigen Schlangen leben im Wasser und an Land, bei Gefahr flüchten sie normalerweise ins Wasser und tauchen ab. Wenn sich das Tier aber bedroht fühlt und nicht flüchten kann, versprüht es eine übel riechende Flüssigkeit oder aber es stellt sich tot: Dann dreht es sich auf den Rücken und lässt die Zunge aus dem Maul hängen.

Ringelnatter: Totstellen als Überlebenstaktik

Mit Federn und Fell

Alle Vögel haben Federn, Flügel und einen Schnabel – ansonsten herrscht unter den bislang bekannten gut 10 500 Arten eine gewaltige Vielfalt. Die meisten der knapp 5500 beschriebenen Säugetierarten haben zwar ein Fell – die Meeressäuger bilden jedoch eine Ausnahme. Deshalb definieren sich Säugetiere vor allem über das, was schon ihr Name ausdrückt: Sie säugen ihren Nachwuchs. Ihr biologischer Name lautet Mammalia, was sich vom lateinischen Wort *mamma* = weibliche Brust herleitet.

Warum kräht der Hahn am frühen Morgen?

Ein Hahn kräht, um sein Revier zu markieren, mögliche Konkurrenten fernzuhalten und den Hennen zu imponieren. Er kräht auch tagsüber, aber da fällt es nicht so auf. Eine innere Uhr sagt ihm, wann er das erste Mal am Tag krähen sollte – und zwar unabhängig vom Licht und sehr zuverlässig. So kommt es, dass Hähne regelmäßig am frühen Morgen immer zur selben Zeit zu hören sind.

Woher wissen Zugvögel, wohin sie fliegen müssen?

Mehr als die Hälfte der Vogelarten führt Wanderungen durch – von wenigen Hundert Metern zum nächsten Regengebiet bis um die halbe Erde. Unerfahrene Zugvögel fliegen los, sobald ihr innerer Kalender das Signal zum Aufbruch gibt: Sowohl Zeitpunkt, Richtung und Dauer des Fluges sind angeboren. Die Vögel folgen dem angeborenen Kompass, bis der sogenannte Zugtrieb erlischt. Dass dieser Trieb angeboren ist, zeigt das Beispiel des Kuckucks: Von artfremden Eltern aufgezogen, macht er sich allein auf den Weg nach Südafrika. Erfahrene Flieger „kennen" mittlerweile ihren Weg, und die Wahrnehmung ergänzt den Trieb. Zur Orientierung nutzen sie die Sterne, die Sonne, das geomagnetische Feld und polarisierte Lichtmuster, im Nahbereich auch geografische Linien wie Flussverläufe oder neuerdings Autobahnen.

„Wenn man das Geheimnis hat, ein Vogel zu sein, kann man an zwei Orten gleichzeitig leben: hier und woanders."

Janosch (geb. 1931)

Warum können nicht alle Vögel fliegen?

Weltweit verloren etwa 40 Vogelarten im Laufe der Zeit ihre Flugfähigkeit. Sie verwendeten die Energie, die sie durch den Verzicht auf das Fliegen gewannen, für andere Anpassungen. Laufvögel wie Strauß, Emu und Nandu wurden mit bis zu 150 kg Gewicht zu schwer zum Fliegen, können aber schnell laufen. Andere Vögel wie die Kasuare leben versteckt im Regenwald Neuguineas und Australiens, angepasst an ein Leben am Boden: Fliegen ist im dichten Wald eher unpraktisch, dafür besitzen Kasuare wehrhafte Krallen. Pinguine sind perfekt an das Leben im Wasser angepasst. Dank ihres stromlinienförmigen Körpers und ihrer paddelähnlichen Flügel „fliegen" sie unter Wasser. Und die kleinsten Laufvögel, die neuseeländischen Kiwis, konnten unbehelligt am Boden leben, da sie keine Feinde hatten. Sie entwickelten einen für Vögel außergewöhnlichen Geruchssinn und ein gutes Gehör.

Ein Helm-Kasuar in Queensland, Australien

Rekord!

Hoch, höher, Überflieger

Die meisten Vögel fliegen in Höhen von 100 m bis 2 km – die Indische Streifengans (*Anser indicus*) aber überquert auf ihrer Reise vom Brutplatz zum Überwinterungsgebiet den Himalaja. Sie nimmt dabei zwar möglichst einen Weg entlang der Täler, dennoch schafft sie es zeitweise auf Flughöhen von über 7000 m. Dort ist die Luft „dünn" und es ist bitterkalt. Wie genau sich die Streifengans daran angepasst hat, weiß man nicht. Man vermutet, dass ihr Blut in der Lage ist, Sauerstoff besonders schnell aufzunehmen. Und gegen die Kälte hilft wohl am ehesten eine dicke Speckschicht.

Der Rekordhalter in Sachen Höhe ist allerdings der afrikanische Sperbergeier: Er schraubt sich in die Höhe, um mit seinen „Adleraugen" Nahrung auszumachen. 1973 soll einer von ihnen in über 11 km Höhe mit einem Flugzeug kollidiert sein.

Fressen Geier nur Aas?

Geier sind meist große Greifvögel, die sich überwiegend oder ausschließlich von Aas ernähren. Kopf und Hals sind spärlich befiedert oder nackt, damit das Blut der Kadaver nicht lange daran haften bleibt. Die meisten Geier beginnen erst zu fressen, wenn sie vom Tod des Tieres überzeugt sind. Aber es gibt auch Geier, die sich ihre Nahrung selbst beschaffen: Manche Geier greifen kleinere Tiere bis zu Kaninchengröße an oder haben es auf kleinere Vögel abgesehen, die nach dem Baden ihr Gefieder trocknen und deshalb schlecht fliegen können. Bartgeier jagen manchmal lebende Tiere durch Stürzflüge in den Abgrund, Schildkröten tragen sie in die Höhe und lassen sie auf Felsen fallen. Es gibt auch einen vegetarischen Geier: Der in Afrika beheimatete Palmgeier ernährt sich vorzugsweise von den Früchten der Ölpalmen.

Sind Delfine besonders intelligent?

Delfine gelten als sehr intelligent. Ihre Hirnmasse ist stark gefaltet und besitzt eine große Oberfläche, was als Maß für Intelligenz gilt. Tatsächlich können sie komplexe Aufgaben lösen und gehen planmäßig vor. Man sagt den Tieren auch nach, dass sie sich im Spiegel erkennen und über Emotionen und Selbstbewusstsein verfügen. Allerdings entstand das Bild des intelligenten Delfins durch Legenden und wurde in den Medien befeuert. Neuere Studien ermittelten eine eher dünne Hirnrinde mit weit weniger Nervenzellen; und Verhaltensexperimente konnten die ursprünglichen Ansichten nicht bestätigen. Viele der den Delfinen nachgesagten Leistungen beherrschen auch andere Tiere. Immerhin besitzen die Meeressäuger eine hohe soziale Intelligenz.

Die Annahme, dass Delfine besonders schlaue Tiere sind, beruht auch heute noch stark auf dem Film-Delfin Flipper: In den 1960er-Jahren trat er in zwei Kinofilmen und einer Fernsehserie als intelligenter, menschenbezogener Held auf (Foto: Filmszene aus dem ersten Film *Flipper*, USA 1963, Regie: James B. Clark).

Warum singen Wale?

Wale „singen", um sich untereinander zu verständigen. Sie halten mit Schnalz-, Schnarch-, Knack- und Zirplauten über weite Entfernungen Kontakt zueinander. Männchen locken die Weibchen an. Die Laute entstehen, wenn der Wal Luft durch die Nase bläst. Jede Art hat eigene Frequenzen und charakteristische Abfolgen. Buckelwale gelten als die besten Sänger. Zudem besitzen die Wale ein sehr gutes Echoortungssystem. Auch Fledermäuse können sich per Echoortung orientieren: Ein Tier sendet Schallwellen aus, die von der Umgebung reflektiert werden. Aus dem Muster dieser zurückkehrenden Wellen ergibt sich ein „Bild".

Rekord!

Tierische Rekorde

Ganz genau lässt sich die Natur natürlich nicht vermessen, aber folgende Rekorde vermitteln einen guten Eindruck von den Extremen im Reich der vielzelligen Tiere (*Metazoa*).

längstes Tier	55 m	Schnurwurm (*Lineus longissimus*)
höchstes Tier	5,7 m	Giraffe
kleinstes Tier	7–8 mm	Frosch (*Paedophryne amauensis*)
ältestes Tier	10 000 Jahre	Riesenschwamm
schnellstes Tiere	322 km/h	Wanderfalke beim Jagen
schwerstes Tier	160 t	Blauwal
lautestes Tier	250 dB	Pistolenkrebs
giftigstes Tier	Die Giftmenge eines Tieres könnte 250 Menschen töten.	Seewespe (Qualle)
bester Springer	13,5 m weit	Graues Riesenkänguru
größte Spannweite	3,5 m	Wanderalbatros
tiefster Taucher	8000 m	Brotulas (Fisch)
weitester Wanderer	30 000 km pro Jahr	Küstenseeschwalbe

Warum können Eisbären keine Pinguine fressen?

Eisbären leben rund um den Nordpol, also auf der Nordhalbkugel. Pinguine bevölkern aber die Antarktis sowie die Küsten der Kontinente und Inseln auf der Südhalbkugel. Eisbären und Pinguine begegnen sich in ihren natürlichen Lebensräumen also nie und folglich kann ein Eisbär keine Pinguine fressen. Hätte er die Möglichkeit, dann würden Pinguine ganz gewiss zu seinen bevorzugten Speisen gehören.

Gibt es wirklich eine Vampir-Fledermaus, die Blut trinkt?

In den tropischen Regionen Mittel- und Südamerikas gibt es Vampir-Fledermäuse, die Blut von Säugetieren wie Rindern, Pferden, Schweinen und auch dem Menschen trinken. Es sind der Gemeine Vampir, der Weißflügelvampir und der Kammzahnvampir. Sie trinken pro Mahlzeit etwa 20 ml Blut. Dazu betäuben sie zunächst die Haut ihres Opfers, reißen dann mit ihren scharfen Zähnen ein Stück Haut ab und lecken das ausfließende Blut mit der Zunge auf.

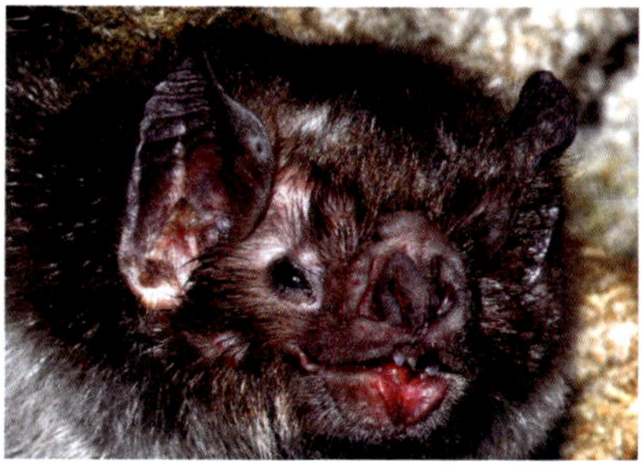

Der Gemeine Vampir (*Desmodus rotundus*) lebt in Süd- und Mittelamerika.

Gibt es Säugetiere, die Eier legen?

Ja, in Australien gibt es Eier legende Säugetiere: das Schnabeltier und den Ameisenigel. Beide legen Eier, brüten sie aus und ernähren die geschlüpften Jungtiere mit Muttermilch. Dennoch gehören Schnabeltier und Ameisenigel zur Klasse der Säugetiere, da man nicht nach der Gebärweise unterscheidet, sondern nach der Abstammung. Dass Schnabeltier und Ameisenigel aus der Entwicklungslinie der Säugetiere stammen, ist an gemeinsamen Merkmalen wie den drei Gehörknöchelchen und der Produktion von Milch zu erkennen. Der „Schnabel" des Schnabeltiers besteht nicht wie bei Vögeln aus Horn, sondern aus Kieferknochen, die sich zu einer Art Schnorchel geformt haben, den die Tiere zum Jagen im Wasser brauchen.

Wie viele Mägen hat eine Kuh?

Eine Kuh hat vier Mägen: Pansen, Netzmagen, Blättermagen und Labmagen. Dadurch können sie schwer verdauliche Pflanzennahrung und sogar nährstoffarmes Stroh verwerten. Das Futter gelangt zuerst in den großen Pansen, wird hier eingeweicht und von Mikroorganismen zerkleinert. Portionsweise wird es wieder in die Mundhöhle hochgewürgt und durchgekaut. So zerkleinert kommt es in den Netzmagen, der feine Teilchen in den Blättermagen weitergibt und grobe Teile zum Wiederkäuen zurückschickt. Im Blättermagen wird das Futter resorbiert, also das Wasser und die Nährstoffe aufgenommen. Der letzte Magen ist der Labmagen; in ihm wird der Futterbrei völlig zersetzt und geht weiter in den Darm. Eine Kuh macht täglich etwa 30 000 Kaubewegungen und erzeugt 150 l Speichel.

Wasserabweisendes Fell, Schwimmhäute zwischen den Zehen und der zum Schnorchel geformte Schnabel machen das Schnabeltier zum optimalen Taucher.

Was unterscheidet Wisents und Bisons?

Wisents leben in den Wäldern Europas, Bisons oder „Indianerbüffel" in der amerikanischen Prärie. Letztere haben ein Zottelfell und einen charakteristischen Buckel, den Widerrist. Bison und Wisent – beides eigentlich Rinder und keine Büffel – sind eng miteinander verwandt. Sie können sich paaren und gemeinsamen Nachwuchs bekommen – der Unterschied liegt also vor allem im Lebensraum.

Hätten Sie's gewusst?

Wie Giraffen schlafen

Vor allem kurz. Giraffen schlafen nur wenige Minuten am Stück, da sie dann ungeschützt vor Raubtieren sind. Über den Tag verteilt kommen sie auf 3–4,5 Stunden Schlaf. Meist schlafen sie im Stehen, dann befinden sie sich eher in einem Dämmerzustand oder Halbschlaf. Einige Tiere halten Wache, während andere ruhen. Wenn sie sich sicher fühlen, legen sie sich aber auch hin: Sie klappen die Beine ein, legen sich auf den Boden, biegen den Hals nach hinten und legen den Kopf auf die Hinterbeine.

Dromedare

Dromedare gehören zur Familie der Kamele und besitzen nur einen Höcker. Sie leben überwiegend in Afrika und im Vorderen Orient. Das zweihöckrige Kamel nennt man Trampeltier. Es ist vor allem in Asien verbreitet.

Leben Kamele in Australien?

Als Europäer im 19. Jh. begannen, das Landesinnere Australiens zu erforschen, führten sie Dromedare als Lastentiere ein – insgesamt wohl über 10 000. Als Auto und Eisenbahn kamen, ließen die Besitzer ihre Kamele frei. In der Wildnis fanden die Tiere Nahrung, hatten keine Feinde und vermehrten sich prächtig. Heute soll es zwischen 700 000 und 1 Mio. wilder Kamele geben.

Ist der Pandabär ein Bär?

Der Pandabär, auch Großer Panda oder Bambusbär genannt, lebt in den Bambuswäldern Chinas in Höhen von 1500–4000 m. Bären und Pandas haben gemeinsame Vorfahren, trennten sich aber vor 15 Mio. Jahren voneinander und entwickelten sich unterschiedlich. Dennoch gehören beide zur Familie der Bären (*Ursidae*). Der Panda wurde zu einem Pflanzenfresser. Von den 20–30 kg Bambus, die er täglich frisst, kann er aber nur 20 % verwerten. Das Tier verbringt deshalb mehr als 14 Stunden nur mit Fressen.

Warum machen Erdmännchen Männchen?

Sie machen Männchen, um einen besseren Überblick zu bekommen. Erdmännchen leben in der Savanne Afrikas in großen Gruppen zusammen. Sie ernähren sich von Insekten, Käfern, kleinen Reptilien und Vögeln. Stets hält eines der Tiere Ausschau nach Feinden. Dazu sitzt es auf seinen Hinterbeinen und beobachtet die Umgebung. Wenn etwas seine Aufmerksamkeit weckt, richtet es sich ganz auf und stützt sich mit dem Schwanz ab. Bei Gefahr warnt es die Gruppe mit einem schrillen Alarmschrei und alle Tiere flüchten in den Bau.

Wie verständigen sich Elefanten?

Elefanten kommunizieren über mehrere Wege. In der Herde benutzen sie Rüssel, Ohren, Schwanz, Körperhaltung und Stimme. Sie können bis zu 100 verschiedene Einzeltiere an ihrer Stimme erkennen. Über weitere Entfernungen verständigen sie sich über Infraschall. Diese Laute liegen so tief, dass wir sie kaum hören können, aber die Elefanten spüren und hören sie über viele Kilometer hinweg.

Hätten Sie's gewusst?

Warum ist das Zebra gestreift?

Die Streifen dienen zur Tarnung: Im hohen Gras löst sich die Gestalt des Tieres optisch auf, und auch in der Herde verschwindet das einzelne Tier und ist von Löwen und anderen Raubtieren schwer zu sehen. Wenn eine Herde flieht, verschwinden die Streifenmuster der einzelnen Tiere in einem Gesamtbild, das sich scheinbar langsam von oben nach unten bewegt.

Und die Streifen haben noch weitere Vorteile: Zebras werden kaum von der gefährlichen Tsetsefliege gestochen, da die Fliege von den Streifen irritiert wird. Zudem reguliert das Fellmuster wahrscheinlich die Körpertemperatur. Weiße Streifen strahlen Wärme ab, schwarze ziehen sie an; der Temperaturunterschied zwischen den Streifen erzeugt kleine Luftwirbel über dem Fell, die das Tier abkühlen.

Mensch und Natur: Nutzpflanzen und Nutztiere

Pflanzen und Tiere sind dem Menschen auf vielfältige Weise nützlich: als Nahrung und Medizin, aber auch zur Energiegewinnung und nicht zuletzt als Haustier.

Seit wann wird Weizen kultiviert?

Um 7000 v. Chr. begannen die Menschen im vorderasiatischen Raum, Weizen zu sammeln und anzubauen. Weizen ist nach der Gerste die zweitälteste Getreideart. Der ursprüngliche wilde Weizen, das Einkorn, besaß nur eine Reihe Körner und einen harten Spelz. Man nimmt an, dass sich zunächst der größere, widerstandsfähige Emmer herausbildete und später durch weitere Einkreuzungen mit Wildformen dann Dinkel und der weiche Kulturweizen entstanden. Letzterer enthält das genetische Material von mindestens drei verschiedenen Weizenarten.

Wofür wird Arnika verwendet?

Arnika (*Arnica montana*) ist in Europa bis Südrussland heimisch und ihre Blüten werden seit jeher als bewährtes Wundheilmittel und Antiseptikum verwendet. Sie helfen bei Verletzungen wie Prellungen, Quetschungen, Hämatomen, Ödemen, Insektenstichen, Furunkeln und Entzündungen der Schleimhäute, außerdem bei Venenentzündungen, Krampfadern, Gelenkschmerzen und Rheuma. Arnika wird häufig als mit viel Wasser verdünnte Tinktur oder als Salbe äußerlich aufgetragen. Auf keinen Fall darf Arnika innerlich angewendet werdet. Sie schädigt das Herz.

Arnika-Pflanzen blühen in einem auffälligen Gelb.

Hätten Sie's gewusst?

Die wichtigsten Nutzpflanzen Afrikas

Für den Eigenbedarf werden angebaut: Maniok und Kochbanane (Regenwald), Yams (Feuchtsavanne), Hirse und Erdnuss (Trocken- und Dornsavanne), Weizen (Nordafrika), Dattel (Oasen und Halbwüsten) sowie in höher gelegenen Gebieten Mais, Süßkartoffeln und Hülsenfrüchte. Yams ist eine einjährige Kletterpflanze mit einer dunkelbraunen, essbaren Wurzelknolle, die bis zu 2 m lang und 4–8 kg schwer wird. Ihr Geschmack ähnelt Kartoffel und Esskastanie. Maniok ist ein mehrjähriger Strauch, von dem die Wurzelknolle geerntet wird. Sie ist außen rotbraun, hat innen ein weißliches, festes Fleisch und wird wie die Kartoffel als Beilage verwendet. Die Portugiesen brachten sie einst von Südamerika nach Afrika. Für den Export werden u. a. Ölpalmen, Kakao, Kaffee, Baumwolle, Erdnuss und Kautschuk angebaut.

Yamswurzeln auf einem Markt in Ruanda

Welche Insekten sind die wichtigsten Bestäuber weltweit?

Die meisten Blütenpflanzen werden von Bienen und Hummeln, Käfern, Fliegen und Schmetterlingen bestäubt, seltener von Vögeln, Fledermäusen oder dem Wind. Für die meisten Nutz- und Wildpflanzen sind die Bienen das wichtigste Insekt. Rund 85 % der landwirtschaftlichen Erträge in Deutschland hängen von der Honigbiene ab.

„Wenn die Biene einmal von der Erde verschwindet, hat der Mensch nur noch vier Jahre zu leben. Keine Bienen mehr, keine Bestäubung mehr, keine Pflanzen mehr, keine Tiere mehr, kein Mensch mehr.“

Albert Einstein (1879–1955)

Wie viele Bienen braucht man, um 1 kg Honig zu gewinnen?

Ein Bienenvolk mit etwa 50 000 Arbeiterinnen kann an einem Sommertag den Nektar für etwa 1 kg Honig zusammentragen. Die Sammelbiene saugt den Nektar aus den Blüten (Blütenhonig) oder nimmt Honigtau auf (Honigtau-, Wald- oder Tannenhonig) und speichert ihn im Honigmagen. Beim Transport zurück zum Stock beginnt die Umwandlung des Nektars in Honig. Die Sammelbiene gibt den flüssigen Nektar an die Stockarbeiterinnen weiter, die ihn mithilfe von Eiweißverbindungen eindicken und in den Waben einlagern. Drei Teile Nektar ergeben einen Teil Honig.

Honigtau

Honigtau besteht aus zuckerhaltigen Ausscheidungen von bestimmten Läusen, Flöhen, Zikaden und anderen Insekten, die sich von Pflanzensaft ernähren.

Wie kommt der Schimmel in den Käse?

Schimmelkäse enthält im Inneren essbaren Edelschimmel, Camembert außen einen weißen Pilzflaum. Die verwendeten Schimmelpilze sind Zuchtformen, und zwar der bläulich gefärbte *Penicillium roqueforti* und der weißliche *Penicillium camemberti*. Bei der Herstellung des Schimmelkäses fügt man der Milch die Pilzkultur zu, worauf die Mikroorganismen den eingedickten Milchbruch mit einem Pilzgeflecht, dem Myzel, durchweben. Der Camembert wird dagegen in Formen gepresst und erst dann mit der Pilzkultur eingestrichen.

Was verrät der Code auf Hühnereiern?

Der Code aus Buchstaben und Ziffern gibt Auskunft über die Haltung der Hühner, das Herkunftsland und den Legebetrieb. Anhand der Nummer lässt sich das Ei bis zum Ursprung zurückverfolgen. Optional drucken manche Betriebe das Legedatum oder das letzte empfohlene Verkaufsdatum aufs Ei.

Haltungsform	Herkunftsland	Nummer des Legebetriebs
0 Biohaltung	DE: Deutschland	Die ersten beiden Ziffern geben in Deutschland das Bundesland an (hier 13 = Mecklenburg-Vorpommern), die nächsten vier den Legebetrieb, die letzte den jeweiligen Stall.
1 Freilandhaltung	NL: Niederlande	
2 Bodenhaltung	BE: Belgien	
3 Käfighaltung (in der EU sind Legebatterien verboten)	AT: Österreich	
	IT: Italien	
	ES: Spanien	

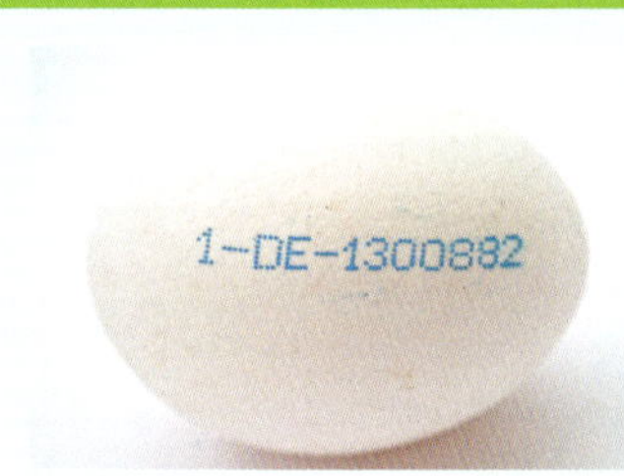

Wie wird laktosefreie Milch hergestellt?

Laktose oder Milchzucker ist ein natürlicher Bestandteil jeder Milch. Im Darm wird Laktose vom in der Darmschleimhaut gebildeten Enzym Laktase in seine Zuckerbausteine Glukose und Galaktose aufgespalten. Die Bausteine werden dann vom Körper aufgenommen und verwertet. Verbleibt aber die Laktose im Darm, entstehen durch Vergärung Säuren und andere Stoffe, die Beschwerden wie Bauchschmerzen, Blähungen, Völlegefühl und Durchfall verursachen. Bei Kindern kommt es langfristig zu Wachstumsstörungen, Rachitis, Knochenschmerzen, Gelenkentzündungen und Zahnschmelzdefekten, da Nährstoffe nur unzureichend vom Dünndarm ins Blut übergehen können. Säuglinge erzeugen sehr viel Laktase, Erwachsene weniger, etwa 10 % der Europäer, viele Asiaten, Schwarzafrikaner und australische Ureinwohner fast gar keine. Man spricht dann von einer Milchunverträglichkeit. Laktosefreie Milch wird in der Molkerei schon mit Laktase behandelt. Sie spaltet wie im Darm den Milchzucker auf und wird später durch Erhitzen deaktiviert. Die fertige Milch ist weitgehend frei von Laktose und schmeckt durch die einzeln vorhandenen Zuckerbausteine süßlicher.

Hätten Sie's gewusst?

E 120 und die Schildlaus

Hinter dem Kürzel E 120 in der Zutatenliste von Nahrungsmitteln verbirgt sich der Farbstoff Echtes Karmin, auch Cochenille genannt. Er wird aus Schildläusen gewonnen, nämlich aus den befruchteten, getrockneten Weibchen der Scharlachschildlaus. Diese graubraunen Insekten leben auf Kakteen in Südamerika. Schon die Azteken kannten und nutzten den Farbstoff, später wurde er nach Europa exportiert. Ab der Mitte des 19. Jhs. ersetzten künstliche Farbstoffe zunehmend den farbigen Läuseextrakt. Aber er ist noch heute in Lebensmitteln zugelassen.

Sind Katzen egoistisch und Hunde treu?

Katzen leben eher als Einzelgänger. Weibchen schließen sich auch zu lockeren Gruppen zusammen, während Kater ein Revier verteidigen. Auf die Jagd geht eine Katze immer allein. Auch als Haustier bewahrt sie viel Eigenständigkeit. Hunde sind ganz anders, da sie als Nachkommen der Wölfe ein Rudel mit einer festen Rangordnung brauchen. Das Wolfsrudel macht alles gemeinsam, und auch der Hund möchte immer mit dem Menschen, seinem „Ersatzrudel", zusammen sein. Allerdings lassen sich Begriffe wie Egoismus und Treue und besonders die damit verbundenen Emotionen nicht einfach auf Tiere übertragen.

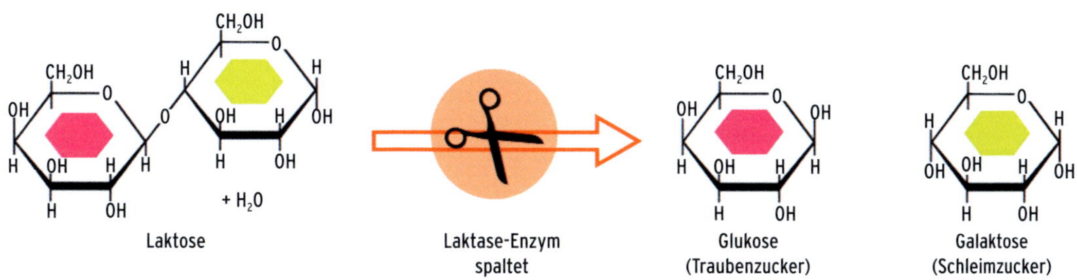

Erde

Lange glaubte man fest daran, dass die Erde eine Scheibe sei, und die Grenzen unseres Wissens waren eng gesteckt – beschränkt auf unsere unmittelbare Umgebung. Aber durch den Entdeckergeist der Seefahrer, durch die Neugier von Forschern wie Alexander von Humboldt (1769–1859) und die unermüdliche moderne Wissenschaft wurde das Bild des Planeten, auf dem wir leben, immer deutlicher. Auch noch heute werden immer wieder neue Aspekte seiner faszinierenden Vielfalt entdeckt.

Der blaue Planet: von Wasser bedeckt

Die Erde, die zu 71 % von Meeren bedeckt ist und zahllose Flüsse hat, ist ein lebensfreundlicher Planet, denn ohne Wasser gäbe es kein Leben. Und so ist es auch kein Wunder, dass der Mensch seit jeher die Nähe zum Wasser sucht – ob als Trinkquelle, als Transportweg oder auch schlicht im Urlaub zum Entspannen beim sanften Rauschen der Wellen.

Wie heißen die Sieben Weltmeere?

Mit den Sieben Weltmeeren meint man im Laufe der Zeit unterschiedliche Meere. In der großen Ära des Seehandels und der Zeit der Entdecker (1450–1650) waren es Atlantik, Nordpolarmeer, Indischer Ozean, Pazifischer Ozean, Mittelmeer, Karibik und der Golf von Mexiko. In der Antike dachte man dagegen ans Rote Meer, das Mittelmeer, den Persischen Golf, das Schwarze Meer, das Adriatische Meer, das Kaspische Meer und den Indischen Ozean. Geografisch korrekt ist der Begriff beide Male nicht: Die größten Meere nennen wir Ozeane. Dieses Wort kommt aus dem Griechischen und bedeutet „die Erdscheibe umfließender Weltstrom" – und als Ozeane bezeichnet man nur den Atlantik, den Pazifik und den Indischen Ozean.

Woher kommen die Namen Gelbes, Rotes, Schwarzes und Totes Meer?

Das Gelbe Meer liegt zwischen China und der Halbinsel Korea und wurde nach dem gelben Sand benannt, den die großen chinesischen Flüsse hineinschwemmen. Das Rote Meer liegt zwischen Afrika und der Arabischen Halbinsel. Es gibt mehrere Vermutungen, woher sein Name kommt: Wörtlich rot wird das Meer, weil dort regelmäßig massenhaft rötliche Algen auftreten. In der Antike wies man aber auch den Himmelsrichtungen Farben zu – und Rot bedeutete Süden. Das Schwarze Meer ist über den Bosporus mit dem Mittelmeer verbunden. Sein Name könnte ebenfalls eine Himmelsrichtung sein, denn Schwarz stand für Norden. Allerdings gibt es dort Bakterien, die Schwefelwasserstoff bilden und das Wasser stellenweise schwarz färben. Das Tote Meer ist kein Meer, sondern ein großer See. Durch Wasserverdunstung stieg sein Salzgehalt auf 28 %, viel zu hoch für Lebewesen. Ganz tot ist es dennoch nicht: Einige wenige Algen und Bakterien können im Salzwasser überleben.

Was steckt hinter dem Meeresleuchten?

Das Meeresleuchten wird von einzelligen, rötlichen Organismen erzeugt, die den Algen zugerechnet werden: den Dinoflagellaten. Wenn sie in großen Massen auftreten, erscheint das Meer am Tag rötlich. Nachts werden die biolumineszenten Dinoflagellaten durch die Bewegung der Welle zum Leuchten angeregt und es kommt zu blauen Lichterscheinungen, dem Meeresleuchten.

Das Tote Meer liegt 428 m unter dem Meeresspiegel.

Biolumineszenz

Als Biolumineszenz (von griech. *biós* = Leben und lat. *lumen* = Licht) wird die Fähigkeit von Lebewesen bezeichnet, Licht erzeugen zu können. Dabei läuft meist in speziellen Leuchtorganen eine chemische Reaktion ab, bei der Energie in Form von Licht freigesetzt wird. Das bekannteste biolumineszente Tier ist das Glühwürmchen.

„Du kannst die Wellen nicht aufhalten – aber du kannst lernen zu surfen."

Jon Kabat-Zinn (geb. 1944)

Was verursacht Ebbe und Flut?

Ebbe und Flut werden von den Anziehungskräften zwischen Erde und Mond verursacht, von der Gravitation. Der Mond zieht das bewegliche Wasser zu sich hin und es entsteht ein Flutberg. Weil sich zudem Erde und Mond um einen gemeinsamen Schwerpunkt drehen, entstehen Fliehkräfte. Auf der gegenüberliegenden Seite des großen Flutbergs bildet sich dadurch ein zweiter, kleinerer Flutberg. Unter beiden Flutbergen „wandert" die Erde bei der Rotation um ihre eigene Achse hinweg. Am höchsten steigt das Wasser bei Springflut, dann stehen Sonne, Erde und Mond auf einer Linie und sämtliche wirksamen Kräfte wirken zusammen.

Wie bestimmten die Seefahrer früher den Längengrad?

Man kann sagen, mit viel Glück. Der Breitengrad lässt sich anhand der Sternbilder, des Sonnenstands und der Tageszeit recht einfach bestimmen. Für den Längengrad gibt es solche Hilfsmittel nicht. Man kann ihn nur berechnen. Die Erde dreht sich in 24 Stunden um 360 Längengrade, das entspricht 15 Längengraden in einer Stunde. Aus der Differenz der anhand der Sonne festgestellten Uhrzeit am Schiffsort und der Uhrzeit an einem Ort, dessen geografische Länge bekannt ist, lässt sich der aktuelle Längengrad ermitteln. Das Problem damals war: Es gab keine genauen Uhren. Erst der englische Uhrmacher John Harrison entwickelte 1736 einen Schiffschronometer, der unabhängig von Temperatur, Schiffsbewegungen und Schwerkraft funktionierte.

Wer entdeckte die Nordwestpassage?

Die Nordwestpassage ist ein 5789 km langer Seeweg vom Atlantik zum Pazifik. Die Route führt im Norden Kana-

Rekord!

Die längsten Flüsse der Kontinente

Mehr als 50 Flüsse auf der Welt sind länger als 2000 km. Häufig findet man verschiedene Angaben zu den Flusslängen – sie hängt davon ab, welche Quellflüsse dazugezählt werden. So ist z. B. der Mackenzie in Kanada nur 1903 km lang, nimmt man den längsten Quellfluss hinzu, dann erreicht das Flusssystem Finlay-Peace-Slave-Mackenzie eine Länge von 4260 km und ist der zweitlängste Fluss Nordamerikas.

Kontinent	Platz 1	Länge	Platz 2	Länge	Platz 3	Länge
Europa	Wolga	3531 km	Donau	2850 km	Ural	2428 km
Asien	Jangtsekiang	6300 km	Huang Ho	4845 km	Mekong	4500 km
Afrika	Nil	6671 km	Kongo	4835 km	Niger	4160 km
Nordamerika	Mississippi mit Missouri	6221 km	Yukon	3185 km	Rio Grande	3034 km
Südamerika	Amazonas	6400 km	Paraná	3700 km	Rio Juruá	3283 km
Australien	Darling River	2840 km	Murray	2570 km	Murrumbidgee	2160 km

das durch das Polarmeer. Viele Seefahrer versuchten sie zu durchfahren. James Cook musste an der Beringstraße abbrechen. Der Polarforscher John Franklin unternahm drei Expeditionen, 1845 ging er auf der dritten Fahrt verschollen. Der britische Seefahrer Robert McClure beteiligte sich an der Suche nach Franklins Schiff und fand dabei die Passage, konnte sie wegen des Eises aber nicht ganz mit dem Schiff durchqueren. Erst Roald Amundsen gelang es in den Jahren 1903–1906. Auch heute noch ist die Route kaum schiffbar, obwohl sie aufgrund der Klimaerwärmung öfters eisfrei ist.

Rekord!

Die höchsten Wellen

Wellen entstehen, wenn der Wind eine bestimmte Zeit lang über die Wasseroberfläche streicht. Durch die Reibung von Wind und Wasser entsteht der Seegang. Normale Nordseewellen werden 1–1,50 m hoch, auf hoher See wachsen Wellen selten auf mehr als 10 m an. Aber es gibt auch unterschiedliche Wellentypen, die viel höher werden: Riesen- oder Monsterwellen türmen sich bis zu 35 m hoch auf. Experten unterscheiden drei Arten dieser Riesen: Kaventsmänner sind gewaltige Einzelwellen. Sie kommen statistisch gesehen nur einmal alle 20 bis 50 Jahre vor. Die Drei Schwestern bestehen aus drei kurz aufeinanderfolgenden Wellen. Weiße Wände sind fast senkrechte und extrem breite Wellen. Die erfahrensten Surfer suchen sogenannte Big Waves, 20 bis 30 m hohe Brandungswellen, auf. Diese entstehen oft durch Untiefen im Meeresboden, da die Höhe der Welle physikalisch auch immer an die Wassertiefe gekoppelt ist.

Wo liegt Kap Hoorn und wo das Kap der Guten Hoffnung?

Kap Hoorn ist der südlichste Punkt Südamerikas und gehört zu Chile. Die Landspitze wurde erstmals 1616 vom niederländischen Seefahrer Willem Cornelisz Schouten beschrieben und nach der holländischen Stadt Hoorn benannt. Kap Hoorn wird oft auch Kap Horn geschrieben, denn als Horn bezeichnet man auch signifikant geformte Landspitzen oder Berge – etwa das Horn von Afrika oder das Matterhorn. Das Kap der Guten Hoffnung liegt in Südafrika. Es ist ein markantes und gefürchtetes Kliff. Die Seeleute hatten mit unter Wasser liegenden Felsen, Riesenwellen und starken Winden zu kämpfen, die das Schiff zur Küste hin drückten. Der europäische Entdecker Bartolomeu Diaz nannte die Felsenzunge Cabo das Tormentas (Kap der Stürme). Der Name Kap der Guten Hoffnung geht entweder auf die Hoffnung zurück, mit seiner Umschiffung den Seeweg nach Indien gefunden zu haben, oder aber auf die Hoffnung, nun bald das Ende des Kontinents erreicht zu haben. Der südlichste Punkt Afrikas ist aber Kap Agulhas. Eine Möglichkeit, die beiden Kaps auseinanderzuhalten, ist der Buchstabe f: Er kommt in Hoffnung und Südafrika vor, aber weder in Hoorn, noch in Chile oder Südamerika.

Das Kap der Guten Hoffnung war früher aufgrund seiner steilen Klippen gefürchtet.

Rekord!

Die größten Inseln Deutschlands

Insel	Größe	Lage
Rügen	926 km²	vor der pommerschen Ostseeküste
Usedom	445 km²	in der pommerschen Bucht (südliche Ostsee)
Fehmarn	185 km²	vor der ostholsteinischen Ostseeküste
Sylt	99 km²	Nordfriesland; vor der Nordseeküste Schleswig-Holsteins und Dänemarks
Föhr	83 km²	Nordfriesland; vor der Nordseeküste Schleswig-Holsteins südlich von Sylt
Pellworm	37 km²	Nordfriesland; südlich von Föhr

„Ich glaube, die Wellen verschlingen
Am Ende Schiffer und Kahn;
Und das hat mit ihrem Singen
Die Loreley getan."

Heinrich Heine (1797–1856)

Was ist die Wahrheit hinter der Loreley am Rhein?

1801 veröffentlichte Clemens Brentano eine Ballade über die unglückliche Liebe eines Mädchens, das sich von der Loreley in die Tiefe stürzt. Später beschrieb Brentano das Mädchen als unglückliche Frau Lurley, die auf dem Felsen sitzt, ihr langes, blondes Haar kämmt und die Schiffer ins Verderben stürzt. Heinrich Heine machte in seinem Gedicht die Loreley zu einer Nixe – es ist wohl die bekannteste Version des Stoffs. In Wirklichkeit ist die Loreley ein 132 m hoher Schieferfelsen bei St. Goarshausen, der den Rhein zu einer Kurve gezwungen hat. Der Rhein ist hier bis zu 25 m tief und 113 m breit, aber Sandbänke, Stromschnellen und starke Strudel verursachten zahlreiche Schiffbrüche.

Die Loreley vom gegenüberliegenden Rheinufer aus betrachtet

Ist der Rhein heute sauber?

Hoher Schiffsverkehr und die Industrialisierung hatten den Rhein stark verschmutzt, als 1976 ein Abkommen unterzeichnet wurde: Der Rhein sollte wieder sauber werden. Im Mai 1988 schwamm der damalige Bundesumweltminister Klaus Töpfer bei Mainz im Rhein, um den Erfolg dieses Abkommens zu demonstrieren. Das Referat für Gewässergüte hatte von einem Bad im Rhein abgeraten. Heute gilt sein Wasser aber als sauber. Die Belastung durch Schwermetalle und andere Schadstoffe hat abgenommen, der Sauerstoffgehalt ist gestiegen und zahlreiche Fische konnten wieder angesiedelt werden. Unbelastet ist er aber nicht. Schadstoffe aus Industrie, den Städten und der Schifffahrt bereiten Probleme. Darauf machte im Sommer 2014 der Chemieprofessor Andreas Fath mit einer beeindruckenden Aktion aufmerksam: Er schwamm in 31 Etappen den ganzen Rhein ab, 1230 km von der Quelle bis zur Nordsee. Sein Ziel war es, Sponsoren für Geräte zur Gewässeranalyse zu gewinnen.

Welcher See wird auch Schwäbisches Meer genannt?

Der Bodensee. Dieser 252 m tiefe und 538 km² große Alpenvorlandsee besteht eigentlich aus zwei Seen, dem großen Obersee und dem kleineren Untersee. Beide sind durch den 4 km langen Seerhein verbunden. Der Name Schwäbisches Meer ist heute nicht mehr ganz richtig: Baden-Württemberg besitzt etwas mehr als die Hälfte des Ufers, der Rest gehört zur Schweiz, zu Österreich und Bayern. Als der Begriff in der frühen Neuzeit geprägt wurde, bezog man sich auf das mittelalterliche Herzogtum Schwaben, dessen Gebiet den Bodensee seinerzeit komplett umschloss.

Welche Länder durchquert die Donau?

Die Donau beginnt in Donaueschingen mit dem Zusammenfluss von Breg und Brigach. Nach 137 km erreicht sie Ulm und wird in Kelheim eine Bundeswasserstraße. Nach Passau (663 km) verlässt sie Deutschland und durchquert Österreich, die Slowakei und Ungarn. Über weite Strecken und oft als Grenzfluss fließt sie durch Kroatien, Serbien, Rumänien, Bulgarien, Moldawien und die Ukraine. Nach 2811 km mündet sie in einem großen Delta auf rumänischem und ukrainischem Gebiet ins Schwarze Meer. Die Donau verbindet also insgesamt zehn europäische Länder.

„Brigach und Breg bringen die Donau zu Weg."

Deutscher Merkspruch

Wo liegt die Quelle des Nils?

Die Suche nach der Nilquelle ist sehr alt. Schon der griechische Geschichtsschreiber Herodot fuhr flussaufwärts bis nach Assuan. Später entwarf Ptolemäus eine Karte des Nils, nach der ein rechter Quellfluss aus einem See in Äthiopien kam und der Hauptfluss aus zwei großen Seen hervorging, die wiederum ihr Wasser von den legendären Mondbergen bekamen. Tatsächlich liegt die Quelle des Blauen Nils im äthiopischen Hochland. Er fließt bei Khartum mit dem Weißen Nil zusammen. Die Quelle des Weißen Nils war lange unbekannt, erst 1874–1877 konnte Henry Morton Stanley (1841–1904) mit einer Expedition beweisen, dass er aus dem Victoriasee fließt. Doch dieser ist noch immer nicht die Quelle, denn der See wird vom Kagera-Nil gespeist, der sein Wasser wiederum von zwei Flüssen erhält: dem Ruvuvu, der mit seinem Nebenfluss Luvironza den längsten Quellfluss stellt, und dem kürzeren, aber wasserreicheren Rukarara aus Ruanda.

Auch der Nil hat mal klein angefangen: eine seiner Quellen bei Gitanga in Burundi

Hätten Sie's gewusst?

In welchem Ozean mündet der Amazonas?

Der Amazonas ist ein Fluss der Extreme. Er ist der wasserreichste der Welt, hat das größte Einzugsgebiet, die meisten Nebenflüsse und legt mehr als 6000 km zurück, bevor er in Brasilien in den Atlantik mündet. Allerdings war das nicht immer so. Der Ur-Amazonas mündete nämlich in den Pazifik. Denn vor über 100 Mio. Jahren gehörten Afrika und Südamerika zum Großkontinent Gondwana. Der Amazonas entsprang in Afrika, durchfloss Südamerika und mündete in den heutigen Pazifik. Als Gondwana zerbrach und Südamerika nach Westen driftete, traf die Landmasse auf die Pazifische Platte und die Anden wölbten sich auf. Das neue Gebirge blockierte die Mündung des Amazonas. Er musste seine Fließrichtung ändern und mündet seither in den Atlantik. Das erklärt die enorme Ausdehnung des Flusssystems. Und die Umkehr der Fließrichtung gibt Aufschluss, warum es im Amazonas Haie, Rochen, Seezungen und Delfine gibt – Tausende Kilometer von der Küste entfernt.

Vom Erdmittelpunkt bis zum Himalaja

Wie formten sich Gebirge, wieso bebt die Erde manchmal und wo lag das Jurameer? Diese und weitere Fragen zu beantworten, versucht die Geologie, die Wissenschaft vom Aufbau und der Struktur unseres Planeten.

Was befindet sich im Mittelpunkt der Erde?

Nicht erst seit Jules Verne bietet der Mittelpunkt der Erde Anlass für zahlreiche Spekulationen. In Dantes *Göttlicher Komödie* beispielsweise steckt der Teufel im Mittelpunkt der Erde und noch heute gibt es Menschen, die an die sogenannte Hohlwelt-Theorie glauben. Tatsächlich ist eine direkte Untersuchung des Erdkerns bislang nicht möglich: Die tiefste Bohrung war nur 12,3 km tief. Allerdings gibt es heute genügend Möglichkeiten, um den Erdkern indirekt zu erforschen, etwa durch das Magnetfeld der Erde oder durch seismografische Daten. Deshalb weiß man, dass der Erdkern ein gewaltiger fester Ball aus Eisen und Nickel ist. Die Temperaturen im Kern betragen etwa 6500 °C – sie würden das Metall verdampfen lassen, wenn es der gigantische Druck nicht im festen Zustand halten würde. Dem festen inneren Kern schließt sich der flüssige äußere Kern an: Eisen und Nickel bilden hier eine heiße Schmelze, deren Strömungen das Erdmagnetfeld entstehen lassen.

Der Schalenaufbau der Erde – insgesamt hat unser Planet einen Durchmesser von 12 742 km.

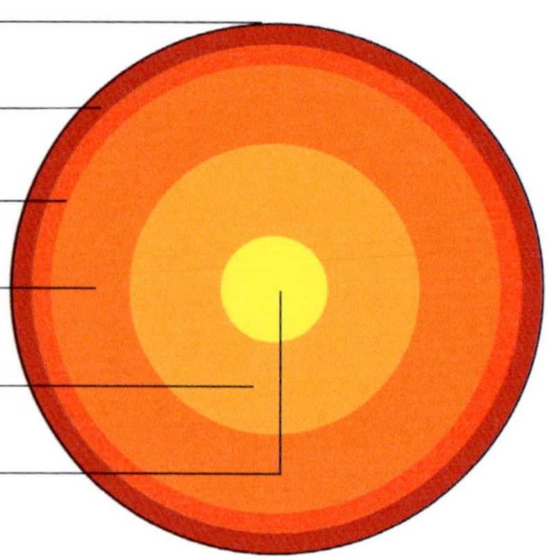

Was ist der Unterschied zwischen Magma und Lava?

Beides sind glühend-flüssige Gesteinsschmelzen. Magma reicht bis in den oberen Erdmantel. Es sammelt sich in Magmakammern und hat eine Temperatur von über 1100 °C. Bei einem Vulkanausbruch steigt überhitztes Magma auf. Dabei perlen Gase aus, die vorher im Magma gelöst waren. Diese Entgasungen führen zu den Explosionen bei einem Ausbruch. Das Magma tritt als Lava aus dem Vulkan aus. Lava ist demnach entgastes Magma an der Erdoberfläche. Der Name Lava leitet sich von *labi* ab, das lateinische Wort für hinabgleiten.

Warum gibt es auf Island so viele Vulkane?

Island hat rund 130 Vulkane, 31 davon sind aktiv, durchschnittlich bricht alle fünf Jahre einer aus. Die Insel gehört geologisch sowohl zu Nordamerika als auch zu Europa. Sie liegt auf zwei Erdplatten, deren Nahtlinie mittendurch verläuft und sich unter dem Meer im Mittelatlantischen Rücken fortsetzt. Durch die Risse zwischen den Platten gelangt Magma an die Erdoberfläche. Außerdem steigt unter Island eine gewaltige Magmablase auf, die die Insel zu einem sogenannten Hotspot macht: Aus dem Erdmantel steigt heißes Gesteinsmaterial nach oben.

Wie entstehen Erdbeben?

Erdbeben sind Erschütterungen der Erdkruste. Die Ursachen können unterschiedlich sein. Bei Einsturzbeben fällt ein unterirdischer Hohlraum zusammen. Vulkanische Beben werden durch Vulkanexplosionen ausgelöst. 90 % aller Erdbeben entstehen, weil sich Erdplatten bewegen, verschieben und aneinanderreiben. Dabei bauen sich Spannungen auf, die sich in tektonischen Erdbeben entladen. Der Ort, an dem die Entladung stattfindet, ist der Herd oder das Hypozentrum. Der Punkt auf der Erdoberfläche über dem Hypozentrum ist das Epizentrum. In einem Jahr gibt es durchschnittlich 10 000 Erdbeben, doch nur wenige werden ohne Messinstrumente überhaupt wahrgenommen.

Erdplatten

Die äußere Hülle der Erde (die Erdkruste und ein Teil des oberen Mantels) ist starr. Sie besteht aber nicht aus einem Stück, sondern aus Erdplatten (auch tektonische Platten genannt), die auf dem tieferen, zähflüssigen Erdmantel „schwimmen". Es gibt heute über 50 verschiedene Platten. Die größten unter ihnen sind die sieben Kontinentalplatten, die Nordamerika, Südamerika, Eurasien, Afrika, Australien, die Antarktis und den Untergrund des Pazifiks bilden.

Wo gibt es in Deutschland Vulkane und Erdbebengebiete?

Im Vergleich zu anderen Weltgegenden ist die Gefahr durch Erdbeben oder Vulkane in Deutschland sehr gering. Erdbeben ereignen sich im Oberrheingraben, in der Niederrheinischen Bucht und im Vogtland. Ursache dieser Beben sind Spannungen an den Rändern der Kontinentalplatten, die innerhalb der Platte weitergeleitet und an Schwächezonen abgebaut werden. So eine Schwächezone ist die Mittelmeer-Mjösen-Zone vom Mittelmeer bis zum Mjøsa-See in Südnorwegen.

Vulkane gibt es in der Eifel, im Westerwald, in der Rhön, der Oberlausitz und im Hegau, auch der Vogelsberg in Hessen und der Kaiserstuhl in Baden-Württemberg sind Vulkane. Es ist durchaus möglich, dass es wieder zu einem Vulkanausbruch in Deutschland kommt. Der letzte Ausbruch in der Eifel war vor 13 000 Jahren – und Ruhephasen von 20 000 oder mehr Jahren sind bei Vulkanen keine Seltenheit.

Das fast kreisrunde Pulvermaar in der Eifel ist vulkanischen Ursprungs. Maare bilden sich, wenn heiße Magma auf Grundwasser trifft. Es kommt zu einer Wasserdampfexplosion und Gestein wird ausgeworfen.

Rekord!

Die tiefsten Meeresgräben

Tiefseegräben sind lang gestreckte, schmale Vertiefungen des Meeresbodens. Die Gräben entstehen, wenn sich eine tektonische Platte unter eine andere schiebt. Sie reichen bis zu 4000 m in die Tiefe – unter dem eigentlichen Meeresboden. Es gibt sechs Tiefseegräben mit mehr als 10 000 m Tiefe (ab der Meeresoberfläche gemessen): Marianengraben, Tongagraben, Japangraben, Kurilengraben, Philippinengraben und Kermadecgraben. Sie alle liegen im westlichen Pazifik. Die tiefsten bisher gemessenen Stellen liegen im Marianengraben. Es sind das Witjastief 1 (11 034 m), das Challengertief (10 994 m) und das Triestetief (10 916 m).

„Tugend und Laster sind verwandt wie Kohle und Diamant."

Karl Kraus (1874–1936)

Warum leben die Menschen in Kalifornien gefährlich?

In Kalifornien gleiten zwei große Erdplatten aneinander vorbei. Die Pazifische Platte drängt nach Norden und reibt sich an der Nordamerikanischen Platte. An der Reibungsfläche entstehen Verwerfungen, die bekannteste ist die St.-Andreas-Verwerfung. Experten erwarten in Kalifornien früher oder später ein großes Beben der Stärke 8 oder 9 auf der Richter-Skala.

Sind Diamanten Steine?

Der härteste natürliche Stoff der Welt wird als Schmuckstein geschätzt, kommt aber auch als Schneidewerkzeug zum Einsatz.

Nein, Steine sind ein heterogenes Gemenge verschiedenster Mineralien, Diamanten dagegen gehören zu den reinen Mineralien. Ein Diamant besteht nur aus Kohlenstoffatomen, die einen meist oktaederförmigen, transparenten und farblosen Kristall bilden. Diamanten sind der härteste natürliche Stoff und bilden sich im Erdmantel in Tiefen zwischen 150 und 660 km unter hohem Druck und bei hoher Temperatur.

Was ist Löss?

Löss ist feiner kalkhaltiger Gesteinsstaub, der während der Eiszeit aus Moränenfeldern ausgeweht wurde und sich am Nordrand der Mittelgebirge, im Oberrheinischen Tiefland und im Donaugebiet wieder ablagerte. Er bildete 20 bis 300 m dicke Lössdecken aus gelbbraunem, ungeschichtetem, kalkhaltigem und feinkörnigem Material. Aus diesen Lössdecken entwickelten sich die fruchtbarsten Böden. Für die Landwirtschaft gilt Löss sogar als entscheidender Faktor – schätzungsweise 80 % der weltweiten Getreideproduktion wachsen auf Löss, der unter anderem durch eine gute Durchlüftung und seine Eigenschaft als Wasserspeicher ideale Bedingungen bietet.

Moräne

Eine Moräne wird von dem Material gebildet, das ein Gletscher vor sich her schiebt oder unter sich mitbewegt, wenn er sich Richtung Tal schiebt: größere und kleine Felsbrocken, Schotter und kleinste Gesteinsstücke. Je weiter der Gletscher wandert, umso feiner wird das Material. Schmilzt der Gletscher, bleibt ein Moränenfeld liegen.

Wie kommt das Salz ins Meer?

Salz wird aus Gestein ausgeschwemmt und von Flüssen ins Meer transportiert. Auch die Flüsse enthalten also

Salze, jedoch in ganz geringer Konzentration. Da aber alle Flüsse ins Meer fließen, summiert sich dort der Salzgehalt auf. Es gibt aber noch eine andere Salzquelle im Meer: Gesteine und Vulkane auf dem Meeresboden. Im offenen Weltmeer schwankt er zwischen 32 und 38 Promille. Weil die Sonne aufs Meer scheint und Wasser verdunsten lässt, steigt die Salzkonzentration einerseits kontinuierlich an, andererseits verliert das Weltmeer aber auch wieder an Salz: Kleine Mengen Meerwasser werden in Gesteinsporen am Meeresboden eingeschlossen, das Salz darin wird dem Meer entzogen. Auch der Wind trägt immer wieder Meerwasser – und so auch eine gewisse Menge an Salz – ans Festland.

Wie entstehen Gebirge?

Leonardo da Vinci (1452–1519) war der erste, der versteinerte Meeresmuscheln in den Alpen nicht auf die biblische Sintflut zurückführte, sondern eine naturwissenschaftliche Erklärung suchte. Er fand sie in der Tatsache, dass das Gebirge aus dem Meeresboden entstanden ist. Denn sogenannte Falten- oder Kollisionsgebirge wie Alpen und Himalaja gehen auf die Bewegung großer Kontinentalplatten (s. S. 35) und deren Aufeinanderprallen zurück. Beim Himalaja stieß die Indische Platte, bei den Alpen die Afrikanische Platte an die Eurasische Platte. Dabei wurden die Gebirge aufgefaltet. Die europäischen Mittelgebirge sind sogenannte Bruchschollengebirge. Sie haben sich nicht aufgefaltet, sondern bestehen aus spröden Schollen, die entlang von Bruchzonen angehoben oder abgesenkt wurden und sich übereinanderschichteten. Deshalb haben solche Mittelgebirge keine spitzen Gipfel.

Der Himalaja bildet auf einer Länge von rund 3000 km den gewaltigsten Gebirgszug der Erde. Hier zu sehen ist der Gokyo-See inmtten des Gokyo-Tals.

Hätten Sie's gewusst?

Seltene Erden sind nicht selten

Als Seltene Erden bezeichnet man 17 chemische Elemente, die zuerst in seltenen Mineralien aufgefunden und aus diesen isoliert wurden – daher der Begriff. Dabei sind sie keineswegs selten, sondern weltweit vorhanden. Einige Seltene Erden kommen in der Erdkruste häufiger vor als Blei oder Arsen. Und das seltenste Element ist immer noch nicht so selten wie Gold oder Platin. Es sind auch keine Erden, sondern silberfarbene, eher weiche und reaktionsfähige Metalle mit exotischen Namen wie Neodym, Yttrium, Lanthan, Cer, Praseodym, Samarium, Europium, Gadolinium. Für die modernen Technologien sind sie unverzichtbar, etwa als Leuchtmittel für Plasma- und LCD-Bildschirme, in Kompaktleuchtstofflampen und Radargeräten, als Dauermagnete in Elektromotoren und Generatoren, als Zusätze in Keramik und Spezialgläsern, Brennstoffzellen, Superlegierungen und Supraleitern.

Rekord!

Die ältesten bekannten Gesteine der Welt

Das älteste Gestein liegt im Nuvvuagittuq-Gesteinsgürtel an der Küste der Hudson Bay in Kanada. Es ist 4,28 Mrd. Jahre alt und könnte ein Rest der allerersten Erdkruste sein. Nur wenig jünger sind Gneise am kanadischen Great Slave Lake (4 Mrd. Jahre), der Acasta-Gneis-Komplex in Kanada (3,9 Mrd. Jahre) und die Isua-Gneise in Grönland (3,8 Mrd. Jahre). Das bisher älteste Mineral fanden Forscher in den westaustralischen Jack Hills. Es ist ein 4,4 Mrd. Jahre alter, brauner bis farbloser Zirkon.

Woher kommen einzeln stehende Berge?

Einzelne Berge können entweder Vulkane wie der Kaiserstuhl bzw. der Kilimandscharo sein oder Insel- und Zeugenberge. Inselberge wie der Zuckerhut in Rio de Janeiro und der Ayers Rock in Australien stehen meist in den Tropen. Ihr härtestes Gestein unterscheidet sich von dem ihrer Umgebung. Während das Land rundum von Wind und Regen großflächig abgetragen wurde, blieben sie stehen. Zeugenberge wie der Ipf (Schwäbische Alb) sind ebenfalls Überreste, allerdings von großflächigen Schichtstufenlandschaften: Die Schichten in einem solchen Gebiet – Sedimentablagerungen früherer Zeiten – wurden tektonisch angehoben, schräg gestellt und verwitterten dann. Nur die härteren Schichten hielten stand und wurden zu Zeugenbergen.

So schön können verwitterte Sedimentablagerungen sein: Das Monument Valley in den USA ist eine ganze Zeugenberglandschaft.

Wo lag das Jurameer und wofür ist es berühmt?

In der Jurazeit vor 200 bis 135 Mio. Jahren waren das heutige West- und Südwestdeutschland weitgehend vom Meer überspült. Viele Lebewesen siedelten darin, darunter Ammoniten, Seelilien, Ichthyosaurier, Plesiosaurier, Belemniten, Fische, Krokodile, Schnecken, Muscheln, Krebse, Seeigel und mehr. Wenn sie starben, sanken sie in sauerstoffarme Tiefen ab. Dort wurde ihre Zersetzung stark verlangsamt, sodass Ton und Kalk die Tiere überdeckten und sie versteinerten. Die Schwäbische Alb, die sich im Laufe von Jahrmillionen aus dem Boden des Jurameers aufgeschichtet hat, ist deshalb eine Fundgrube für Fossilien aus der Jurazeit. Auch der Urvogel Archaeopteryx wurde hier gefunden.

Wonach werden die Eiszeiten benannt?

Wenn man von Eiszeiten spricht, meint man damit eigentlich Kaltzeiten: die kalten Perioden der Erdgeschichte innerhalb von Eiszeiten bzw. Eiszeitaltern. Von einem Eiszeitalter spricht man immer dann, wenn beide Pole mit Eis bedeckt sind. Das aktuelle Eiszeitalter dauert seit gut 2,5 Mio. Jahren an. Währenddessen kam es zu mehreren Kalt- und Warmzeiten. Und die Kaltzeiten werden nach den Flüssen benannt, bis zu denen die Vergletscherung reichte. So herrschte vor 800 000–600 000 Jahren beispielsweise die Elbe-Kaltzeit im Norden und vor rund 1 Mio. Jahren die Donau-Kaltzeit in den Alpen und im Alpenvorland.

Wind und Wetter

Es gibt kein schlechtes Wetter, es gibt nur falsche Kleidung, heißt eine deutsche Redensart. Das mag vielleicht daran liegen, dass es bei uns keinen Monsun und keine Hurrikane gibt. Denn dann wird es richtig ungemütlich.

Folgt auf Morgenrot schlechtes, auf Abendrot gutes Wetter?

Die unterschiedlichen Farben werden von der Streuung des Lichts erzeugt: Das Licht wird an den Gasmolekülen der Atmosphäre gebrochen und ändert seine Bahn. Was in unser Auge gelangt, ist gestreutes Licht. Das kurzwellige Blau wird am meisten gestreut, da die kurzen Wellen öfter auf Teilchen treffen als etwa das langwellige Rot. Wenn die Sonne hoch am Himmel steht, ist der Weg des Lichts zur Erde kurz und wir sehen den Himmel blau. Wenn sie am Horizont auf- oder untergeht, muss das Licht einen längeren Weg zurücklegen. Bis es bei uns angekommen ist, ist der Blauanteil schon „weggestreut". Ist die Luft feucht, wird das blaue Licht besonders gründlich weggestreut, da mehr Wassermoleküle vorhanden sind. Der Himmel erscheint dann besonders rot. Wasserdampf in feuchter Luft kann sich schnell in Regen verwandeln, deshalb deutet Morgenrot tatsächlich auf schlechtes Wetter hin. Aber was ist beim Abendrot anders? Abends kühlt die Luft ab. Deshalb senkt sich Feuchtigkeit nach unten, anstatt sich zu Regenwolken zu ballen. Nachts setzt sie sich als Tau auf der Erde ab. Also ist der Himmel abends zwar ebenfalls feucht und rot, am nächsten Tag ist er aber „getrocknet" – die Voraussetzungen für Schönwetter sind gut.

Welche Wolken bringen Regen?

Eine Wolke ist eine Ansammlung von Wassertropfen, die entsteht, wenn mit warmer Luft aufsteigender Wasserdampf zu feinen Tröpfchen kondensiert. Ob eine Wolke hell oder dunkel erscheint, hängt davon ab, ob sie vom Standort des Betrachters aus gesehen von der Sonne angestrahlt wird oder nicht. Wenn an schönen Tagen warme Luft aufsteigt, bilden sich die wattigen sogenannten Haufen- oder Cumuluswolken (lat. *cumulus* = Haufen). Sie können zu Gewitterwolken oder Cumulonimbuswolken heranwachsen und heftigen Regen oder auch Hagel mit sich bringen. Der Name Cumulonimbus setzt sich zusammen aus Cumulus und *nimbus* (= dunkle Wolke). Solche Wolken sind oft ambossförmig und breiten sich vertikal aus. Schicht- oder Stratuswolken (*stratus* = ausgedehnt) breiten sich dagegen seitwärts aus, bleiben in den meisten Fällen sehr dünn und bedecken oft den Horizont. Sie bringen meist feinen Nieselregen mit sich. In ihrer dickeren und dunkleren Form, den sogenannten Nimbostratuswolken, kommt es dagegen zu starkem Dauerregen. Diese Wolken entstehen, wenn sich kalte Luft unter die vorhandene warme Luft schiebt (Kaltfront) bzw. warme Luft über kalte (Warmfront).

„Abendrot – Schönwetterbot. Morgenrot – Schlechtwetter droht."

Deutsches Sprichwort

Cumuluswolke

Cumulonimbuswolke

Stratuswolke

Was ist ein Monsun?

Der Name Monsun kommt vom arabischen *mausim* (= Jahreszeit). Damit werden die zu bestimmten Jahreszeiten auftretenden Winde und starken Regenfälle in Süd- und Südostasien bezeichnet. Während der Wintermonate strömt kontinuierlich kalte, trockene Luft aus Zentralasien nach Südasien, die Nordostpassate. Im Sommer dreht sich der Wind. Der Zenit der Sonne wandert zum nördlichen Wendekreis und mit ihm die am Äquator vorherrschenden Westwinde. Sie bringen nun, von Juni bis Oktober, vom Arabischen Meer her warme und feuchte Luft nach Indien. Das ist der Monsun. Auf der Südhalbkugel ist es umgekehrt, der Monsun geht von Mai bis Oktober, der Wind kommt dabei aus Nordwest.

Der Monsun sorgt in Süd- und Südostasien häufig für schwere Überschwemmungen.

Wendekreis

Ein Wendekreis ist ein ganz bestimmter Breitengrad. Es gibt den nördlichen und den südlichen Wendekreis. Sie sind jeweils rund 2600 km vom Äquator entfernt und bezeichnen die Breitengrade, wo die Sonne am Tag der Sonnenwende (Nordhalbkugel: 21. Juni, Südhalbkugel: 21./22. Dezember) mittags genau senkrecht steht.

Wie kalt wäre es ohne Atmosphäre?

Die Atmosphäre untergliedert sich in mehrere Schichten und umhüllt die Erde. Im Wesentlichen besteht sie aus Stickstoff (78 %), Sauerstoff (21 %), Edelgasen, Spurengasen wie Kohlendioxid und aus einem schwankenden Prozentsatz Wasserdampf, der im Zuge des Wasserkreislaufs in die erdnächste Schicht gelangt. Die Atmosphäre ermöglicht überhaupt erst das Leben, denn ohne sie würden die von der Erde reflektierten Sonnenstrahlen einfach ins Weltall abwandern und es wäre kalt wie auf dem nächtlichen Mond: bis −160 °C. Aber die Strahlen werden vom Wasserdampf und vom Kohlendioxid wiederum reflektiert und es bleibt warm – dies ist der sogenannte natürliche Treibhauseffekt.

Schicht	Höhe	Beschreibung
Troposphäre	0–15 km	enthält fast 90 % der Luftmasse, die durch die Gravitation in Erdnähe gehalten wird, sowie fast den gesamten Wasserdampf; hier findet das Wettergeschehen statt
Stratosphäre	15–50 km	Wetterballons, früher Flughöhe der Concorde; in der unteren Stratosphäre befindet sich die Ozonschicht, die die UV-Strahlung des Sonnenlichts absorbiert.
Mesosphäre	50–85 km	Staubteilchen und Gesteinsbrocken aus dem All verglühen (Sternschnuppen).
Thermosphäre	85–500 km	Die Luft ist extrem dünn; hier entstehen Polarlichter; in diesem Bereich arbeiten die Space Shuttle, die Raumstation ISS und Satelliten.
Exosphäre	500–10 000 km	fließender Übergang ins Weltall

Seit wann wird über die Klimaveränderung diskutiert?

Das Klima auf der Erde hat sich schon immer verändert – man denke nur an die letzten Kaltzeiten (s. S. 38). Und zur Römerzeit sowie im Mittelalter war es in Mitteleuropa wärmer als heute. Neu ist der Einfluss des Menschen auf das Klima. Dass der Mensch zur Erwärmung beiträgt, erkannte der englische Physiker John Tyndall im Jahr 1862. Wasserdampf, Kohlendioxid und Ozon in der Atmosphäre verstärken den natürlichen Treibhauseffekt und führen zu einer globalen Erwärmung.

„Wenn alle Fischarten ausgestorben sind, dann essen wir halt etwas anderes. Diesen Ausweg haben wir beim globalen Klima nicht."

Manfred Milinski (geb. 1950), dt. Biologe

Seit Satelliten und Computer das Sammeln und Auswerten umfangreicher Klimadaten ermöglichen, gibt es Warnungen vor einer Klimaveränderung. 1988 berief die UN-Vollversammlung den Zwischenstaatlichen Ausschuss über Klimaveränderung (IPCC; *Intergovernmental Panel on Climate Change*) ins Leben, der oft als Weltklimarat bezeichnet wird. Er soll die Klimaänderungen, seine Auswirkungen und vorbeugende Maßnahmen erforschen und Zukunftsszenarien erarbeiten.

Warum gibt es in Florida so viele Hurrikane?

Tropische Wirbelstürme oder Hurrikane entstehen in der Karibik und im Golf von Mexiko, weil hier die Wassertemperaturen über 27 °C betragen. Dadurch steigt der Wasserdampf rasch auf und von allen Seiten strömt Luft nach. Durch die Erdrotation dreht sich die Luft spiralförmig und es bildet sich ein trichterförmiger Wirbel mit einem Durchmesser von bis zu 500 km, in dem Windgeschwindigkeiten von 200 km/h und mehr entstehen können.

Das Satellitenbild zeigt einen Hurrikan, der auf die Küste Floridas zusteuert.

Was ist der Golfstrom?

Der Golfstrom ist ein warmer Meeresstrom im Nordatlantik. Er führt warmes Wasser aus dem Golf von Mexiko und der Karibik an der Küste Nordamerikas entlang und durch den Atlantik bis nach Europa. Das Wasserband ist 50 bis 150 km breit und einige 100 m tief. Bei Neufundland an der kanadischen Ostküste liegt seine Wassertemperatur immer noch bei 20 °C. Der Golfstrom ist Teil eines globalen Systems von Meeresströmungen und beeinflusst maßgeblich das Klima Europas. Ohne ihn wäre es in Nordeuropa etwa so kalt wie in Sibirien, in Westeuropa läge die Temperatur um 5–10 °C niedriger.

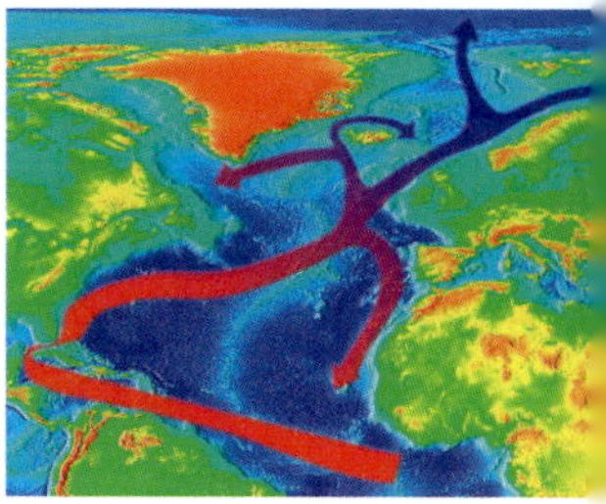

Der Golfstrom (rot dargestellt) setzt sich nördlich der Britischen Inseln als Nordatlantikstrom (blau) fort.

Universum

In Anbetracht der Größe des Universums geraten wir schnell an die Grenzen unserer Vorstellungskraft. Wie groß der Kosmos tatsächlich ist, kann niemand so genau sagen. Die Menschen waren immer schon vom Nachthimmel fasziniert – aber erst die moderne Technologie seit den 1950er-Jahren sorgte für den Quantensprung, der es ermöglichte, tief ins All zu blicken und die physikalischen Zusammenhänge zu verstehen – und es konnten sogar Menschen bis zum Mond und Forschungssonden noch viel weiter geschickt werden.

Der Kosmos – Ordnung der Dinge?

Zwar lässt sich der Begriff Kosmos vom altgriechischen Wort für Ordnung ableiten, aber wie genau das Weltall nun geordnet ist, wissen wir nicht. Vieles konnte bisher nicht empirisch erforscht werden und beruht daher nur auf Konstrukten und Theorien. Physikalisch nachgewiesene Phänome wie Schwarze Löcher oder die Antimaterie sind ohne tiefere Fachkenntnisse kaum zu verstehen. Aber es lohnt sich, an der Oberfläche der Physik zu kratzen, um eine Vorstellung von den „unendlichen Weiten" um uns herum zu bekommen.

Was ist Materie?

In der Umgangssprache wird Materie meist gleichgesetzt mit Substanz. Physiker unterscheiden aber zum einen den Träger der Materie, das Teilchen, und zum anderen die zwischen den Teilchen herrschenden Kräfte und Wechselwirkungen. Erst beides zusammen bildet die Materie. Teilchen sind beispielsweise die Elektronen der Atomhülle und die Bausteine der Atomkerne – Protonen, Neutronen bzw. Quarks und weitere Elementarteilchen (s. S. 79). Durch die Wechselwirkungen zwischen den Teilchen lassen sich alle physikalischen Prozesse bis hin zur Entstehung des gesamten Kosmos und der Verhaltensweise seiner Bestandteile beschreiben.

Ist Antimaterie das Gegenteil von Materie?

Ein Atom besteht aus positiv geladenen Protonen, neutralen Neutronen und negativ geladenen Elektronen. Protonen und Neutronen bilden den Atomkern, Elektronen umkreisen ihn. Bei der Antimaterie verhält es sich genau umgekehrt: Statt Elektronen umkreisen positiv geladene Positronen den Kern, der aus negativ geladenen Antiprotonen besteht. Also ist Antimaterie tatsächlich so etwas wie das Gegenteil von Materie. Sie kann erzeugt werden, wenn Elementarteilchen im Vakuum bei hoher Geschwindigkeit zusammenstoßen. Erstmals gelang es 1995 am CERN, einen Antiwasserstoff herzustellen. Wenn Materie auf Antimaterie stößt, vernichten sich beide gegenseitig und wandeln sich dabei in Energie. Es ist denkbar, dass weit entfernte Sternsysteme aus Antimaterie aufgebaut sein könnten – man hat bislang aber keine Hinweise darauf gefunden.

Der Globus der Wissenschaft und Innovation des CERN in der Schweiz, davor ein ausgemustertes Stück eines Teilchenbeschleunigers. In dem Gebäude finden u. a. Konferenzen und Ausstellungen statt.

CERN

Das *Conseil Européen pour la Recherche Nucléaire* (Europäische Organisation für Kernforschung) ist eine Forschungseinrichtung in der Nähe von Genf. Hochtechnologische Geräte, darunter besonders große Teilchenbeschleuniger, ermöglichen physikalische Grundlagenforschung. Das CERN besitzt den weltweit größten Teilchenbeschleuniger: Auf 26,7 km können Teilchen bis auf nahezu Lichtgeschwindigkeit beschleunigt werden.

Strahlung

Unter Strahlung versteht man Wellen oder die Ausbreitung von Teilchen, beispielsweise radioaktive Strahlung oder elektromagnetische Wellen.

Woraus besteht das Universum?

Das Universum ist der gesamte Raum, in dem sich alle Galaxien, Sterne und Planeten bis hin zu kleinsten Gasteilchen (Wasserstoff und Helium) befinden. Man hat herausgefunden, dass nur ein kleiner Teil, ungefähr 5 %, auf die „normale" Materie entfällt, während es zusätzlich noch eine sogenannte Dunkle Materie (27 %) und eine sogenannte Dunkle Energie (68 %) geben muss.

Was sind Dunkle Materie und Dunkle Energie?

Bislang hat sie niemand identifizieren können. Ein Teil der Materie im Weltall ist sichtbar als Gas oder Staub, der große Rest ist uns unbekannt. Aber man weiß, dass da etwas ist, denn es macht sich bemerkbar: Es beeinflusst über die Gravitationskraft die Bewegung etwa von Sternen, hält Galaxien zusammen und mehr. Wenn man entfernte Galaxien durchs Teleskop beobachtet, erscheint ihr Licht durch die Dunkle Masse im Raum zwischen Beobachter und Galaxie verzerrt.
Die Begriffe Dunkle Materie und Dunkle Energie sind jedoch nicht aus dem Fehlen von Licht entstanden, sondern aus dem Fehlen von Wissen über sie.

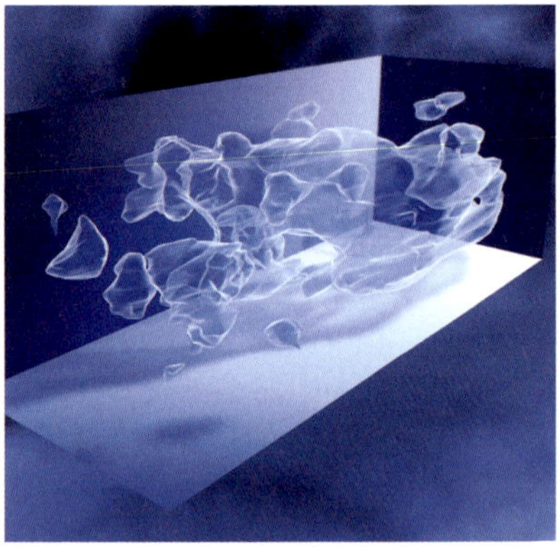

Am California Institute of Technology hat man Beobachtungen mit dem Hubble-Weltraumteleskop ausgewertet und daraus eine Computerdarstellung der Dunklen Materie erstellt.

Wie laut war der Urknall?

Der Urknall oder Big Bang ereignete sich vor 13,8 Mrd. Jahren. Aus einem winzigen kleinen Punkt mit einer enormen Energiedichte entstanden gleichzeitig Materie, Raum und Zeit. Weil Töne sich nur im Raum ausbreiten und dieser noch nicht existierte, gab es keinen Knall – der Urknall lief also geräuschlos ab. Auch Explosionen finden nur im Raum statt. Die Bezeichnung Urknall wurde deshalb anfangs von Skeptikern dazu benutzt, um die Theorie ins Lächerliche zu ziehen.

Hätten Sie's gewusst?

So lang ist ein Lichtjahr

Bei einem Lichtjahr handelt es sich um eine astronomische Längeneinheit. Es gibt die Strecke an, die eine elektromagnetische Welle, wie z. B. das Licht, in einem Jahr im Vakuum zurücklegt, nämlich 9,461 Billionen km. Die Entfernung vom Mond zur Erde beträgt 1,3 Lichtsekunden, d. h. das Licht braucht genau 1,3 Sekunden von uns bis zum Mond. Es bewegt sich mit 299 792 458 Metern pro Sekunde bzw. 1 079 252 848,8 km/h: Dies ist die Lichtgeschwindigkeit, die Ausbreitungsgeschwindigkeit von Licht im leeren Raum. Die Relativitätstheorie von Albert Einstein besagt, dass sich nichts, was Masse besitzt, so schnell wie Licht oder schneller bewegen kann (s. S. 46).

Dehnt sich das Universum aus?

Ja, es dehnt sich seit seiner Entstehung durch den Urknall aus und kühlt dabei ab – das hat der belgische Astrophysiker Georges Lemaître 1927 herausgefunden. Er entdeckte und beschrieb zahlreiche Galaxien und erkannte, dass sie sich von der Milchstraße, unserer Heimatgalaxie, entfernen – und zwar umso schneller, je weiter sie entfernt sind. Die Ausdehnung des Universums kann man sich vorstellen wie einen Hefeteig mit Rosinen darin: Die Rosinen – die Galaxien – entfernen sich immer weiter voneinander, während das Volumen des Teigs – der Raum – sich vergrößert.

Sind Schwarze Löcher gefährlich?

Schwarze Löcher sind extrem dichte und schwere, ineinander zusammengefallene Objekte. Sie entstehen, wenn Sterne sterben oder zusammenstoßen und weitere Sterne und Materie einfangen. Sie besitzen so starke Gravitationskräfte, dass alles in ihrer Umgebung vom Schwarzen Loch angezogen wird und nichts herauskommt – auch kein Licht, weshalb die Bezeichnung „schwarz" gewählt wurde. Das klingt durchaus bedrohlich, und aus Science-Fiction-Filmen kennt man Schwarze Löcher mitunter als alles vernichtende „Turbo-Staubsauger". Dieses Bild ist aber tatsächlich reine Fiktion, da sich Schwarze Löcher nicht beliebig durchs Weltall bewegen und ihre Anziehungskräfte relativ konstant bleiben. Schwarze Löcher sind im Gegenteil vermutlich sogar sehr wichtig für die Entstehung der Galaxien: Fast jede enthält in ihrem Zentrum ein Schwarzes Loch, auch die Milchstraße. Welche Rolle Schwarze Löcher im Kosmos aber genau spielen, weiß man noch nicht.

Spektakuläre Aufnahme der 13 Mio. Lichtjahre entfernten Nachbargalaxie Centaurus A samt gigantischem Schwarzem Loch im Zentrum, aus dem zwei riesige Materiestrahlen schießen

Was ist ein Wurmloch?

In Science-Fiction-Erzählungen und -Filmen verbindet ein Wurmloch zwei Bereiche der Raumzeit durch eine Abkürzung. Es lässt sich mit einem Apfel vergleichen, dessen Oberfläche die gekrümmte Raumzeit darstellt: Um von einem Ort zum anderen zu kommen, kann man der Raumzeit folgen oder – wie ein Wurm – sich direkt durch das Innere des Apfels bohren. Ob es solche Verbindungen gibt, weiß man nicht. Theoretisch sind sie unter bestimmten Bedingungen möglich.

Raumzeit

Mit dem Begriff Raumzeit meint man das sogenannte Raum-Zeit-Kontinuum. Während wir im Alltag Raum und Zeit als zwei getrennte Kategorien wahrnehmen, sind Raum und Zeit im Universum keine separaten Dimensionen mehr, sondern durch die Lichtgeschwindigkeit aneinandergekoppelt (s. S. 44).

Woraus besteht die kosmische Hintergrundstrahlung?

Die kosmische Hintergrundstrahlung ist eine elektromagnetische Strahlung. Sie erfüllt das gesamte Weltall gleichmäßig und fällt aus allen Richtungen mit gleicher Intensität auch auf die Erde. Die kosmische Hintergrundstrahlung wird als Restleuchten des Urknalls gedeutet. Sie war anfangs extrem hoch und sank als Folge der Ausdehnung des Weltalls auf den Wert von heute. Sie ist nicht zu verwechseln mit der kosmischen Strahlung. Diese energiereiche Teilchenstrahlung aus dem Weltall besteht aus Protonen und Elektronen und kommt von der Sonne, der Milchstraße oder anderen Galaxien. Kosmische Strahlungen sind z. B. die Sonnenwinde, die als Polarlichter sichtbar werden.

Sind Zeitreisen denkbar?

Ja, Zeitreisen sind theoretisch tatsächlich möglich, allerdings nur in die Zukunft und nicht in die Vergangenheit. Nach der Relativitätstheorie von Albert Einstein ändert sich die Zeit mit der Geschwindigkeit, mit der ein Objekt durch das All fliegt. Je mehr es sich der Lichtgeschwindigkeit annähert, desto langsamer vergeht seine eigene Zeit. Demnach wäre ein Raumfahrer, der mit 75 % der Lichtgeschwindigkeit durch das All reist und nach 60 Jahren wieder auf der Erde landet, durch die Zeitdehnung nur um 40 Jahre gealtert. Also wäre er um 20 Jahre in die Zukunft gereist. Würde er die Abkürzung durch ein Wurmloch nehmen, könnte er sogar noch viel jünger zurückkehren. Ob so eine Abkürzung existiert, weiß man aber nicht. Es gibt weitere Theorien, nach denen Zeitreisen möglich sein könnten, etwa wenn es zusätzliche Dimensionen gäbe.

Albert Einstein im Jahr 1946. Als Jude von den Nazis verfolgt, emigrierte er 1933 in die USA und wurde 1940 amerikanischer Staatsbürger.

Kann ein Raumschiff schneller fliegen als Licht?

Je mehr sich ein Raumschiff der Lichtgeschwindigkeit annähert, desto mehr Energie braucht es, um weiter zu beschleunigen und umso schwerer wird es. Um Lichtgeschwindigkeit zu erreichen, bräuchte es unendlich viel Energie und das Raumschiff wäre unendlich schwer: Die Lichtgeschwindigkeit ist wie eine Wand, an die man nie ganz herankommt, und nach der Relativitätstheorie kann sich kein Körper schneller durch das All bewegen als das Licht. Theoretisch ginge es aber doch, etwa wenn das Raumschiff durch ein Wurmloch fliegt. Das Raumschiff selbst würde die Lichtgeschwindigkeit nicht überschreiten, durch die Abkürzung aber schneller als das Licht ankommen. Eine andere Möglichkeit wäre, wenn das Raumschiff die Raumzeit um sich herum verändern könnte oder wenn es in eine andere Dimension gelangen könnte, in der es die Begrenzung durch Lichtgeschwindigkeit nicht gibt.

Hätten Sie's gewusst?

Wie wahrscheinlich ist die Existenz von Aliens?
Es müssen extrem viele Bedingungen erfüllt sein, damit intelligente Lebewesen entstehen. Deshalb gehen viele davon aus, dass wir allein im Universum sind. Andere hingegen sagen, bei der unzähligen Anzahl an Planeten ist es eher unwahrscheinlich, dass es nicht doch auch irgendwo anders intelligente Lebewesen gibt. Der Astrophysiker Frank Drake stellte 1960 eine Gleichung auf: Er berechnete die Anzahl außerirdischer Zivilisationen und kam auf 37 964,97 – allein in der Milchstraße. Andere Wissenschaftler kamen allerdings auf 361,2 – je nach angenommenen Voraussetzungen. All diese Angaben sind aber reine Spekulation. Ob es intelligentes Leben gibt, weiß niemand. Aber falls es welches gibt, ist es unwahrscheinlich, dass wir davon erfahren: Denn wenn man die Geschichte des Universums vom Urknall bis heute in einem Jahr zusammenfasst, treten die ersten Menschen am 31. Dezember um 22.45 Uhr auf und 20 Sekunden vor Mitternacht entstehen die ersten Hochkulturen. Dass Aliens exakt im gleichen Zeitfenster existieren, ist daher extrem unwahrscheinlich. Und möglicherweise würden wir die Aliens gar nicht erkennen, weil sie so andersartig sind – beispielsweise Wesen aus Gas oder Wesen im Innern der Sterne.

Dass Aliens tatsächlich so aussehen, wie sie hier in einem UFO-Museum in Rosswell, USA, dargestellt werden, ist eher unwahrscheinlich.

Kam das Leben aus dem All?

Vor etwa 3,8 Mrd. Jahren entstand das Leben auf der Erde – doch wie, weiß man bis heute nicht. Es gibt mehrere Theorien dazu, beispielsweise die Theorie von der Ursuppe. Sie nimmt an, dass im Urozean alle Stoffe vorhanden waren, aus denen sich Leben entwickeln konnte. Durch Reaktionen mit der Uratmosphäre könnte dann die Entwicklung in Gang gesetzt worden sein. Andere Theorien gehen aber davon aus, dass bestimmte Moleküle aus dem Weltall auf die Erde kamen und die Entstehung des Lebens initiierten. Komplexe organische Moleküle bilden sich nämlich auch in kalten interstellaren Wolken. Mithilfe von Meteoriten hätten solche Moleküle durchaus auf die Erde kommen können. Viele Forscher sind davon überzeugt, dass Meteoriten neben Gestein, Eis und gefrorenen Gasen auch biochemische Grundstoffe mit sich führen und möglicherweise sogar Bakteriensporen.

Interstellare Wolken

Der interstellare Raum ist der Raum zwischen den Sternen einer Galaxie. Dort befindet sich die sogenannte interstellare Materie aus Gas und Staub, die heiße, warme und kalte interstellare Wolken bildet – darunter Molekülwolken, die hauptsächlich aus Wasserstoff bestehen.

„Anzunehmen, die Erde sei der einzig bewohnte Himmelskörper im All, ist so absurd wie der Gedanke, dass auf einem mit Weizen besäten Feld nur ein einziges Saatkorn aufgeht."

Metrodoros von Chios
(4. Jh. v. Chr.),
griech. Philosoph

Unser Blick ins All

Die Astronomie ist eine der ältesten Wissenschaften der Welt. Sie widmet sich allem, was man mit naturwissenschaftlichen Hilfsmitteln im Weltall erforschen, messen und sehen kann.

Wie misst man Entfernungen zwischen Planeten?

Wörtlich messen kann man die Entfernungen zwischen Planeten nicht, aber sie lassen sich mithilfe des Dritten Kepler'schen Gesetzes von 1618 aus der Umlaufzeit der Himmelskörper berechnen. Schwieriger zu ermitteln ist der Abstand der Erde zur Sonne, da diese keine Umlaufbahn im Verhältnis zur Erde besitzt. Es gelang schließlich 1769 mithilfe der Venus. Damals lag der Planet in einer Linie mit Erde und Sonne. Am 3. Juni schob sich die Venus als kleiner, dunkler Fleck vor der Sonne vorbei, und zwar je nach Standort auf der Erde zu unterschiedlichen Zeiten. Aus den Zeitdifferenzen konnte man die Entfernung zur Sonne berechnen. Dieser Abstand, 149 597 870 km, wurde als astronomische Einheit AE definiert.

Himmelskörper	kürzester Abstand zur Erde
Mond	ca. 400 000 km oder 1,28 Lichtsekunden
Venus	40 Mio. km
Mars	56 Mio. km
Merkur	80 Mio. km
Sonne	150 Mio. km oder 1 AE oder 8,32 Lichtminuten
Jupiter	4 AE
Saturn	8,5 AE
Uranus	18 AE
Neptun	29 AE
Pluto	30–10 AE
Alpha Centauri	4,3 Lichtjahre

Wo stehen die bedeutendsten Sternwarten?

Sternwarten entstanden im 18. und 19. Jh. an vielen Orten, häufig in der Nähe von Fürstensitzen und in Städten. Dort waren die Universitäten ansässig, außerdem symbolisierten sie Fortschritt, Bildung und Reichtum. Für die modernen wissenschaftlichen Sternwarten mit ihren Spiegelteleskopen

gelten andere Anforderungen, etwa möglichst große Höhe (also möglichst wenig Atmosphäre, an der das Licht gestreut wird), viele klare Nächte, kein Störlicht und kaum Unruhe der Luft. Die größten Teleskope mit einem Durchmesser von 10 m und mehr stehen in Arizona (USA), auf La Palma (Kanarische Inseln), auf dem Vulkan Mauna Kea auf Hawaii, in Südafrika und in Chile.

Was macht das Hubble-Teleskop so einzigartig?

Die Tatsache, dass es außerhalb der Erdatmosphäre liegt und damit einen völlig neuen, von der Atmosphäre unbeeinträchtigten Blick ins All ermöglicht, macht dieses Teleskop so einzigartig. Es wurde 1990 als gemeinsames Projekt von der NASA und der Europäischen Weltraumorganisation ESA umgesetzt. In einer Höhe von etwa 550 km über der Erdoberfläche „sieht" es wesentlich mehr: Lichtschwache Objekte werden sichtbar und der Blick reicht weiter als je zuvor. Hubble, benannt nach dem US-amerikanischen Astronomen Edwin Hubble (1889–1953), zeigt Sterne aus der Anfangsphase des Universums ebenso wie junge Sterne und neu entstandene Sternhaufen. Dieser Blick führte zu zahlreichen neuen Erkenntnissen über das Universum, die Entwicklung von Planeten, Sternen und Galaxien. Hubbles Lebensdauer war auf 15 Jahre ausgelegt, es funktioniert aber noch heute. Ein Nachfolgeprojekt ist aber bereits in Arbeit.

Hätten Sie's gewusst?

Astronomie und Astrologie

Die Astrologie oder Sterndeutung geht davon aus, dass der Charakter und das Schicksal eines Menschen eng mit der Stellung der Gestirne und den Sternbildern verknüpft sind. Von größter Bedeutung in der Astrologie ist die Sternenkonstellation bei der Geburt des Menschen. Planeten wurden Kräfte zugeschrieben und entschieden unter anderem über Krieg und Frieden. Im Volksglauben spielte die Astrologie lange Zeit eine große Rolle.

Die Astronomie dagegen untersucht mit wissenschaftlichen Methoden die Eigenschaften der Sterne, Planeten und anderer Himmelskörper sowie deren Entstehung und Entwicklung. Sie ist eng mit Physik und Mathematik verknüpft.

Bis zur Renaissance hatten beide Bereiche ihre Bedeutung und wurden teilweise auch vermengt: Ein Astronom erstellte auch Horoskope, denn Kenntnisse der Astronomie waren dafür die Voraussetzung. Außerdem deuteten Astrologen den Sinn von Himmelserscheinungen, die Astronomen berechnet hatten. Mit dem Erfolg der Naturwissenschaften wurde die Astrologie zurückgedrängt und gilt seither als unwissenschaftlich.

Panoramabild des Kitt-Peak-Nationalobservatoriums in Tucson, Arizona. Das Observatorium betreibt rund 20 optische Teleskope mit Spiegeln von 0,9 bis 4 m Durchmesser.

„Wir dürfen das Weltall nicht einengen, um es den Grenzen unseres Vorstellungsvermögens anzupassen, wie der Mensch es bisher zu tun pflegte. Wir müssen vielmehr unser Wissen ausdehnen, sodass es das Bild des Weltalls zu fassen vermag."

Sir Francis Bacon (1561–1626), engl. Philsoph

Welche Astronomen haben unser Welt(all)bild geprägt?

Bis in die frühe Neuzeit hielt man das geozentrische Weltbild des Griechen Claudius Ptolemäus (ca. 100–170 v. Chr.) mit der Erde als Mittelpunkt für korrekt. Die Moderne begann mit Nikolaus Kopernikus (1473–1543), der die Sonne ins Zentrum unseres Planetensystems rückte. Das war eine so neue Vorstellung, dass man von der kopernikanischen Wende spricht. Wichtig waren auch die von Johannes Kepler (1571–1630) entdeckten, nach ihm benannten drei Gesetze der Planetenbewegung. Als Grundlage nahm er die Berechnungen des dänischen Astronomen Tycho de Brahe (1546–1601). Galileo Galilei (1564–1642) nutzte als Erster ein Fernrohr, um den Himmel zu betrachten, und setzte sich für die kopernikanische Lehre ein. Der englische Mathematiker Isaac Newton (1643–1727) schließlich leitete das Gravitationsgesetz her. Damit waren die Grundlagen unseres heutigen Weltbildes gelegt.

Georges Lemaître war nicht nur Physiker, sondern auch Theologe und Priester. Da die Urknalltheorie und die katholische Schöpfungslehre relativ gut miteinander vereinbar sind – also jeweils die Entstehung aus dem Nichts –, wurde er von Kollegen anfangs nicht ernst genommen.

Die Entwicklungen in der Physik zu Beginn des 20. Jhs. veränderten unsere Vorstellungen über den Kosmos erneut. Albert Einstein (1879–1955) stellte seine Thesen zur Raumzeitkrümmung und die Relativitätstheorie auf. Der Belgier Georges Lemaître (1894–1966) formulierte die Idee vom Urknall, Arthur Eddington (1882–1944) aus Nordwestengland beschrieb den Aufbau der Sterne und der US-amerikanische, indischstämmige Subrahmanyan Chandrasekhar (1910–1995) deren Lebenszyklus von der Entstehung bis zum Sternentod.

Wie lautet die Definition für einen Planeten?

Ein Planet ist ein Himmelskörper, der einen Stern umkreist und genug Masse hat, um mithilfe der eigenen Schwerkraft eine Kugel zu bilden und dominierendes Objekt seiner Umlaufbahn zu sein. Sterne leuchten aus sich selbst heraus wie unsere Sonne, während Planeten das von ihrem Stern empfangene Licht nur reflektieren. Deshalb sehen die Planeten unseres Sonnensystems für den Beobachter oft aus

wie Sterne. Da sie über den Nachthimmel wandern, wurden sie früher als Wandelsterne bezeichnet.
Planeten außerhalb unseres Sonnensystems sind schwer zu entdecken, da ihr Stern sie in dieser Entfernung nicht an-, sondern überstrahlt. Einige solcher sogenannten extrasolaren Planeten konnte man jedoch ab den 1990er-Jahren nachweisen: Man erfasste z. B. die Unterbrechungen der Lichtstrahlen ihres Sterns, die auftreten, wenn der Planet von der Erde aus gesehen am Stern vorbeizieht. Die ersten Teleskopaufnahmen erfolgten 2004 und 2006 durch das Weltraumteleskop Hubble und durch Sternwarten auf dem Mauna Kea (Hawaii).

Wie viele Planeten hat unser Sonnensystem?

Das lässt sich mit folgendem Merkspruch leicht behalten: „Mein Vater Erklärt Mir Jeden Sonntag Unseren Nachthimmel." M steht für Merkur, V für Venus, E für Erde, M für Mars, J für Jupiter, S für Saturn, U für Uranus und N für Neptun. Bis 2006 endete der Merkspruch auf „Unsere Neun Planeten", aber dann wurde Pluto zu einem Zwergplaneten herabgestuft. Grund dafür war eine Neudefinition des Planetenbegriffs, die nötig geworden war, da man immer mehr kleine Himmelskörper in unserem Sonnensystem entdeckte. Ein neues Kriterium besagte, dass ein Planet während seiner Entstehung alle Objekte in seiner Umgebung „geschluckt" haben muss, also seinen Bereich dominiert hat. Pluto befindet sich allerdings im sogenannten Kuipergürtel, in dem bislang ca. 1000 weitere Objekte identifiziert wurden. Er ist so klein, dass seine Schwerkraft für die Dominanz seines Bereichs nicht ausreicht, und zählt deshalb seither zur neu geschaffenen Gruppe der Zwergplaneten.

Unser Sonnensystem mit der Sonne im Mittelpunkt und den Planeten Merkur, Venus, Erde, Mars, Jupiter, Saturn, Uranus und Neptun. Abstand und Größe sind nicht maßstabsgetreu.

Warum unterscheidet man zwischen inneren und äußeren Planeten?

Die inneren Planeten Merkur, Venus, Erde und Mars haben einige Gemeinsamkeiten, weshalb sie zu einer Gruppe zusammengefasst werden. Sie liegen relativ nahe an der Sonne, besitzen eine feste Oberfläche, eine dünne Atmosphäre, nur wenige Monde und man kann sie mit bloßem Auge betrachten. Die vier äußeren Planeten Jupiter, Saturn, Uranus und Neptun sind weit entfernte Gasriesen und wurden erst sehr viel später entdeckt.

Warum nimmt unser Mond ab und zu?

Die Mondkugel wird immer nur zur Hälfte von der Sonne angestrahlt, und je nachdem, wie sie steht, sehen wir nur einen Teil dieser Hälfte. Bei Neumond steht der Mond genau zwischen Sonne und Erde und zeigt uns tagsüber seine unbeleuchtete Seite, weil die von der Erde reflektierten Sonnenstrahlen ihn anleuchten. In der Nacht ist er nicht zu sehen. Als Halbmond sehen wir ihn, wenn Sonne, Erde und Mond einen rechten Winkel bilden. Wenn der Mond abnimmt, steht er morgens am Himmel, in der Phase des Zunehmens sehen wir ihn am frühen Abend. Bei Vollmond befindet er sich auf der sonnenabgewandten Seite, also der Nachtseite der Erde und damit der Sonne genau gegenüber. Ein ganzer Mondzyklus dauert 29,53 Tage.

Hätten Sie's gewusst?

Der „Mann im Mond"

Die Krater und sogenannten Mondmeere (Tiefebenen) reflektieren unterschiedlich hell das Sonnenlicht, sodass hellere und dunklere Strukturen erkennbar werden. Mit etwas Fantasie lassen sich Figuren hineindeuten. In Europa ist das Mondgesicht bzw. der „Mann im Mond" eine beliebte Deutung und ein verbreitetes Motiv in Gedichten und Kinderliedern. Aber auch eine „Frau im Mond" lässt sich beobachten: Sie trägt den Mondkrater Tycho als Collier. In Asien kennt man den „Hase im Mond", während die langen Ohren des Hasen in Westafrika als die Schnauze eines Krokodils gedeutet werden. In Südafrika wird eine Frau gesichtet, die Brennholz auf dem Rücken trägt.

Wie oft gibt es eine Mondfinsternis?

Bei einer Mondfinsternis tritt die Mondscheibe in den Schatten der Erde und wird teilweise (partielle Finsternis) oder ganz (totale Finsternis) vom Erdschatten bedeckt. Weil der Mond aber gar nicht wirklich bedeckt, sondern nur von der Erde beschattet wird, ist eine Mondfinsternis keine echte Finsternis. Eine Mondfinsternis gibt es im Schnitt etwa zweimal im Jahr, Mond- und Sonnenfinsternis treten meist im Abstand weniger Wochen auf. Bei beiden Ereignissen stehen Sonne, Erde und Mond in einer Linie. Meist wandert der Mond auf seiner Bahn um die Erde aber ober- oder unterhalb am Erdschatten vorbei, da die Mondbahn leicht gegen die Erdbahnebene geneigt ist.

Gibt es Wasser auf dem Mond?

Ja, in tiefen Kratern des Südpols des Mondes gibt es gefrorenes Wasser, also Eis – bis zu 30 m dick. An diese Stelle dringt kein Sonnenlicht vor. Hinweise auf das Eis wurden 1996 von der Raumsonde Clementine entdeckt, eine spätere Mission erbrachte den Nachweis. Vermutlich stammt das Eis von einem Kometeneinschlag aus der Frühzeit des Mondes. In Zukunft könnte es als Ressource für eine bemannte Station auf dem Mond dienen.

Warum heißen Kometen auch Schweifsterne?

Komet kommt von *kome*, dem altgriechischen Wort für Haar – denn er sieht aus wie ein Stern mit einer langen Mähne. Kometen sind Himmelskörper aus Gestein und Gasen, die zu Eis gefroren sind. Sie entstanden vor rund 4,5 Mrd. Jahren am Rand unseres Sonnensystems und ziehen um die Sonne: Wenn sie sich der Sonne nähern, verdampfen die Gase, und dabei reißen sie kleine Materieteilchen mit sich. So entsteht der Schweif, der immer länger wird, je näher der Komet der Sonne kommt, und entsprechend kürzer, je weiter sich der Komet von der Sonne entfernt. Jedes Jahr nähern sich viele Kometen der Sonne, die meisten sind mit bloßem Auge aber nicht zu sehen.

Die Oberfläche des Hoba-Meteorits glänzt metallisch – er besteht zu 82 % aus Eisen.

Was ist der Unterschied zwischen einem Meteor, einem Meteorit und einem Meteoroid?

Der Meteoroid ist ein Gesteinsbrocken, der sich auf einer Umlaufbahn um die Sonne befindet. Diese Bahn kann die Erdbahn kreuzen. Wenn ein Meteoroid in die Erdatmosphäre eintritt, verglüht er und es entsteht eine Leuchterscheinung: der Meteor. Die meisten Meteoroiden verglühen vollständig als Sternschnuppen. Überreste und Bruchstücke von Meteoroiden, die tatsächlich auf die Erdoberfläche treffen, heißen Meteoriten. Sie sind überwiegend klein, aber weil sie mit sehr hoher Geschwindigkeit einschlagen, können sie Schäden anrichten. Es wurden Hunderte Meteoritenkrater auf der Erde gefunden. Der 180 km große Chicxulub-Krater auf der mexikanischen Halbinsel Yucatán entstand vor 65 Mio. Jahren; der Meteorit war vermutlich verantwortlich für das Aussterben der Dinosaurier. Bevor er in die Erdatmosphäre eintrat, war er vermutlich kein Meteoroid, sondern ein Asteroid: ein Himmelskörper, der größenmäßig zwischen Meteoroid und Zwergplanet angesiedelt ist.

Der bisher größte Meteorit wurde 1920 in der Kalahari in Namibia gefunden. Der Hoba-Meteorit ist ca. 3 x 3 x 1 m groß und wiegt an die 60 t. Er schlug vor etwa 80 000 Jahren auf der Erde ein.

Was sind Sonnenflecken?

Sonnenflecken sind auffällige, scheinbar schwarze Gebiete der Sonne. Sie entstehen durch gewaltige Gaswirbel, in denen der Druck der Gase und damit die Temperatur absinkt. Innerhalb des Flecks beträgt die Temperatur 4000 °C , die damit um 2000 °C niedriger als die der restlichen Oberfläche der Sonne ist. Dieser Unterschied lässt sie dunkler erscheinen. Die Gaswirbel entstehen durch Störungen des Magnetfelds der Sonne und können sich innerhalb weniger Minuten verändern, viele halten aber mehrere Monate lang.

Raumfahrt: bis zum Horizont und weiter

Obwohl die Menschheit schon lange davon träumte, zum Mond oder zu fremden Planeten zu reisen, ermöglichte es erst die Technik des 20. Jhs., tatsächlich ins All zu gelangen. Im Zweiten Weltkrieg durchstießen die ersten Raketen die Grenze zum Weltraum, die Erdumlaufbahn erreichte erstmals der Satellit Sputnik 1 im Jahr 1957.

Start des Space Shuttle Endeavour in Cape Canaveral, Florida, im Februar 2000

Wozu braucht man den Countdown beim Raketenstart?

Die Bezeichnung kommt vom englischen Verb *to count down* und heißt herunterzählen. Beim Countdown werden die vielen Kontrollen vor dem Raketenstart in ein straffes Programm gepackt. Er beginnt daher schon bis zu sieben Tage vor dem Start. Nur die letzten zehn Sekunden, das Take-Off, werden laut heruntergezählt – das dient aber eher dazu, bei TV-Übertragungen die Spannung zu erhöhen, und ist auch nur in westlichen Staaten üblich. Zum ersten Mal fand ein solcher Countdown im Film statt: Der Regisseur Fritz Lang setzte ihn im 1929 gedrehten Stummfilm *Die Frau im Mond* ein – in Form von Texttafeln.

Wo liegen die wichtigsten Weltraumbahnhöfe?

Mittlerweile unterhalten zehn Staaten und die EU rund ein Dutzend „Weltraumbahnhöfe", also Raketenstartplätze für Starts in den Orbit – Startplätze für suborbitale Raketen (z. B. für die Erforschung der Atmosphäre) gibt es noch mehr. Der größte Raketenstartplatz ist Baikonur in Kasachstan. Etwa 70 % aller russischen Raketen heben dort ab. Danach folgt Cape Canaveral mit dem benachbarten Kennedy Space Center in Florida. Der dritte große Weltraumbahnhof liegt in Kourou in Französisch-Guayana und ist seit 1979 Startplatz der europäischen Ariane-Raketen. China besitzt ebenfalls mehrere Weltraumbahnhöfe: In Jiuquan startete 2003 der erste bemannte chinesische Raumflug, Taiyuan und Xichang werden für Satellitenstarts genutzt. Außerdem unterhalten auch Brasilien, Indien, Israel, Iran, Japan, Nord- und Südkorea Weltraumbahnhöfe.

Warum starten europäische Weltraumraketen in Südamerika?

Die Europäische Weltraumorganisation ESA betreibt in Kourou (s. oben) einen Weltraumbahnhof. Das Land ist als Überseedépartement eine Region Frankreichs und damit auch Teil der EU. Kourou ist einer der am günstigsten gelegenen Startplätze der Welt. Denn hier starten die Raketen nur 500 km vom Äquator entfernt und nehmen dadurch am meisten Schwung von der Erddrehung mit. Die Starts erfolgen mit der Erdumdrehung in Richtung Osten, also direkt aufs Meer zu. Zudem gibt es dort keine tropischen Wirbelstürme, wie etwa in Florida, wo die US-amerikanischen Raketen starten.

Wer war das erste Lebewesen im All?

Das erste Lebewesen im All war die russische Mischlingshündin Laika, die am 3. November 1957 mit Sputnik 2 losgeschickt wurde. Sie starb allerdings schon nach wenigen Stunden an Überhitzung, was lange Zeit verschwiegen wurde. 1960 waren die Hunde Belka und Strelka die ersten Lebewesen, die lebendig aus dem All zurückkehrten. Außer Hunden wurden auch zahlreiche andere Tiere ins Weltall geschossen, u. a. Fruchtfliegen, Mäuse und sogar Affen. Weitere Meilensteine in der Entwicklung der Raumfahrt waren:

Wer gewann den Wettlauf ins All?

Der Startschuss für den Wettlauf ins All lieferte die Sowjetunion mit Sputnik 1 (1957). Der Satellit umrundete als erster die Erde. Am 12. April 1961 gelangte mit Juri Gagarin dann auch der erste Mensch ins All. Er blieb 106 Minuten und umrundete dabei unseren Planeten. Den Wettlauf zum Mond gewannen aber die USA. Sie brachten am 20. Juli 1969 die ersten Menschen auf den Mond, woraufhin sich das Raumfahrtprogramm der Sowjetunion auf die Errichtung von Raumstationen im Weltall konzentrierte.

Datum	Nation	Name	Erläuterung
Okt. 1957	UdSSR	Sputnik 1	Der erste Satellit erreicht die Umlaufbahn und umrundet die Erde. Die etwa 80 kg schwere Metallkugel mit 58 cm Durchmesser hatte vier Antennen und im Innern einen Sender mit Batterien und zwei Thermometern.
April 1961	UdSSR	Wostok 1	Juri Gagarin gelangt als erster Mensch ins Weltall.
Mai 1961	USA	Mercury	Der erste Amerikaner, Alan Shepard, erreicht das All. Der 14-minütige Flug bringt ihn aber nicht in die Umlaufbahn, sondern er fällt auf einem ballistischen Flug wieder zur Erde zurück.
1962	USA	Mercury	John Glenn umkreist als erster Amerikaner mehrfach die Erde und bleibt fünf Stunden im All.
1963	UdSSR	Wostok 6	Die erste Frau, Walentina Tereschkowa, startet ins All und umkreist die Erde 49-mal.
März 1965	UdSSR	Woschod 2	Der Russe Alexei Leonov steigt erstmals aus einem Raumschiff aus und schwebt für zwölf Minuten frei im Weltraum.
Juni 1965	USA	Gemini 4	Der Amerikaner Edward H. White unternimmt einen 20-minütigen Weltraumspaziergang.
Okt. 1968	USA	Apollo 7	Die erste bemannte Mission im Erdorbit ist zugleich der erste bemannte Raumflug des Apolloprogramms. Die Astronauten bleiben zehn Tage im All.
Juli 1969	USA	Apollo 11	Erste Mondlandung durch Neil Armstrong und Edwin Aldrin. Michael Collins bleibt im Mondorbit.
1972	USA	Apollo 17	Die letzte bemannte Mondmission findet statt. Eugene Cernan verlässt als letzter Mensch den Mond.
1973–1979	USA	Skylab	Die NASA unterhält ihre erste und einzige Raumstation.
1986–2000	UdSSR	Mir	Die russische Raumstation Mir wird in den Orbit gebracht. Es ist die erste dauerhafte, rein wissenschaftliche Station und ermöglicht Langzeitaufenthalte in der Schwerelosigkeit. Später erhalten auch andere Staaten Zugang zur Mir und Space Shuttle können andocken.
seit 1998	international	ISS	Die International Space Station ISS umkreist die Erde.

Was geschah bei Apollo 13?

Diese Mondmission scheiterte. 55 Stunden und 54 Minuten nach dem Start und 322 000 km von der Erde entfernt explodierte einer der beiden Sauerstofftanks. Die Leitungen des zweiten Tanks wurden beschädigt und der Sauerstoff entwich. Eine Umkehr war unmöglich, denn es war zu befürchten, dass das möglicherweise beschädigte Haupttriebwerk explodieren würde, wenn man es zündete. Der einzige Weg führte zum Mond, um dort in einer weiten Umlaufbahn mithilfe der Schwerkraft so viel Schwung zu holen, dass die Kapsel zurück bis zur Erde kommen konnte. Die drei Astronauten stiegen in die Mondlandefähre Aquarius; um Strom zu sparen wurden die meisten Systeme abgeschaltet, darunter Navigationssystem und Bordcomputer. Die Temperatur sank bis fast auf den Gefrierpunkt. Die Astronauten bastelten mit Plastiktüten, Flugplänen und Klebeband einen Adapter, um das ausgeatmete Kohlendioxid abzuleiten. Später erfolgte eine Kurskorrektur auf Sicht. Kurz vor Erreichen der Erde stiegen die Astronauten in die Landekapsel um und konnten sicher im Pazifik landen. Die Ereignisse wurden 1995 in *Apollo 13* mit Tom Hanks unter der Regie von Ron Howard verfilmt. Der Film erhielt zwei Oscars (bester Schnitt und bester Ton).

Die Landekapsel der Apollo 13 wurde am 17. April von der Crew des Kriegsschiffes USS *Iwo Jima* aus dem Pazifik geborgen.

Wie bewegen sich die Astronauten bei einem Weltraumspaziergang fort?

Da es in der Schwerelosigkeit keinen Widerstand gibt, kann man sich nicht gezielt fortbewegen – auch nicht mit Schwimmbewegungen o. Ä. Anfangs waren Astronauten lediglich durch Leinen gesichert, an denen sie sich zum Raumschiff zurückziehen konnten. Später gab es Triebwerke, die die Astronauten in der Hand hielten. 1984 führte man einen Rucksack mit Düsenantrieb ein, die *Manned Maneuvering Unit* (bemannte Manövrier-Einheit), kurz MMU. Dieser Rucksack wurde bald durch das ähnliche SAFER-System ersetzt (*Simplified Aid For Extravehicular activity Rescue*, vereinfachte Hilfe zur Rettung bei Weltraumaußenarbeiten). Mit diesem Selbsthilfesystem kann sich der Astronaut zurück zum Raumfahrzeug manövrieren, wenn die Sicherungsleine reißen sollte.

Warum wurden die Space Shuttle stillgelegt?

Insgesamt gab es fünf Space Shuttle: Columbia, Discovery, Endeavour, Atlantis und Challenger. Mit ihnen wollte man Menschen und Material in großen

Mengen preisgünstig ins All transportieren. Ein Shuttle konnte 24,5 t Material und acht Astronauten in die Erdumlaufbahn bringen und an die Raumstationen Mir und ISS andocken. Das machte es sehr vielseitig einsetzbar, und zwischen 1981 und 2011 wurden 135 Flüge durchgeführt. Dennoch waren die Ergebnisse nicht zufriedenstellend und die Kosten konnten nicht wie geplant gesenkt werden. Zudem kam es zu zwei Unglücken: 1986 zerbrach die Challenger kurz nach dem Start, alle sieben Astronauten starben. 2003 verglühte die Columbia beim Wiedereintritt in die Erdatmosphäre mit ebenfalls sieben Astronauten an Bord. Sowohl NASA als auch ESA arbeiten derzeit an anderen Möglichkeiten zum bemannten Raumflug. Die wissenschaftlichen Arbeiten werden in der Internationalen Raumstation ISS durchgeführt.

Rekord!

Rekord-Astronauten

Der älteste Raumfahrer flog mit 77 Jahren zum zweiten Mal ins All: John Herschel Glenn (geb. 1921) umkreiste 1962 als erster US-Amerikaner die Erde in einem Raumschiff. Im Herbst 1998 flog er wieder ins All, diesmal mit dem Space Shuttle Discovery.
Der erste Deutsche im All war Sigmund Jähn (geb. 1937) aus Sachsen. Er flog 1978 mit der sowjetischen Sojus 31 zu einer achttägigen Expedition in den Weltraum. Erster westdeutscher Astronaut war Ulf Merbold (geb. 1941), der 1983 zur ersten Mannschaft des europäischen Raumlabors Spacelab gehörte.
Der bisher jüngste Raumfahrer ist German Titow (1935–2000). Bei seinem Flug mit Wostok 2 war er gerade 25 Jahre alt.

Wird es in der Zukunft Touristen im Weltall geben?

Es gibt sie schon – aber nur ganz wenige. Der erste Weltraumtourist Dennis Tito (USA) reiste im April 2001 mit der russischen Sojus von Baikonur in Kasachstan aus zur ISS. Er bezahlte für den Flug insgesamt 20 Mio. Dollar. Ihm folgten später Mark Shuttleworth (2002, Südafrika), Gregory Olsen (2005, USA), die erste Touristin Anousheh Ansari (2006, USA/Iran), Charles Simonyi (2007 und 2009, USA), Richard Garriott (2008, USA/Großbritannien) und Guy Laliberté (2009, Kanada). Ein erstes privat finanziertes Raumschiff erreichte 2004 den Weltraum mit einem suborbitalen Flug. Seine Entwickler und weitere Unternehmen wollen den Weltraumtourismus auch für Nicht-Milliardäre möglich machen. Auf Vormerkerlisten kann man sich bereits eintragen. Wann und ob der Flug ins All für Normalbürger möglich sein wird, steht aber in den Sternen.

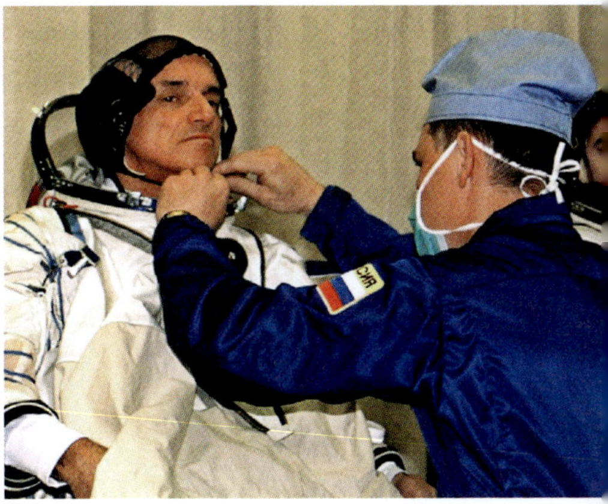

Dennis Tito bei den Vorbereitungen zu seinem Flug zur Internationalen Raumstation ISS

Mensch

Technik

Umwelt

Mensch

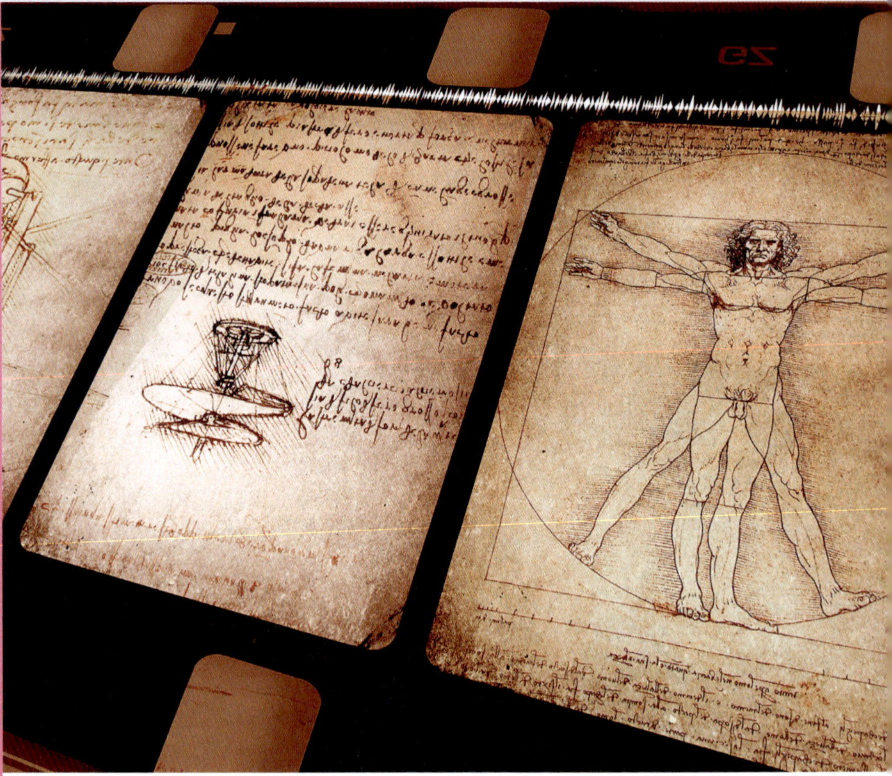

Wissenschaftlich betrachtet ist der Mensch ein höheres Säugetier aus der Ordnung der Primaten. Aber „der Mensch ist dem Menschen das Interessanteste“, wusste schon Goethe. So faszinieren die Fragen nach uns selbst besonders: Woher kommen wir? Woraus bestehen wir? Was passiert in unserem Körper? Warum fühlen wir, was wir fühlen? Die Forschung ist weit gekommen und kann heute zwar längst nicht alle, aber doch viele dieser Fragen beantworten.

Evolution: Wie wir wurden, was wir sind

Die Evolutionstheorie nach Charles Darwin ist heute wissenschaftlich weitestgehend akzeptiert. Sie besagt, dass sich das Leben stetig weiterentwickelt und dass sich dadurch immer diejenigen Lebensformen durchsetzen, die sich am besten und am schnellsten an die äußeren Bedingungen anpassen. Und auch der Mensch ist Teil dieses Entwicklungsprozesses.

Ist der Mensch die „Krone der Schöpfung"?

Der Mensch nimmt unbestritten eine Sonderstellung ein, auch wenn man ihn als Bestandteil einer evolutionären Entwicklung betrachtet (und nicht als zielgerichtet geschaffenes Wesen): Er hat komplexe gesellschaftliche Systeme entwickelt und beispiellose Errungenschaften in Kultur, Technik und Wissenschaft hervorgebracht.

Ein erster kultureller Entwicklungssprung erfolgte vor 60 000 bis 40 000 Jahren. Möglicherweise entstand damals die Fähigkeit zum konkreten symbolischen Denken. Mit Beginn der Steinzeit vor gut 10 000 Jahren entfaltete sich der Mensch immer schneller. Die Krone der Schöpfung ist er für Anthropologen allerdings trotzdem nicht: Abgesehen von der Wertung, die diesem Begriff innewohnt, ist nicht davon auszugehen, dass der heutige Mensch der Endpunkt der Evolution ist. Analog hätte man z. B. vor etwa 100 Mio. Jahren die Dinosaurier als Krone der Schöpfung ansehen müssen.

Anthropologie

Die Bezeichnung Anthropologie kommt vom griechischen Wort für Mensch: *ánthrōpos*. Anthropologen beschäftigen sich mit unserer Evolutionsgeschichte und mit den biologischen Merkmalen des modernen Menschen und seiner Vorgänger. Darüber hinaus gibt es auch Bereiche wie die Sozial- oder die Kulturanthropologie, die sich mit der geistigen Entwicklung des Menschen befasst.

Hätten Sie's gewusst?

So ähnlich sind sich Mensch und Schimpanse

Dass Mensch und Menschenaffen nah miteinander verwandt sind, beweist die moderne Genanalyse: Zu ca. 98,5 % besitzen wir dieselben Gene wie Schimpansen. Zum Vergleich: Mit Pferden teilen wir etwa 50 % unseres Genmaterials, mit Hunden ungefähr 30 %. Wirft man aber einen Blick auf die absoluten Zahlen, wird klar, woher der doch beträchtliche Unterschied zwischen Mensch und Schimpanse kommt: Die Proteinfolge, aus der sich unsere Gene zusammensetzen, unterscheidet sich an 30 Mio. Stellen – ein großer Wert, auch wenn er nur 1,5 % des Gesamtgenoms ausmacht.

Stammt der Mensch vom Affen ab?

Ganz wörtlich darf man das nicht verstehen: Der Mensch stammt nicht von den heute lebenden Affen ab. Aber beide Gruppen hatten vor langer Zeit einen gemeinsamen Vorfahren.
Vor etwa 20 Mio. Jahren tauchten auf der Erde die Hominoidea auf: die Menschenartigen. Man weiß von rund 40 Gattungen und gut 100 Arten dieser Gruppe, die in dem Abschnitt der Erdgeschichte lebten, der vor ca. 5 Mio. Jahren endete. Vermutlich war die Vielfalt aber noch größer. Und unter diesen Menschenartigen befand sich auch die Stammform des Menschen, die gleichzeitig die Stammform der heutigen Menschenaffen ist. Wissenschaftler schätzen, dass sich die Linien von Affe und Mensch vor 8–5 Mio. Jahren getrennt haben. Der Mensch selbst taucht als Vormensch (*Ardipithecus*, *Australopithecus*-Arten) vor gut 4,4 Mio. Jahren auf. Die Gattung Homo ist 2,4 Mio. Jahre alt.

Gab es unterschiedliche Arten von Menschen?

Es gab Menschen mit sehr unterschiedlichen Merkmalen – ob es sich dabei um eigene Arten handelt oder um unterschiedliche Entwicklungsstufen derselben Linie, ist heute unklar. Lange Zeit wurde die Entwicklung des Menschen als Stammbaum dargestellt, der von einem gemeinsamen Vorfahren aller Primaten über die aneinander anschließenden Vormenschen bis zu *Homo sapiens* führte – die wenigen Äste sind in diesem Modell den Menschenaffen und einigen wenigen Vormenschen mit stark abweichenden Merkmalen vorbehalten. In jüngerer Zeit wurden allerdings Schädel- und Skelettteile gefunden, die zwar etwa gleich alt sind, deren Träger also zur gleichen Zeit gelebt haben, aber Eigenschaften unterschiedlicher Vormenschen aufweisen – von Vormenschen, die im Stammbaum nicht direkt aufeinanderfolgten. Viele Anthropologen sprechen deshalb inzwischen von einem „Stammbusch" des Menschen mit mehreren kleinen Stämmen, vielen Ästen und Querverbindungen. Welchen Vormenschen der heutige Mensch am nächsten verwandt ist, ist durch die neuen Erkenntnisse wieder unsicher geworden.

Mensch und Affe haben gemeinsame Vorfahren, der Mensch stammt aber nicht von den heute lebenden Menschenaffen ab.

Bekannte Vertreter der Gattung Homo	Fundorte	Alter	Schädelkapazität und Körperbau	Besonderes und Bedeutung
Homo habilis	Ost- und Südafrika	2,4–1,65 Mio. Jahre	630 cm^3, 140 cm groß, graziler Körperbau	erste anerkannte Art der Gattung Homo, Steinwerkzeuge
Homo ergaster	Ost- und Süd-afrika, Georgien	1,9–1 Mio. Jahre	750–850 cm^3, graziler Körperbau	drang bis nach Europa und Asien vor, Steinwerkzeuge, möglicherweise auch schon Feuer
Homo erectus	Java, China	1,8 Mio. Jahre, jüngere Funde ca. 280 000–85 000 Jahre alt	800–1000 cm^3, später bis 1250 cm^3, kräftigere Schädelknochen	hat sich vermutlich in Ostasien aus *H. ergaster* entwickelt
Homo heidelbergensis	Europa, ähnliche Funde in Afrika Indien, China und Indonesien	600 000–200 000 Jahre	1100–1200 cm^3, teils sogar bis 1400 cm^3, robuste Gesichtszüge	vermutlich eine Zwischenstufe zwischen *H. ergaster*, frühem *H. neanderthalensis* und *H. sapiens*; Steinwerkzeuge, Speere, Spuren organisierter Großwildjagd, feste Wohnplätze mit Feuerstellen
Homo neanderthalensis	Europa bis Zentralasien und Naher Osten	400 000–28 000 Jahre	1400–1500 cm^3, kräftiger Gesichtsschädel, robuste Knochen, muskulöser Körperbau, eher kurze Beine und Arme	vermutlich aus *H. heidelbergensis* hervorgegangen; vor 80 000–-60 000 Jahren Durchmischungen mit *H. sapiens*; hohe Werkzeugkultur, Großwildjagd, Kleidung, Schmuck, komplexe Sozialstruktur; die Ursachen seines Verschwindens sind ungeklärt
Homo sapiens	Afrika	190 000 Jahre bis heute	1270–1350 cm^3	*H. sapiens* lebte längere Zeit auf relativ niedrigem kulturellen Niveau, erst vor 60 000–40 000 Jahren deutlicher Entwicklungssprung

Wo liegt die Wiege der Menschheit?

Alle Vormenschen und die frühen Menschen (*Homo*) haben sich in Afrika entwickelt. Es gibt zwei konkurrierende Theorien, wie die Weiterentwicklung zum modernen Menschen, dem Homo sapiens, und zu seinen unterschiedlichen regionalen Ausprägungen vonstattenging: Die „multiregionale Theorie der Entstehung des modernen Menschen“ geht davon aus, dass *Homo erectus* in Afrika entstand, sich über Asien und Europa ausbreitete und sich an verschiedenen Stellen der Erde parallel zu *Homo sapiens* weiterentwickelt hat. Nach der Out-of-Africa-Theorie (etwa „ausgehend von Afrika“) stammen alle verschiedenen Ausprägungen des modernen Menschen von einem frühen *Homo sapiens* ab. Diese Menschenart tauchte vor 150 000–200 000 Jahren in Ostafrika auf und verdrängte nach der „Out-of-Africa-Theorie“ alle anderen noch existierenden Homo-Arten. Für diese sprechen außer den Knochenfunden auch biochemische und molekularbiologische Daten wie DNA-Vergleiche, weshalb die Mehrheit der Anthropologen diese Theorie favorisiert.

Hätten Sie's gewusst?

Der kleine Unterschied – das Erbe unserer Vorfahren

Es ist ein Klischee, im statistischen Durchschnitt ist es aber tatsächlich so: Männer können sich besser orientieren und Frauen besser riechen. Erklärt wird es durch die Evolution: In der Zeit der Jäger und Sammler mussten die Männer in der Lage sein, einem Tier über weite Strecken zu folgen und anschließend mit der Beute den Weg zurückzufinden. Die Frauen mussten beim Sammeln mithilfe des Geruchs giftige von ungiftigen Pflanzen unterschieden – Frauen haben ein besseres Riechgedächtnis. Sie erkennen Düfte schneller und können sie besser zuordnen als Männer. Auf den Einzelfall bezogen haben solche pauschale Aussagen aber keinen Wert.

Wann kamen die ersten Menschen nach Europa?

Vermutlich hat sich bereits *Homo ergaster* von Afrika aus über den Nahen Osten und Georgien sowohl nach Südwesteuropa als auch nach Ost- und Südostasien ausgebreitet. An mehreren Stellen Europas wurden ca. 1,7 Mio. Jahre alte Steinwerkzeuge dieses frühen Menschen gefunden, der dann aber wieder verschwand.
Der moderne Mensch *Homo sapiens* ist seit 190 000 Jahren in Afrika nachweisbar. Vor mehr als 125 000 Jahren wanderte er vom heutigen Dschibuti in Ostafrika über die damals nur 4 km breite Meerenge nach Jemen auf die arabische Halbinsel. Von hier aus ging eine Gruppe in den Mittleren Osten und nach Süd- und Südostasien, eine andere über Zentralasien nach China und weiter über die damals trockenliegende Beringstraße nach Nord- und Südamerika. Eine dritte Gruppe erreichte über Kleinasien vor 50 000 bis 45 000 Jahren Südost-, Süd- und Westeuropa. Und vieles spricht dafür, dass Europa in einer jüngeren Wanderungswelle vor 30 000 bis 20 000 Jahren nochmals von Zentralasien aus besiedelt wurde.

Wie eng sind wir mit den Neandertalern verwandt?

Neandertaler lebten während der Kaltzeiten, also vor etwa 130 000 Jahren bis vor 30 000 Jahren in ganz Europa, in Zentralasien und im Vorderen Orient. Gemeinsamer Vorfahr ist der *Homo erectus*. Vor 80 000 bis 60 000 Jahren haben sich Neandertaler und *Homo sapiens* vermischt: 1–4 % unserer heutigen Gene stammen von Neandertalern. Man nimmt an, dass Teile der Immunabwehr des modernen Menschen, vor allem in Eurasien, auf den Neandertaler zurückgehen.

Aus Knochenfunden kann man heute ziemlich genau rekonstruieren, wie die Neandertaler ausgesehen haben. Diese Nachbildung ist im Neanderthal Museum in Mettmann zu sehen.

Milliarden von Individuen

Mindestens genauso spannend wie die Evolution des Menschen ist seine ganz individuelle Entwicklung: Leben entsteht, Gene werden vererbt, ein Kind wächst und gedeiht. Dabei greifen komplexe Abläufe ineinander und bestimmen wichtige äußere und innere Eigenschaften.

Kann man das Geschlecht eines Babys beeinflussen?

Lange Zeit hieß es, dass männliche Spermien schneller vorankämen als weibliche, diese dafür robuster seien. Deshalb sei die Wahrscheinlichkeit für einen Jungen größer, wenn der Sex nahe am Zeitpunkt des Eisprungs erfolge. Wenn aber „Durchhaltevermögen" gefragt ist und das Ei erst einige Zeit nach dem Sex reif ist, steige die Chance auf ein Mädchen. Wirklich belegt werden konnte das allerdings nie. Statistisch erwiesen ist aber, dass in schlechten Zeiten wie Hungersnöten mehr Mädchen als Jungen zur Welt kommen. Warum das so ist, weiß man nicht – möglicherweise sind weibliche Ungeborene anspruchsloser und die männlichen Embryos und Föten sterben unter schwierigen Bedingungen öfter vor der Geburt. Die Evolution profitiert davon, wenn es in schlechten Zeiten mehr Frauen gibt, da dann wiederum die Chance höher ist, die Geburtenrate konstant zu halten – möglicherweise ist das ein Grund für das beobachtete Phänomen.
Die einzig sichere Methode, das Geschlecht eines Babys festzulegen, ist die Befruchtung im Reagenzglas mit ausgewählten Samen, was in Deutschland aber nicht erlaubt ist.

Wer war das erste Retortenbaby?

Das erste Retortenbaby war Louise Brown, sie kam 1978 in England zur Welt. Der britische Arzt und Medizin-Nobelpreisträger Robert Edwards (1925–2013) hatte damit bewiesen, dass eine künstliche Befruchtung im Reagenzglas möglich ist. Vier Jahre später (1982) wurde in Erlangen das erste deutsche Retortenbaby Oliver W. geboren. Beide Geburten lösten einen großen Medienrummel aus und es kam zu heftigen Debatten über die ethische Vertretbarkeit dieses Eingriffes. Heute gibt es weltweit etwa 4 Mio. Retortenbabys. In Deutschland sind 3 % aller Neugeborenen das Ergebnis einer Fruchtbarkeitsbehandlung.

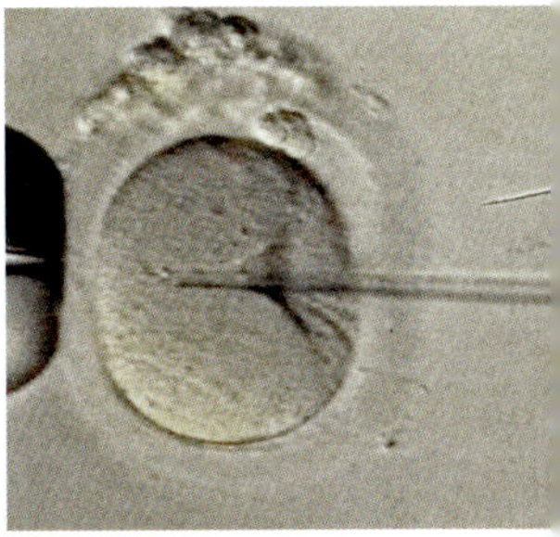

In 200-facher Vergrößerung sieht man hier, wie Spermien direkt in eine Eizelle injiziert werden. Es gibt auch die Möglichkeit, Spermien und Eizelle in einem Reagenzglas zusammenzubringen oder die Spermien direkt in die Gebärmutter einzubringen.

Hätten Sie's gewusst?

Risikoväter

Dass ältere Schwangere ein höheres Risiko haben, ein Kind mit Behinderung zu bekommen, ist allgemein bekannt. Aber auch ältere Väter bedeuten ein höheres Risiko: Bei einem 50-jährigen Mann haben die Stammzellen, aus denen die Spermien hervorgehen, bereits 600 Zellteilungen hinter sich. Mit jeder Teilung wächst die Fehlerquote. Das bleibt nicht ohne Folgen: Kinder, deren Väter bei der Zeugung älter als 50 Jahre waren, erkranken häufiger an Hirntumoren und Blutkrebs, sind doppelt so häufig autistisch, schizophren oder manisch-depressiv und im Durchschnitt weniger intelligent als Kinder von jungen Vätern.

Rekord!

Mehrlingsgeburten

Auf natürlichem Weg sind Mehrlingsgeburten eher selten. Zwillinge kommen einmal bei 90 Geburten vor, Drillinge einmal bei 8100 Geburten, Vierlinge nur einmal bei 729 000 Geburten. Die Wahrscheinlichkeit erhöht sich aber, wenn bei der Befruchtung medizinisch nachgeholfen wird (was bei fast allen „Rekord-Mehrlingen" der Fall gewesen ist): Bei einer künstlichen Befruchtung setzt man generell mehrere Eizellen ein, um die Chance auf eine Schwangerschaft zu erhöhen. Oder der Fruchtbarkeit einer Frau wird durch eine Hormonbehandlung auf die (Ei-)Sprünge geholfen: Dann reifen viele Eier gleichzeitig anstatt nur einem. Mehrlingsschwangerschaften sind für Mutter und Kind gefährlich. Das Herz-Kreislauf-System der Mutter ist überlastet, die Kinder kommen schon allein platzbedingt häufig viel zu früh zur Welt. Deshalb werden bei Mehrlingsschwangerschaften oft einige der Föten abgetrieben, um die Überlebenschance der anderen zu erhöhen.

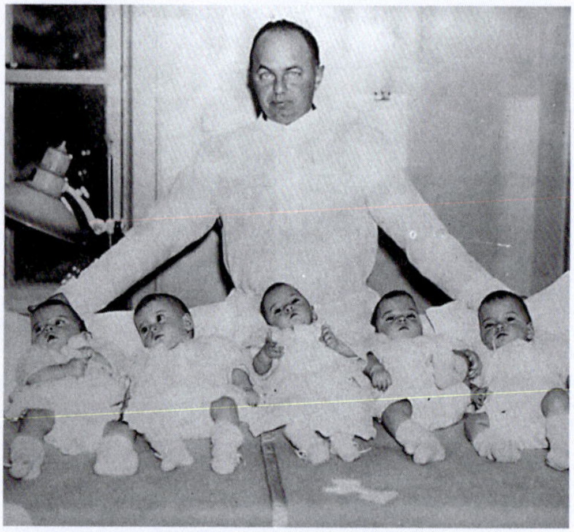

Die Dionne-Fünflinge wurden 1934 in Kanada geboren. Es waren die ersten Fünflinge, von denen alle überlebten. Die Mädchen wurden bis ins Erwachsenenalter hinein regelrecht ausgestellt – hier posiert der damalige Premierminister von Ontario Mitchell Hepburn mit den fünf Babys.

Der sogenannte Tauch- oder Atemreflex bei Säuglingen ist ein Überbleibsel vom Leben in der Fruchtblase.

Können Babys schwimmen?

Babys können nicht schwimmen, aber wenn man sie horizontal an der Wasseroberfläche hält, paddeln sie reflexartig mit Armen und Beinen. Außerdem pressen sich bei Kontakt mit Wasser ihre Stimmbänder zusammen und verschließen die Luftröhre wasserdicht. Dieser Tauchreflex schützt in den ersten Lebensmonaten vor dem Ertrinken. Richtig schwimmen lernen kann ein Kind erst im Alter von drei oder vier Jahren.

Haben alle Säuglinge blaue Augen?

Fast alle hellhäutigen Kinder kommen mit blauen Augen auf die Welt, denn sie haben nur geringe Mengen des Farbstoffs Melanin, der die Pigmente in der Iris färbt. Deshalb schimmert ihre Iris durch die Lichtbrechung blau. Mit der Zeit steigt die Dichte der

Pigmentzellen. Die Augen bekommen ihre genetisch vorgegebene Farbe, wenn das Baby sechs bis zwölf Monate alt ist.

Iris

Die Iris (von griech. Regenbogen) ist die sogenannte Blende des Auges. Sie umschließt die Pupille (Öffnung für die Lichtstrahlen) und trägt ihren Namen, weil sie durch Pigmente eingefärbt ist. Die Irismuskulatur vergrößert oder verkleinert das Sehloch, je nachdem wie hell die Umgebung ist.

Wie vererbt sich die Haarfarbe?

Für die Haarfarbe sind zwei Varianten der farbgebenden Substanz Melanin zuständig: Eine verantwortet dunkle Haare, die andere helle oder rote. Ein Kind, das von seinen Eltern je ein Gen für schwarze und eines für blonde Haare bekommt, wird dunkelhaarig, denn dunkle Haare sind „dominant". Das blonde Gen wird aber rezessiv (= zurücktretend) weitervererbt. Wenn dunkelhaarige Eltern beide ein blondes Gen besitzen, können sie auch ein blondes Kind bekommen.

Hätten Sie's gewusst?

Erfahrungen können „vererbt" werden

Recht neu ist die Erkenntnis, dass Umwelt und Erfahrung molekulare Mechanismen auslösen können, die dazu führen, dass Gene schwächer oder gar nicht wirken. So waren in Holland im Hungerwinter 1944/45 geborene Kinder außerordentlich klein – und das war auch zu erwarten. Aber als die Kinder später selbst Nachwuchs bekamen, war auch dieser ungewöhnlich klein, obwohl kein Mangel mehr herrschte. Die Erfahrung wirkte bis in die Enkelgeneration nach. Heute weiß man, dass Genabschnitte nachträglich mit sogenannten Methylgruppen blockiert werden können: einer einfachen Anordnung von Atomen. Und diese Methylierungsmuster werden tatsächlich vererbt. Das Gen selbst verändert sich nicht, bleibt aber in seiner Aktivität geschwächt oder blockiert. Das kann die Entstehung von Krankheiten sowie Persönlichkeitsmerkmale beeinflussen. Auch die Unterschiede zwischen eineiigen, also genetisch völlig identischen Zwillingen, wird darauf zurückgeführt. Der Zweig der Genetik, der sich damit befasst, heißt Epigenetik: nach dem griechischen *epi* (= dazu, außerdem) und Genetik.

Im Alter lässt die Produktion des Farbstoffs Melanin nach und die Haare verlieren ihre Farbe: Sie werden weiß. Ein Schopf mit melaninhaltigen dunklen und melaninlosen Haaren wirkt grau, während blonde Menschen optisch direkt zum weißen Schopf übergehen.

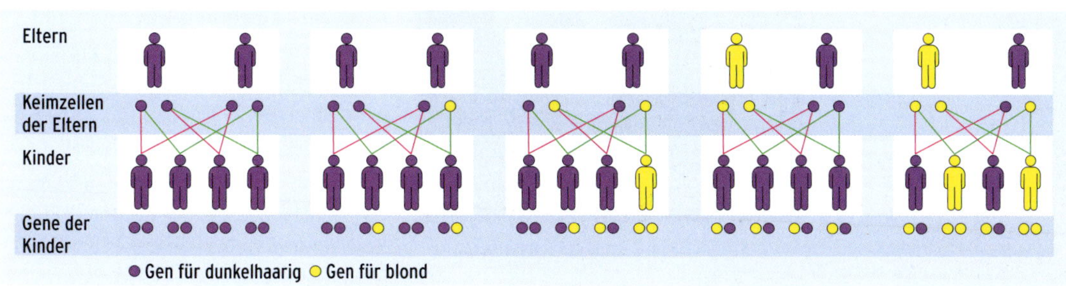

Warum haben Kleinkinder O-Beine und Schulkinder X-Beine?

O-Beine sind im runden Mutterleib vom Platz her am günstigsten. Erst wenn das Baby zu laufen beginnt, wachsen durch die neue Belastung die Knochen und Knorpel auf der Bein-Innenseite stärker. Oft kommt es dabei zu einer Überkompensation und aus den O-Beinen werden X-Beine. Im Schulalter strecken sich dann Beine und Knochen, und Knorpel wachsen verstärkt an der Außenseite. Hüftgelenk, Knie und oberes Sprunggelenk bilden dann normalerweise bis zum 14. Lebensjahr eine gerade Linie. Übrigens sind O-Beine bestens geeignet zum Laufenlernen: Der breite Gang erleichtert das Finden und Halten des Gleichgewichts, die Kleinkinder laufen sicherer und stabiler.

Normale Entwicklung: O-Beine bei Kleinkindern, X-Beine bei älteren

Was passiert in der Pubertät?

Die Pubertät ist die Zeit, in der Heranwachsende geschlechtsreif werden. Etwa ab dem zwölften Lebensjahr beginnt der Körper, Sexualhormone zu produzieren, und das Kind entwickelt sich physisch und psychisch zu einem jungen Erwachsenen. Was aber lange unterschätzt wurde, sind die Vorgänge im Gehirn: Alte Verbindungen zwischen Nervenzellen verschwinden, neue werden geknüpft. Ein weitreichender Umbau findet statt. Heute führt man viele Launen, Unberechenbarkeiten, Lernschwächen, Vergesslichkeit und Entscheidungsschwächen, unter denen Pubertierende oft leiden, auf diese Umbauprozesse zurück. Am Ende ist das Gehirn neu sortiert, leistungsfähiger und vernünftiger: Es befähigt zum überlegten Handeln.

„Pubertät ist, wenn man grübelt und nicht weiß, worüber."

Klaus Klages (geb. 1938)

Wie lange ist der Mensch lernfähig?

Beim Lernen baut das Gehirn bestehende Verbindungen aus und knüpft neue. Mit zunehmendem Alter läuft dieser Prozess langsamer ab: Weil die Leistungen der Sinne nachlassen, muss das Gehirn den Verlust ausgleichen und hat weniger Kapazität frei. Die Wahrnehmung erfolgt langsamer, das Gedächtnis lässt nach, das Lernen braucht Zeit. Aber dennoch ist der Mensch lernfähig bis an sein Lebensende.

So funktionieren wir

Seit der Mensch begonnen hat, seine Anatomie zu erforschen und die Zusammenhänge zu verstehen, sind atemberaubende Erkenntnisse errungen worden. Und diese werden immer detailreicher: Selbst unsere Gene können heute vollständig entschlüsselt werden.

Welche Areale im Gehirn braucht man nicht unbedingt, um zu überleben?

Immer wieder hört man von Menschen, die durch Schusswaffen oder Unfälle schwer am Kopf verletzt wurden, aber überleben. Das ist möglich, weil nicht alle Bereiche des Gehirns an der Steuerung lebenswichtiger Funktionen beteiligt sind. Von den vier Hauptbereichen des menschlichen Gehirns – Hirnstamm, Zwischenhirn, Kleinhirn und Großhirn – kontrolliert und reguliert der Hirnstamm (*Truncus cerebri*) Prozesse wie Atmung und Kreislauf sowie Schutzreflexe wie Niesen, Schlucken, Husten und Erbrechen. Ohne ihn ist ein Leben nicht möglich, seine Schädigung führt zum Koma, der Ausfall zum Tod.
Das Kleinhirn (*Cerebellum*) koordiniert die Bewegungen; wird es verletzt, können manchmal andere Hirnbereiche die Ausfälle ausgleichen. Meistens kommt es bei Verletzungen des Kleinhirns aber zu Störungen der Motorik.
Das Zwischenhirn (*Diencephalon*) besteht aus Hirnanhangdrüse und Thalamus. Die Hirnanhangdrüse steuert über Hormone die Körperfunktionen und beeinflusst unsere Gefühle. Alle Informationen der Sinnesorgane laufen wiederum über den Thalamus. Auch eine Verletzung des Zwischenhirns ist überlebbar, kann aber zu schweren Störungen psychischer Art, zu Sensibilitätsausfällen und dem Verlust von Sinnen führen. Im Großhirn (*Cerebrum*) finden die sensorischen Wahrnehmungen, Lernen und Gedächtnis und das bewusste Verhalten statt. Wenn es ausfällt, lebt der Mensch zwar weiter, liegt aber im Koma oder Wachkoma.

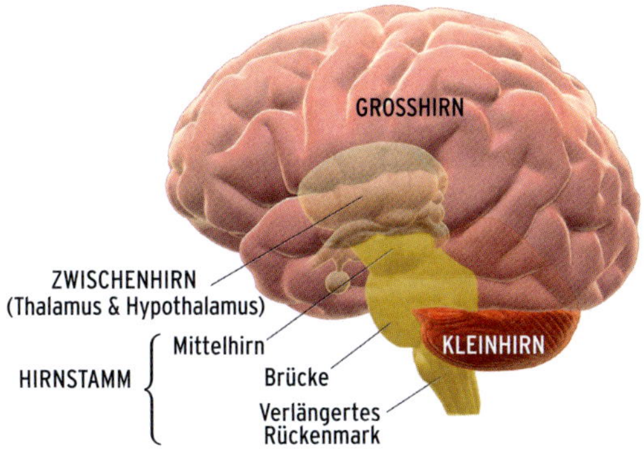

Rekord!

Der stärkste und der größte Muskel

Der Mensch hat etwa 650 verschiedene Muskeln. Relativ zur Muskeldicke gesehen, ist die Zunge der kräftigste Muskel. Mehr Kraft bringen die Kaumuskeln auf. Der größte Muskel ist der große Gesäßmuskel (Gluteus maximus), der den Rücken wie ein Fundament stützt. Die größte Leistung, also Kraft pro Zeiteinheit, bringt der Herzmuskel. Der kleinste Muskel sitzt im Ohr und bewegt den Steigbügel (eines der Gehörknöchelchen).

Wie verlaufen Venen und Arterien im Körper?

Arterien transportieren Blut vom Herzen weg, Venen transportieren Blut zum Herzen hin. Beim sogenannten großen Kreislauf gelangt sauerstoffreiches Blut aus der linken Herzkammer über die Aorta in die Körper-Arterien und versorgt alle Organe und Extremitäten. Feinste Gefäße, die Kapillaren, verbinden Arterien und Venen miteinander, und in ihnen findet der Gasaustausch statt: Die Vene bringt das jetzt sauerstoffarme Blut zurück in die rechte Herzkammer. Von ihr geht die Lungen-Arterie in die Lunge, wo das Blut Sauerstoff aufnimmt und zur linken Herzkammer zurückkehrt – das ist der kleine Kreislauf.

Warum ist es so wichtig, seine Blutgruppe zu kennen?

Es gibt vier Blutgruppen: A, B, AB und 0. Und nicht alle vertragen sich mit allen – bei manchen Kombinationen verklumpt das Blut, wenn die Gruppen miteinander in Kontakt kommen. Das liegt an den Antigenen und den Antikörpern, die gegen sie gebildet werden. Bei Blutspenden muss deshalb die Blutgruppe von Spender und Empfänger beachtet werden. Wenn in Notfallsituationen Unsicherheit über die Blutgruppe des Empfängers besteht, bekommt er eine Spende der Blutgruppe 0, da sie keine Antigene besitzt und deshalb nicht von den eventuell vorhandenen Antikörpern des Empfängers angegriffen werden. Auch der Rhesusfaktor muss beachtet werden: Rhesus-positives Blut besitzt ein Rhesusfaktor-Antigen. Gegen dieses Antigen bildet ein rhesus-negativer Empfänger Antikörper, so dass es bei einer Vermischung zur allmählichen Auflösung der roten Blutkörperchen kommt. Ein rhesus-positiver Empfänger kann dagegen rhesus-negatives Blut erhalten, da darin keine Antigene enthalten sind und somit auch keine Antikörper gebildet werden. Da Menschen mit einem negativen Rhesusfaktor aber so selten sind, wird ihre Spende für Empfänger aufbewahrt, die ebenfalls rhesus-negativ sind.

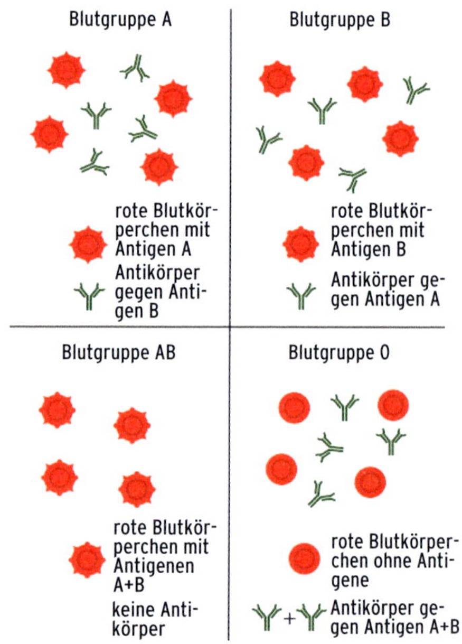

Blutgruppe	Verteilung in Deutschland		möglicher Spender
	Rhesus positiv	Rhesus negativ	
A	37 %	6 %	A, 0
B	9 %	2 %	B, 0
AB	4 %	1 %	A, B, 0
0	35 %	6 %	0

Welche Geschmacksrichtungen erkennen wir?

Der Mensch kann fünf Geschmacksrichtungen unterscheiden: süß, sauer, salzig, bitter und umami. Umami ist ein japanisches Wort, das für herzhaft, fleischig-würzig steht. Es spricht auf das Eiweiß Glutamat an, das deshalb auch als Geschmacksverstärker verwendet wird. Glutamat kennt man hauptsächlich aus der asiatischen Küche. Möglicherweise gibt es noch einen weiteren Rezeptor für die Geschmacksrichtung fett. Allerdings schmecken wir ja viel mehr als nur die Geschmacksrichtungen – und das hängt zum großen Teil vom Geruchssinn ab.

Der Geschmacksverstärker Glutamat wird industriell durch bakterielle Fermentierung hergestellt: Pflanzlichen Stoffen wie Weizen, Zuckerrohr, Zuckerrüben oder Tapioka wird Ammoniak zugesetzt. Bakterien vergären die Stoffe zu Glutaminsäure, die dann gefiltert, konzentriert und kristallisiert wird.

Warum sind nachts nicht nur alle Katzen grau?

Das menschliche Auge sieht mithilfe von Zapfen und Stäbchen. Zapfen sind Sinneszellen, mit denen wir Farben wahrnehmen: Rot, Grün und Blau. Sie vemischen sich zu den vielen Farben und Farbnuancen, die wir sehen können. Allerdings sind Zapfen nicht sehr lichtempfindlich: Je dunkler es ist, desto weniger reagieren sie. Anders die Stäbchen: Sie sind sehr empfindlich und nehmen sogar einzelne Lichtteilchen wahr. Deshalb sind sie für das Sehen in der Dämmerung zuständig. Und dadurch sehen wir in der Nacht zwar recht gut – aber fast nur Grautöne.

Brauchen ältere Menschen mehr oder weniger Schlaf?

Der Schlaf im Alter ist leichter und störanfälliger. Das Einschlafen dauert länger, und bereits leichte Geräusche reißen einen älteren Menschen aus seinem Schlaf. Ein durchgehender und langer Schlaf findet eher selten statt, die REM-Phasen werden insgesamt kürzer. Trotzdem brauchen ältere Menschen nicht weniger Schlaf: Das Schlafdefizit der Nacht wird meist durch kurze Nickerchen im Laufe des Tages ausgeglichen, sodass ältere Menschen in etwa genauso lange schlafen wie in jüngeren Jahren.

REM-Phase

Wenn der Mensch schläft, durchläuft er verschiedene Schlafphasen. Eine davon ist die REM-Phase, deren Name auf die starke Augenbewegung zurückgeht (*Rapid Eye Movement*), die in dieser Zeit stattfindet. Das Gehirn ist dann stärker durchblutet und wir träumen intensiver. Der REM-Schlaf dient vor allem der Erholung des Nervensystems. Pro Schlaf durchlebt man mehrere dieser Phasen, insgesamt machen sie 20–25 % des Schlafs aus.

Hätten Sie's gewusst?

Synästhesie: Sehen mit den Ohren

Die Bezeichnung stammt vom griechischen *syn* (= zusammen) und *aisthesis* (= Empfindung) und bedeutet in etwa Mitempfinden. Bei Betroffenen, den sogenannten Synästhetikern, wirkt ein Reiz nicht nur auf ein Sinnesorgan, sondern auch auf ein anderes. So hören sie bestimmte Töne, Musik oder eine Sprache und sehen zugleich Farben. Oder sie sehen Bewegungen und hören sie auch. Synästhesie ist keine Erkrankung, sondern eine angeborene, wahrscheinlich vererbte Besonderheit der Sinneswahrnehmung. Man schätzt, dass einer von 2000 Menschen ein Synästhetiker ist. Bekannte Synästhetiker waren der Komponist Franz Liszt (1811–1886) und der Schriftsteller Vladimir Nabokov (1899–1977; *Lolita*).

Warum verschlucken wir uns?

Am Verschlucken ist der aufrechte Gang schuld. Weil der Mensch sich aufgerichtet hat, ist der Kehlkopf tiefer „gerutscht". Anders als bei anderen Primaten erreicht der Kehldeckel, der den Kehlkopf verschließt, nicht mehr den sogenannten weichen Gaumen – das ist der Teil des Rachens, an dem das Gaumenzäpfchen sitzt. Deshalb kreuzt sich der Weg der Atemluft mit dem Weg von Speisen und Getränken und wir können uns verschlucken.

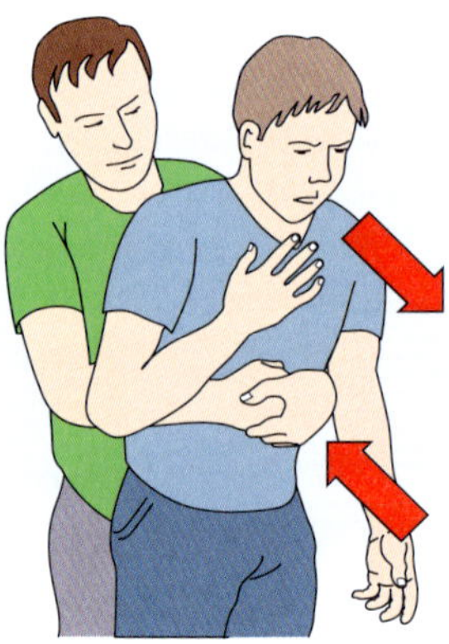

Das nach dem US-amerikanischen Arzt Henry Heimlich (geb. 1920) benannte Heimlich-Manöver ist eine Erste-Hilfe-Maßnahme gegen das Ersticken an Verschlucktem: Der Helfer umfasst den oberen Bauchbereich und legt eine Faust an die weiche Stelle unterhalb der Rippen. Mit der anderen Hand umgreift er die Faust und zieht sie ruckartig und kräftig zu sich hin. Dadurch soll der Fremdkörper aus den Atemwegen geschleudert werden.

Das Schlucken besteht aus einer Reihe von Reflexen, in deren Verlauf der Kehlkopf eine Position einnimmt, bei der das zerkaute Essen oder Flüssigkeit direkt in die Speiseröhre geleitet wird. Man verschluckt sich vor allem dann, wenn man hastig und unkonzentriert isst, wenn man abgelenkt ist, spricht oder erschreckt wird: Dann ist der Ablauf der Reflexe gestört und Speiseteile gelangen versehentlich in die Luftröhre.

Säuglinge können übrigens noch gleichzeitig atmen und schlucken, weil bei ihnen der Kehlkopf noch höher liegt.

Gesund sein – gesund bleiben

Vom natürlichen Heilverfahren bis zur Chirurgie: Möglichst viel über den menschlichen Körper zu wissen, ist die Basis der Medizin. Je besser wir ihn verstehen, desto größer sind die Chancen, Heilmethoden zu finden.

Was ist der Unterschied zwischen einer Virus- und einer Bakterieninfektion?

Eine bakterielle Infektion lässt sich mit Antibiotika bekämpfen, eine Virusinfektion nicht. Das liegt am Aufbau der jeweiligen Keime.
Bakterien sind einzellige Lebewesen, die sich durch Teilung vermehren. Die meisten Bakterien sind harmlos, einige verursachen Infekte oder geben giftige Stoffwechselprodukte ab (etwa bei Wundstarrkrampf und Lebensmittelvergiftung). Antibiotika zerstören die Teilungsfähigkeit von Bakterien oder die Zellwände der Bakterien – das ist möglich, da Bakterien unabhängig von den menschlichen Zellen funktionieren und aus anderen Bausteinen bestehen. Sie können von Medikamenten gezielt angegriffen werden.

„Seien Sie vorsichtig mit Gesundheitsbüchern – Sie könnten an einem Druckfehler sterben."

Mark Twain (1835–1910)

Die sehr viel kleineren Viren besitzen dagegen keinen eigenen Stoffwechsel und sind ohne Wirt nicht lebensfähig. Sie bringen ihre Wirtszelle dazu, Viruspartikel herzustellen, obwohl die befallene Zelle dabei selbst zugrunde geht. Viren können kaum bekämpft werden, Antibiotika sind wirkungslos: Was die Viren zerstört, zerstört auch die menschlichen Zellen – egal, ob sie vom Virus befallen sind oder nicht. Einige Medikamente verhindern die Vermehrung der Viren, meist können die Ärzte aber nur Symptome der Virusinfektion lindern, z. B. bei einer Virusgrippe. Die Heilung muss die körpereigene Abwehr bewerkstelligen.

Ist der graue Star unvermeidbar?

Von einem grauen Star spricht man, wenn sich die Augenlinse eintrübt. Dies ist, im Gegensatz zum grünen Star, mit zunehmendem Alter fast immer der Fall. Jeder Zweite unter 65 Jahren leidet bereits unter leichtem Eintrüben, bis zum 75. Lebensjahr ist jeder vom Altersstar (*Cataracta senilis*) betroffen. Aber nur die Hälfte der Betroffenen bemerkt die Sehstörung und nimmt Nebelschleier wahr. Möglicherweise verlangsamen ein gesunder Lebensstil und der Schutz der Augen vor Sonnenlicht das Fortschreiten der Eintrübung, doch verhindern lässt sie sich nicht. Ebenso wenig gibt es eine Heilung – es hilft nur der Austausch der Linse durch eine Kunstlinse.

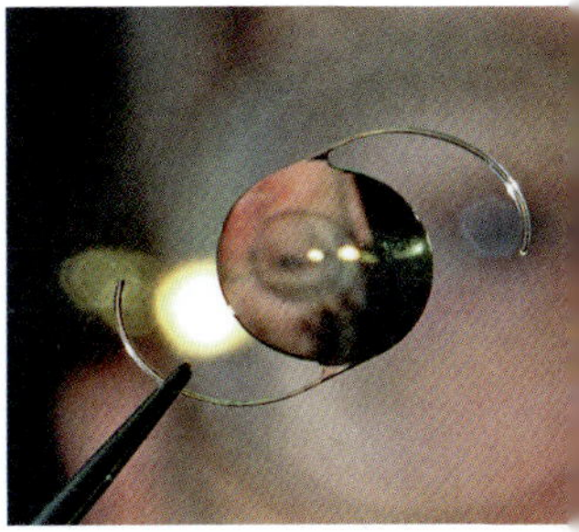

Patienten, die am grauen Star leiden, wird eine solche Kunstlinse eingesetzt: Mithilfe der Bügel wird sie im Auge verankert.

Grüner Star

Unter der Bezeichnung grüner Star fasst man mehrere Augenerkrankungen zusammen, die den Sehnerv bzw. dessen Verbindungen zum Auge betreffen. Je nach Grad der Erkrankung können Betroffene nur noch einen kleineren Ausschnitt sehen oder ganz erblinden.

Was unterscheidet Kopfweh von Migräne?

Fachleute unterscheiden rund 180 verschiedene Arten an Kopfschmerzen. Gelegentliche Spannungskopfschmerzen sind weit verbreitet, außerdem treten Kopfschmerzen auch als Symptom schwerer Erkrankungen auf. Migräne unterscheidet sich vom Kopfweh in vielen Punkten:

Merkmal	Spannungskopfschmerz	Migräne
Art des Schmerzes	dumpf, drückend, ziehend, stechend, bohrend	pulsierend, pochend
Ort	gesamter Kopfbereich, Stirn und Schläfen	überwiegend halbseitig, beginnt häufig im Genick
Dauer	einige Stunden	4 Stunden bis 3 Tage
Intensität	leicht bis mittelstark	mittel bis stark
Verlauf	Die Kopfschmerzen entwickeln sich im Laufe des Tages und erreichen ihren Höhepunkt am späten Nachmittag.	Migräne entwickelt sich oft in den Morgenstunden über 15 Minuten bis 2 Stunden.
Begleiterscheinungen	keine	charakteristisch sind Übelkeit, Erbrechen, Licht- oder Lärmempfindlichkeit
Auslöser	verschieden, z.B. Stress, Überlastung, psychische Probleme, Wetterwechsel, Übermüdung, zu viel Schlaf, Verspannung, Zugluft; auch Symptom zahlreicher Erkrankungen	Änderungen im Tagesrhythmus, Hunger, Menstruation, Stress, Klimawechsel, Alkohol u.a.
Sonstiges	weit verbreitet, tritt nicht familiär gehäuft auf	beginnt meist im Schulalter; man nimmt eine erbliche Veranlagung an

Hat man Aids inzwischen im Griff?

Aids ist eine vom HI-Virus verursachte Immunschwäche. Die Krankheit wurde erstmals 1981 in den USA beschrieben und breitete sich rasch auf allen Kontinenten aus. Aids kann nicht geheilt werden, eine vorbeugende Impfung gibt es auch nicht. Bei der Therapie versucht man, die Virusmenge im Körper niedrig zu halten. Mittlerweile gibt es eine Vielzahl geeigneter Medikamente, die in unterschiedlichen Kombinationen eingesetzt werden und den Ausbruch der Krankheit über Jahre verzögern können. Bei optimaler medizinischer Versorgung erreichen Aids-Infizierte heute ein hohes Alter. Eine solche medizinische Versorgung ist in den Ländern mit den höchsten Aidsraten – im südlichen Afrika, in Südostasien und Lateinamerika – nicht gegeben.

Aids und HIV

Aids steht für den englischen Ausdruck *Acquired Immunodeficiency Syndrome*, auf Deutsch erworbenes Immundefektsyndrom. Erworben drückt aus, dass Aids nicht angeboren oder vererbt ist. HIV oder HI-Virus ist die Abkürzung für *Human Immunodeficiency Virus*: menschliches Immunschwäche-Virus.

Wie kommt es zu einem Schlaganfall?

Ein Schlaganfall ist oft verbunden mit starken Kopfschmerzen, Übelkeit, Erbrechen und Bewusstlosigkeit und kann lebensbedrohlich sein. Es gibt zwei Arten: Bei 15 % der Schlaganfälle ist eine geplatzte Hirnarterie und die dadurch erfolgte Hirnblutung die Ursache, bei 85 % ist es der sogenannte unblutige bzw. ischämische Infarkt. Er wird ausgelöst durch starke Verengung von Blutgefäßen, die das Gehirn versorgen, oder durch Blutgerinnsel. In beiden Fällen bekommen die Gehirnzellen nicht ausreichend Sauerstoff und sterben ab. Oft kündigt sich ein Schlaganfall durch die sogenannten TIA an: transitorische ischämische Attacken. Das sind kurze Phasen mit Sprach- und Sehstörungen oder kurzen, oft halbseitigen Lähmungen wie ein herabhängender Mundwinkel.

Was sind die Symptome eines Herzinfarkts?

Ein Herzinfarkt macht sich meist durch ein plötzlich auftretendes Druckgefühl und anhaltend starke Schmerzen in der Brust bemerkbar. Die Schmerzen können bis in die Schultern, die Arme, den Nacken und weiter ausstrahlen. Bei Frauen sind die Symptome allerdings oft unspezifischer, etwa starke Kurzatmigkeit, Übelkeit, Erbrechen, Beschwerden im Oberbauch sowie ein Druck- oder Engegefühl. Deshalb wird ein Herzinfarkt bei Frauen im Durchschnitt wesentlich später erkannt. Auslöser für einen Herzinfarkt ist eine Durchblutungsstörung der Herzkranzgefäße, die zu einer Unterversorgung des Herzmuskels mit Sauerstoff führt.

Kann Hautkrebs auch an Stellen entstehen, die selten oder nie der Sonne ausgesetzt sind?

Hautkrebs ist eine bösartige Neubildung der Haut und kann grundsätzlich überall entstehen. Der schwarze Hautkrebs (malignes Melanom) entwickelt sich häufig aus Pigmenten wie Leberflecken oder Muttermalen, durchaus auch an versteckten Stellen wie im Genitalbereich, am behaarten Kopf, unter Finger- oder Fußnägeln oder an den Fußsohlen. Der weiße Hautkrebs (Basalzellkarzinom) wird dagegen vor allem durch UV-Licht ausgelöst und tritt am häufigsten auf Nase, Stirn, Ohren und ggf. der Glatze auf, aber nicht ausschließlich. Der wesentliche Unterschied zwischen den beiden Hautkrebsarten ist, dass das Basalzellkarzinom zwar umliegendes Gewebe und Knochen schädigt, aber nur in seltenen Fällen Metastasen bildet, die über die Lymph- und Blutbahnen den ganzen Körper erreichen.

Wird es ein Mittel gegen Krebs geben?

Das Heilmittel gegen Krebs wird es aller Voraussicht nach nie geben. Zu unterschiedlich sind die Krebsarten, zu individuell verläuft die Erkrankung. Das heißt aber nicht, dass Krebs für immer unheilbar bleiben wird. Heute können schon mehr als die Hälfte aller Krebspatienten gerettet werden. Und unheilbar Krebskranke haben oft eine längere Lebenszeit. Die Therapien verlaufen gezielter und zunehmend individueller, sie werden besser vertragen und die Operationen verlaufen schonender. Ebenso wichtig ist es, dass durch Vorsorgeuntersuchungen Tumore immer früher erkannt und entfernt werden. Und gegen eine Krebsart, nämlich Gebärmutterhalskrebs, gibt es inzwischen eine bei jungen Mädchen gut wirksame Impfung.

Wer sich zu lange sonnt, erhöht sein Risiko für schwarzen Hautkrebs: Sonnenbrand ist Ausdruck einer DNA-Schädigung, die wiederum die Basis für die gefährliche Mutation ist. Weißer Hautkrebs dagegen entsteht an Stellen, die oft der Sonne ausgesetzt sind, auch wenn es nicht zum Sonnenbrand kommt.

Technik

Ohne Technik wäre der heutige Mensch vermutlich nicht mehr überlebensfähig. Zur Bewältigung unseres Alltags brauchen wir elektrischen Strom, Fahrzeuge und die vielen Maschinen, die uns umgeben. In diesem Kapitel dreht sich alles um die Naturwissenschaften als Grundlage der Technik, um Erfindungen und technische Errungenschaften.

Mathe, Physik, Chemie

Vieles, was wir einst in der Schule über Mathematik oder Physik gelernt haben, ist längst vergessen. Oder wer kennt noch mehr chemische Formeln als H_2O? Dabei sind es doch gerade diese Wissenschaften, die viele Alltagsphänomene erklären können und die uns gerade im Bereich der Technik immer wieder begegnen.

MCMLXXVII – Wie entziffert man römische Jahreszahlen?

Römische Zahlen werden schnell sehr lang und unübersichtlich. Der wesentliche Grund für die schlechte Lesbarkeit ist die Tatsache, dass das römische System kein Stellenwertsystem ist, also dass der Wert nicht durch die Reihenfolge der Ziffern gebildet wird. Die Römer verwendeten ein additives Zahlensystem, in dem es keine Ziffer 0 gibt. Das einfachste Zeichen ist I = 1. Um die Zahl 3 zu schreiben, notieren die Römer III. Dasselbe wird mit Zehnern, Hundertern oder Tausendern gemacht. Eigene Buchstaben gibt es für:
5 = V, 10 = X, 50 = L, 100 = C,
500 = D, 1000 = M.
Werte vor Sprüngen auf 5 und 10 bekommen besondere Zeichen. Den Wert 4 notieren die Römer als „fünf weniger eins“: IV. Die 9 wird als „zehn weniger eins“ geschrieben: IX.
Achtung: I steht nur vor und nach V und X; X steht nur vor und nach L und C; C steht nur vor und nach D und M. 99 etwa schreibt man nicht IC, sondern XCIX.
Um eine römische Zahl zu entziffern, addiert man die Zeichen:
MCMLXXVII = 1 x 1000 (M) + 900 (CM) + 70 (LXX) + 7 (VII) = 1977
MCDXXXI = 1 x 1000 (M) + 400 (CD) + 30 (XXX) + 1 (I) = 1431
Eine römische Zahl ist immer nach den Zahlwerten sortiert; die großen stehen vorne. Deshalb steht beispielsweise MCM nicht für 1000 + 100 + 1000, sondern für 1000 + „1000 weniger 100“.

Was ist die Mitternachtsformel?

Wie diese Formel eigentlich zu ihrem Namen kam, ist nicht sicher überliefert. Die wahrscheinlichste Theorie lautet, dass ein Schüler, mitten in der Nacht geweckt, diese Formel aufsagen können muss. Man löst mit ihr quadratische Gleichungen – also Gleichungen mit einer Unbekannten im Quadrat – beispielsweise um Flugbahnen zu berechnen. Wenn die Gleichung nämlich $ax^2 + bx + c = 0$ lautet, dann kann man sie nach x auflösen und erhält die Mitternachtsformel :

$$x_{1,2} = \frac{-b \pm \sqrt{b^2 - 4ac}}{2a}$$

Mit der Nacht hat die Mitternachtsformel nichts zu tun.

Welche Arten von Vierecken gibt es?

Die Mathematik kennt viele Arten von Vierecken, die miteinander in Beziehung stehen. Deshalb kann man sie in eine Hierarchie einordnen. Die wichtigsten Vierecke sind diese:

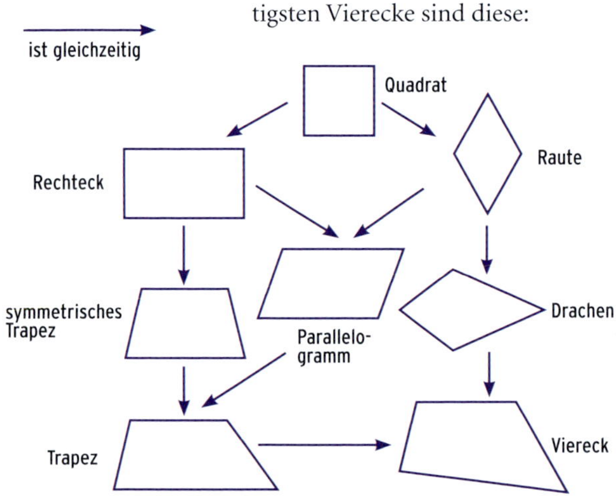

Form	Beschreibung
Quadrat	4 gleich lange Seiten + 4 rechte Winkel
Rechteck	gleich lange sich gegenüberliegende Seiten + 4 rechte Winkel
Raute	4 gleich lange Seiten
Parallelogramm	Die sich gegenüberliegenden Seiten sind parallel.
symmetrisches Trapez	2 Seiten sind parallel zueinander + die anderen 2 Seiten sind gleich lang
Trapez	2 Seiten sind parallel zueinander
Drachen	Jeweils 2 aneinander stoßende Seiten sind gleich lang.
Viereck	4 Ecken

Wozu braucht man den Dreisatz?

Der Dreisatz ist ein mathematisches Verfahren, um aus drei gegebenen Werten einen vierten, den unbekannten Wert zu ermitteln. Seinen Namen trägt der Dreisatz, weil drei Denkschritte zur Lösung nötig sind. Ein Beispiel: In vier Stunden legt ein Zug mit konstanter Geschwindigkeit 260 km zurück. Wie groß ist die Strecke, die der Zug in sieben Stunden zurücklegt?

1. Schritt: 4 Stunden entsprechen 260 km
2. Schritt: 1 Stunde entspricht (260 ÷ 4) km = 65 km
3. Schritt: 7 Stunden entsprechen 7 • 65 km = 455 km

Wie lassen sich Chancen und Risiken des Alltags abschätzen?

Wahrscheinlichkeiten spielen in unserem Alltag eine große Rolle: Wie wahrscheinlich ist es, dass es regnen wird? Oder dass Sie im Lotto gewinnen? Das Eintreten eines Ereignisses, die Chance, wird in Zahlen wie 30 % oder 1 : 100 000 angegeben. Wichtig im Alltag ist, in langen Zeiträumen und vielen Wiederholungen zu denken. Beträgt die Wahrscheinlichkeit auf einen Gewinn 1 : 10, bedeutet das nicht, dass man beim Kauf von zehn Losen garantiert gewinnt. Bei 1000 gekauften Losen spricht aber vieles dafür, dass Sie 100 Gewinne erhalten. Die Berechnung der Wahrscheinlichkeit ist eine eher einfache mathematische Angelegenheit. Man teilt die Zahl der gewünschten Ereignisse durch die Zahl der möglichen Ereignisse. Wenn man z. B. aus einem Kartenspiel ein Ass ziehen will, sieht die Wahrscheinlichkeit wie folgt aus: Gewünschte Ereignisse – also Asse – gibt es in einem solchen Kartenspiel 4. Die Gesamtzahl der Möglichkeiten – also die Karten insgesamt – beträgt 52. Also ist die Wahrscheinlichkeit 4 ÷ 52, was sich kürzen lässt auf 1 ÷ 13, d. h. die Chancen stehen 1 zu 13.

Wie lautet die Goldene Regel der Mechanik?

Eine wichtige Grundlage der Physik ist der Satz vom Erhalt der Energie: In einem abgeschlossenen System kann Energie weder erzeugt noch vernichtet werden. Energie wandelt sich also nur um. Die Mechanik beschäftigt sich mit der Bewegung von Körpern und den Kräften, die dabei wirken. Und die Goldene Regel der Mechanik wendet den Energieerhaltungssatz an, der auf Kraft und Weg bezogen „Arbeit ist gleich Kraft mal Weg" ($W = F \cdot s$) lautet. Er kommt bei einer einfachen Erfindung zum Tragen: dem Flaschenzug. Hier sind verschiedene Rollen so angeordnet, dass das Seil mehrmals auf und ab läuft – man muss also ein längeres Stück Seil ziehen, aber die Kraft verteilt sich auf die einzelnen Seilabschnitte und das Gewicht erscheint dadurch viel leichter.

„Was man an Kraft spart, muss man an Weg zusetzen".

Galileo Galilei (1564–1642)

Was sind Quarks, Higgs & Co.?

Die kleinsten Bestandteile, aus denen sich die Elemente unserer Welt zusammensetzen und die sich nicht mehr teilen lassen, nennt man Elementarteilchen. Darüber, welche Teilchen das genau sind, gewinnt die Physik immer neue Erkenntnisse. Seit der griechischen Antike galt das Atom als das kleinste Teilchen. Erst die Kernspaltung zeigte, dass dies nicht stimmt. An die Stelle des Atoms traten die Protonen und Elektronen, aus denen sich Atome zusammensetzen. Doch Forschergeist und zwingende mathematische Schlüsse, für Nicht-Mathematiker kaum nachvollziehbar, brachten noch kleinere Teilchen an den Tag:

Rekord!

Die größte bisher bekannte Primzahl

Die aktuell größte bekannte Primzahl ist die $2^{57\,885\,161} - 1$, eine Zahl mit über 17,5 Mio. Stellen. Und es wird sicherlich nicht die letzte neu entdeckte Primzahl sein.

Eine Primzahl ist dadurch definiert, dass sie sich nur durch sich selbst und 1 teilen lässt. Das faszinierte bereits die Griechen. Euklid stellte im 3. Jh. v. Chr. den Lehrsatz auf, dass es unendlich viele Primzahlen gibt. Bisher ist es aber den Mathematikern nicht gelungen, ein einfaches Verfahren zu entwickeln, mit dessen Hilfe es schnell möglich ist, Primzahlen zu generieren. Die Zahlen müssen also tatsächlich geprüft werden, und das dauert mit ihrer wachsenden Größe immer länger. Bis wieder eine neue Primzahl gefunden wird, werden zwei bis drei Jahre ins Land gehen.

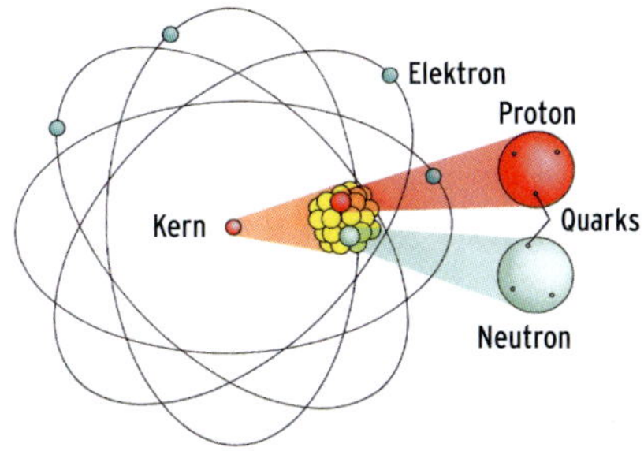

Der Aufbau eines Atoms: Der Kern besteht aus Protonen und Neutronen, diese wiederum aus drei Quarks.

Name	Beschreibung
Quarks	Sie sind die Bestandteile von Protonen und Neutronen.
Leptonen	Zusammen mit Quarks bilden sie die Grundlage der Materie. Ein Elektron ist beispielsweise ein Lepton.
Eichbosonen (Austauschteilchen)	Sie werden gebraucht, damit jeweils zwei Quarks und Leptonen miteinander wirken können.
Higgs-Bosonen	Ihre Existenz wurde aufgrund der theoretischen Physik vorhergesagt. Nach dem aktuellen Stand der Forschung ist es wohl im Jahr 2013 am CERN gelungen, ein solches Teilchen zu erzeugen. Es verleiht den anderen Teilchen erst deren Masse. Die Higgs-Bosonen sind sozusagen der Leim, der die anderen Teilchen zusammenhält.

Welche ganz besondere Eigenschaft hat Wasser?

Wasser scheint kein außergewöhnlicher Stoff zu sein. Es ist farb- und geschmacklos und einfach aufgebaut: Es besteht aus zwei Teilen Wasserstoff (H_2) und einem Teil Sauerstoff (O). Physikalisch besitzt es aber ungewöhnliche Eigenschaften. Eine davon ist: Warum schwimmen Eiswürfel auf dem Wasser, während ein Würfel aus Wachs in einem Bad aus geschmolzenem Wachs untergeht – zumindest bevor er schmilzt? Das kann nur passieren, wenn die Dichte des Eises geringer als die des flüssigen Wassers ist. Bei den meisten Stoffen nimmt die Dichte dagegen bei niedrigen Temperaturen zu, weil sich die Moleküle näher zueinander gruppieren. Wissenschaftler nennen dieses sonderbare Verhalten die Anomalie des Wassers. Wasser dehnt sich ab 4 °C und während des Gefrierens aus. 4 °C kaltes Wasser ist also am schwersten und sinkt nach unten. Wasser, das kälter ist, steigt nach oben und es entstehen Temperaturschichten. Deshalb friert beispielsweise ein See immer von oben nach unten zu.

Beeindruckend: In einem faradayschen Anzug aus Metall übersteht man sogar die stärksten Stromschläge unbeschadet.

Warum ist man bei Gewitter im Auto sicher?

In einem Auto überlebt man tatsächlich einen direkten Blitzeinschlag, denn der Strom des Blitzes gelangt nicht in den Innenraum. Das gilt auch für Züge, Flugzeuge oder Gondeln einer Seilbahn. Sie alle bilden einen sogenannten Faradayschen Käfig, einen Hohlkörper aus Metall, bei dem die Elektronen immer auf der Außenseite bleiben – selbst wenn es keine Innenverkleidung gäbe, könnte man innen ans blanke Metall fassen und würde keinen Strom spüren. Das liegt daran, dass alle Elektronen negativ geladen sind und sich gleichnamige elektrische Ladungen gegenseitig abstoßen: Sie halten immer den größtmöglichen Abstand voneinander – und das geht nur, wenn sie so weit wie möglich außen bleiben, also an der äußeren Oberfläche des Hohlkörpers. Nicht garantiert ist, dass ein Cabrio mit geschlossenem Dach einen ausreichenden Schutz bietet. Denn hier gibt es weniger metallene Verstrebungen und der Faradaysche Käfig ist möglicherweise nicht vollständig geschlossen.

Wie funktioniert der Raketenantrieb im Weltraum?

Eine Rakete hebt scheinbar von der Startrampe ab, weil sie sich durch das ausströmende Gas vom Boden abstößt. Aber wie funktioniert das in der Luft oder im All, wo kein Boden mehr vorhanden ist? Der Raketenantrieb basiert tatsächlich auf dem sogenannten Rückstoßprinzip (Kraft und Gegenkraft): Auf die Rakete wirkt nach oben die gleiche Kraft, mit der der verbrennende Treibstoff – durch den bei der Verbrennung entstehenden Druck – nach unten ausgestoßen wird. Das funktioniert überall – auch im luftleeren Weltraum. Beim Start muss diese Kraft größer als die Anziehungskraft der Erde sein, damit die Rakete überhaupt abheben kann. Der Düsenantrieb von Flugzeugen arbeitet auf dieselbe Weise, allerdings kann er den Sauerstoff zur Verbrennung des Treibstoffs der Luft entnehmen. Die Rakete muss diesen extra mitführen.

Welche deutschen Forscher haben den Physik-Nobelpreis erhalten?

Deutsche Wissenschaftler spielten und spielen in der modernen Physik ab der Wende zum 20. Jh. eine große Rolle. Der erste Nobelpreisträger war ein Deutscher: 1901 wurde Wilhelm Conrad Röntgen für die Entdeckung der Röntgenstrahlen ausgezeichnet. Bis 1932 folgten zehn weitere deutsche Preisträger, darunter Ferdinand Braun (Erfinder der Braunschen Röhre), Max Planck (Begründer der Quantenphysik) und Albert Einstein. Durch die Herrschaft der Nationalsozialisten, den Zweiten Weltkrieg und seine Folgen verlor die deutsche Forschung aber ihre Bedeutung: Zwar waren acht der Physik-Nobelpreisträger der Jahre 1933–1980 in Deutschland geboren worden, fünf von ihnen waren jedoch aufgrund ihrer jüdischen Herkunft in die USA bzw. nach Großbritannien emigriert. Eine dieser fünf war eine der beiden Frauen, die jemals den Physik-Nobelpreis erhalten haben: Maria Goeppert-Mayer, seit ihrer Heirat US-amerikanische Staatsbürgerin. In den 1980er-Jahren etablierten sich deutsche Physiker wieder – allerdings wurde es nun generell üblich, in internationalen Teams zusammenzuarbeiten. Seit 1985 waren folgende deutsche Physiker Teil solcher Teams:

Wilhelm Conrad Röntgen (1845–1923) im Jahr 1900, kurz bevor er den Physik-Nobelpreis gewann

Nobelpreis im Jahr	Preisträger	verliehen für
1985	Klaus von Klitzing	Entdeckung des quantisierten Hall-Effekts
1986	Ernst Ruska und Gerd Binnig mit Heinrich Rohrer (Schweiz)	Konstruktion des ersten Elektronenmikroskops (Ruska), Erfindung des Rastertunnelmikroskops (Binnig/Rohrer)
1987	Georg Bednorz und Karl Alexander Müller (Schweiz)	Entdeckung von Supraleitung in keramischen Materialien
1989	Wolfgang Paul und Hans Georg Dehmelt (seit 1961 USA)	Entwicklung der Ionenfallentechnik
1998	Horst Ludwig Störmer mit Robert Betts Laughlin und Daniel Chee Tsui (USA)	Entdeckung einer neuen Art von Quantenflüssigkeit
2000	Herbert Kroemer und Schores Alfjorow (Russland)	Entwicklung von Halbleiterheterostrukturen für Hochgeschwindigkeitselektronik
2001	Wolfgang Ketterle mit Eric Allin Cornell und Carl Edwin Wieman (USA)	Erzeugung der Bose-Einstein-Kondensation in verdünnten Gasen aus Alkaliatomen
2005	Theodor Hänsch und John Lewis Hall (USA)	Beiträge zur Entwicklung der laserbasierten Präzisionsspektrografie
2007	Peter Grünberg und Albert Fert (Frankreich)	Entdeckung des Riesenmagnetwiderstands

Was ist Oxidation?

Früher verstand die Chemie unter Oxidation die Reaktion eines Stoffes mit Sauerstoff. Seither haben Forscher aber noch viel mehr über Oxidation herausgefunden und man bezeichnet heute damit allgemein eine Reaktion, in der ein Element Elektronen abgibt. Die frei gewordenen Elektronen werden von einem anderen Element aufgenommen. Dieses zweite Element wird dadurch negativ, weil Elektronen negativ geladen sind. Das erste Element ist nun positiv. Wegen der unterschiedlichen Ladung ziehen sich nun beide an. Diesen ganzen Vorgang nennt man Reduktions-Oxidations-Reaktion, kurz Redoxreaktion. Im Alltag bekannte Redoxreaktionen sind das Brennen einer Kerze (Reaktion mit Sauerstoff in der Luft) und das Rosten von Eisen (Reaktion mit in Wasser gelöstem Sauerstoff). Aber auch unser Stoffwechsel funktioniert durch Redoxreaktionen – dabei spielen Enzyme als Oxidations- und als Reduktionsmittel eine wichtige Rolle.

Chemiker Sigurd Hofmann, Leiter des Schwere-Elemente-Programms, präsentierte 2006 ein neues Element des Periodensystems: das Roentgenium (Rg). Es kommt nicht natürlich vor, sondern entsteht durch eine Kernfusion aus Nickel und Bismut und existiert im Labor nur für wenige Tausendstel Sekunden.

Wie ist das Periodensystem unterteilt?

Es hängt in jedem Chemiesaal und besteht aus farbigen Kästchen, Buchstaben und Zahlen. Aber was steckt dahinter? Das System, wie wir es heute kennen, entwickelte sich schrittweise. Es wurde 1869 fast gleichzeitig vom Russen Iwanowitsch Mendelejew und dem Deutschen Lothar Meyer zusammengestellt. Im Periodensystem sind die chemischen Elemente mit ihrem Kürzel verzeichnet und in Zeilen (Perioden) und Spalten (Gruppen) angeordnet. Zu jedem Element gehört eine Zahl, die seine Position im Periodensystem bestimmt: die Ordnungszahl, die von links nach rechts und von oben nach unten ansteigt. Sie gibt die Anzahl der Protonen im Atomkern und der dieser entsprechenden Elektronen in der Atomhülle an. Das einfachste Element – Wasserstoff mit nur einem Proton und einem Elektron – steht links oben. Die Zeilen verweisen auf die Anzahl der Elektronenschalen des Elements. Die Elektronen sind nämlich auf unterschiedlichen Schalen mit unterschiedlicher Entfernung zum Kern angeordnet. Die Elektronen auf der äußersten Schale nennt man Außenelektronen. Die Schalen können unterschiedlich viele Elektronen aufnehmen, die inneren weniger, die äußeren mehr. Die erste Schale kann nur zwei Elektronen aufnehmen, daher gibt es in der ersten Periode nur zwei Elemente: den Wasserstoff mit einem und das Helium mit zwei Protonen bzw. Elektronen. Dann wird eine weitere Schale, also eine neue Periode notwendig. Die Anzahl der Außenelektronen ist für die chemischen Eigenschaften eines Elements verantwortlich. Chemische Elemente, welche die gleiche Anzahl Außenelektronen haben, stehen deshalb untereinander. Die Edelgase z. B. stehen in der letzten Gruppe und haben eine vollbesetzte Außenschale.

Darüber hinaus sind noch einige weitere Eigenschaften in den Angaben „verschlüsselt", etwa die Unterteilung in Haupt- und Nebengruppen oder die Radioaktivität der Elemente. Das

Periodensystem ist übrigens nach wie vor nicht abgeschlossen. 2010 wurde das bisher letzte neue Element Ununseptium (Uus, Ordnungszahl 117) hinzugefügt, nachdem Wissenschaftler es künstlich erzeugen konnten – natürlich kommt es nicht vor.

Wie funktioniert ein Streichholz?

In Western-Filmen genügt es, das Zündholz an einem Türrahmen zu reiben – und schon entflammt es. Tatsächlich war das auch ein ernsthaftes Problem mit den ersten Streichhölzern. Sie waren so entzündlich, dass sie selbst in der Hosentasche Feuer fangen konnten. Das hat sich erst mit der Erfindung der Reibfläche geändert: Bis dahin waren Phosphor und Kaliumchlorat im Zündkopf untergebracht. Nun wurde das Phosphor auf die mit Glaspulver beschichtete Reibfläche aufgebracht. Erst wenn Zündkopf und Reibfläche zusammenkommen, kann das Streichholz sich entzünden: Beim Reiben verbindet sich der Phosphor mit dem Kaliumchlorat und es entsteht durch den Druck und die Reibung so viel Wärme, dass die Energie ausreicht, den Schwefel (Schwefelhölzchen) und dann das Holz in Brand zu setzen.

Wie misst man die Schärfe von Speisen und Getränken?

Der eine empfindet ein Gericht als scharf, der andere würzt die gleiche Speise nach. Es ist verblüffend, aber für die so subjektiv erscheinende Schärfe von Speisen gibt es dennoch eine objektive Messmethode. Sie misst den Anteil des Stoffes Capsaicin, der das Gefühl der Schärfe auslöst. Der Anteil des Stoffes wird in eine Skala eingeteilt, die Scoville-Skala. Dass wir Schärfe unterschiedlich empfinden, liegt also nicht am scharfen Gewürz, sondern an unseren Rezeptoren in Mund und Rachen, die auf bestimmte Reize reagieren. In unserem Mund reagieren die Rezeptoren auf den Schmerz, den das Capsaicin auslöst. Wie viele solche Rezeptoren man hat und wie empfindlich sie sind, ist von Mensch zu Mensch unterschiedlich und ändert sich auch im Laufe des Lebens durch Gewöhnung und Abnutzung.

Sehen harmlos aus, gehören aber zu den schärfsten Chilisorten der Welt: Habaneros

Welche chemischen Formeln sollte man kennen?

Chemische Verbindungen spielen in unserem Alltag eine wichtige Rolle. Einige chemische Klassiker, die einem immer wieder begegnen, sind:

Trivialname	Formel	chemischer Name
Ammoniak	NH_3	Stickstofftrihydrid
Kalilauge	KOH	Kaliumhydroxid
Kochsalz	NaCl	Natriumchlorid
Kohlendioxid	CO_2	Kohlenstoffdioxid
Kohlensäure	H_2CO_3	Dihydrogencarbonat
Methan	CH_4	Methylwasserstoff
Natron	NaOH	Natriumhydroxid
Ozon	O_3	Trisauerstoff
Salzsäure	HCL	Chlorwasserstoff
Sauerstoff	O_2	Oxygenium
Schwefelsäure	H_2SO_4	Dihydrogensulfat
Wasser	H_2O	Diwasserstoffmonoxid

Wer hat's erfunden?

Manche Erfindungen waren Meilensteine in der Entwicklung der Menschheit: das Rad und der Buchdruck, die Dampfmaschine und das Telefon. Ohne sie sähe unsere Welt heute völlig anders aus. Aber daneben gibt es auch die kleineren, praktischen Erfindungen, die wir nicht mehr missen möchten. Denn was wären wir beispielsweise heute nur ohne unsere geliebte Jeanshose?

Was sind die wichtigsten Erfindungen in der Frühzeit der Menschheit?

Das „Schweizer Taschenmesser" der Steinzeit: Faustkeile wurden auf vielfältigste Art und Weise eingesetzt, z. B. zum Schneiden, aber auch zum Werfen.

Dies ist nur eine kleine Auswahl der Dinge, die großen Einfluss auf die Entwicklung der Menschheit ausgeübt haben:

Zeitalter	Erfindung und Bedeutung
1,7 Mio v. Chr.	Der Faustkeil. Nachweislich das erste Werkzeug der Menschheit und deswegen so wichtig, weil die Nutzung von Werkzeugen den Menschen anderen Arten gegenüber überlegen machte
790 000 v. Chr.	Das Feuer wurde beherrscht. Aus dieser Zeit stammt der erste nachweislich als Feuerstelle erkennbare Fund. Das Feuer hielt nicht nur warm, sondern machte Speisen bekömmlicher und besser verwertbar. So konnten erst die Nährstoffe gewonnen werden, die zu unserem großen Hirnwachstum führten.
11 000 v. Chr.	Ackerbau: Ackerbau und Viehzucht machten den Menschen unabhängiger vom Jagdglück und führten zu einer regelmäßigeren Nahrungsaufnahme.
5000–4700 v. Chr.	Erfindung des Rades und der Metallverarbeitung. Wann genau das Rad erfunden wurde, kann niemand genau sagen. Es soll um 5000 v. Chr. gewesen sein. Etwa um diese Zeit wurde es auch möglich, Metalle zu bearbeiten. Menschen und Lasten konnten einfacher transportiert werden, Werkzeuge wurden haltbarer und vielseitiger.
3300 v. Chr.	Die Erfindung der Schrift machte das wirtschaftliche Leben einfacher und auch die Weitergabe von Wissen wurde leichter.

Haben die Chinesen tatsächlich das Schießpulver erfunden?

Das älteste Schießpulver ist das Schwarzpulver, und als dessen Erfinder werden allgemein die Chinesen angesehen. Der genaue Gang der Ereignisse ist allerdings bisher im Pulverdampf der Jahrhunderte verborgen. Nachgewiesen ist, dass die Chinesen im 13. Jh. mit Schwarzpulver gefüllte Bomben gegen ihre Feinde eingesetzt haben. Abschriften von Quellen aus früheren Jahrhunderten enthalten auch schon Hinweise auf Schießpulver, aber da es sich eben nur um Abschriften handelt, könnten diese Hinweise auch nachträglich eingefügt worden sein. Vielleicht stimmt aber auch die ganze China-Theorie nicht, denn nicht wenige Historiker halten es für wahrscheinlich, dass bereits im Byzanz des 7. Jhs. mit Brandsätzen auf Basis von Salpeter experimentiert wurde. Und so ist nur sicher: Schwarzpulver besteht im Mittel aus 75 % Salpeter (Kaliumnitrat), 10 % Schwefel und 15 % Holzkohle.

Was bewirkte die Erfindung des Buchdrucks?

Johannes Gutenberg hatte sich schon eine ganze Weile mit der Vervielfältigung von Texten beschäftigt, ehe ihm 1450 in Mainz der Durchbruch gelang: Er hatte erfolgreich aus Blei einzelne Lettern gegossen, die man zu Zeilen und Seiten zusammenfügen konnte. Wurden sie mit Farbe benetzt und auf Papier gedrückt, konnten Texte nahezu beliebig oft „gedruckt" werden. Die Erfindung des Buchdrucks mit beweglichen Lettern bedeutete eine technologische Umwälzung. Verglichen mit dem bis dahin üblichen Abschreiben von Texten vor allem in Klöstern war Buchdruck viel preiswerter. Es waren höhere Auflagen möglich – und das bei einer gleichzeitig höheren Qualität der Reproduktion, weil weniger Fehler passierten. Nun konnten sich Ideen und Wissen verbreiten, man wurde unabhängiger von Geistlichen und Klosterschulen und die Universitäten florierten.

Was brachte die Erfindung der Dampfmaschine ins Rollen?

Der Irrtum hält sich hartnäckig, dass die Dampfmaschine von James Watt erfunden wurde. Tatsächlich gelang es ihm „nur", den Wirkungsgrad der Erfindung von Thomas Newcomen (1663–1729) deutlich zu verbessern. Und vermutlich hätte es die sogenannte industrielle Revolution ohne diese effektivere Dampfmaschine nicht gegeben. Fabrikationsanlagen, etwa für Porzellan, Teppiche und Metallgegenstände, gab es zwar schon vor der Dampfmaschine. Aber sie waren auf Wasserkraft angewiesen – also auf Flüsse. Durch die Dampfmaschine wurde es möglich, überall Fabriken zu bauen. Außerdem lieferte die Dampfmaschine auch mehr Leistung: Sie konnte mehr Maschinen antreiben als ein Wasserrad und steigerte die Produktivität einer Fabrik enorm.

Wer verwirklichte als Erster den Traum vom Fliegen?

Der Beginn der Geschichte der Luftfahrt lässt sich sehr exakt bestimmen. Am 21. November 1783 stieg in Paris ein bemannter Ballon in die Lüfte. An Bord des von den Brüdern Étienne und Joseph Montgolfier entwickelten Heißluftballons befanden sich zwei Passagiere: der Physiker Jean-François Pilâtre de Rozier (1754–1785) und der Offizier François d'Arlandes (1742–1809). Die beiden wagemutigen Männer experimentierten selbst mit Drachen und Ballonen und ließen sich gern auf das Abenteuer ein. Die Idee, Strafgefangene im Ballon aufsteigen zu lassen, war vorher verworfen worden. Pilâtre zählte gut anderthalb Jahre später zu den ersten Todesopfern der Luftfahrt, als er mit seinem Mitfahrer Pierre Romain im Ballon den Ärmelkanal überqueren wollte.

„Es gibt nichts Törichteres im Leben als das Erfinden. Ich bin jetzt fünfunddreißig Jahre alt und habe der Welt noch nicht für fünfunddreißig Pfennige genützt."

James Watt (1736–1819)

Modell des Ballons der Gebrüder Montgolfier. Es wird im Science Museum in London gezeigt.

Was kreierte Levi Strauss?

Levi Strauss wurde als Löb Strauß 1829 in der Nähe von Bamberg geboren. Als Jugendlicher wanderte er mit seiner Mutter in die USA aus. Zwei ältere Brüder lebten schon in New York und handelten dort mit Stoffen und Tüchern. Levi stieg in ihr Geschäft mit ein. Im Zuge des Goldrausches zog er nach San Francisco und bot dort seine Textilwaren nicht nur in einem Laden an, sondern verkaufte sie auch direkt vor Ort an die Goldgräber. Die benötigten für die strapaziöse Arbeit im unwirtlichen Gelände besonders haltbare Hosen. Nun folgte ein Geniestreich: Gemeinsam mit dem Schneider Jacob Davis, der sich die Gebühren dafür nicht leisten konnte, meldete Strauss 1873 ein Patent an. Darin war beschrieben, wie mittels Nieten Nähte von Taschen verstärkt werden konnten. Die Jeans war geboren und damit der Grundstein eines weltweiten Erfolgs gelegt.

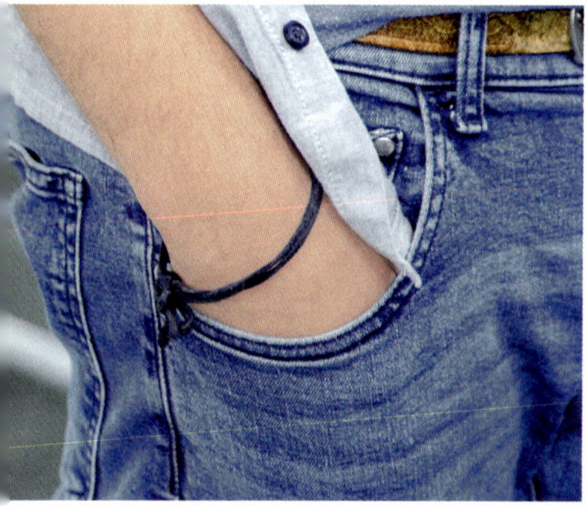

Die Jeanshose ist heutzutage aus den Kleiderschränken nicht mehr wegzudenken.

Hätten Sie's gewusst?

Das erste Telefonat der Welt

Bei der Erfindung des Telefons denken viele Menschen an Alexander Graham Bell oder Thomas Alva Edison. Erfunden hat es aber ein Deutscher, der es auch bereits als „Telephon" bezeichnete. Johann Philipp Reis gelang es am 26. Oktober 1861, den Beweis für seine Erfindung anzutreten. Ein Kollege übertrug den Satz: „Das Pferd frisst keinen Gurkensalat." Das Telefon, das mit elektrischem Strom und einem simulierten Trommelfell funktionierte, galt als unterhaltsame physikalische Spielerei. Sein Nutzen wurde erst in den USA erkannt. Dem etwas merkwürdigen, aber historisch verbrieften ersten Satz sollten noch weitere folgen. Denn wenn es darum ging, Fernsprecher vorzuführen, musste das Publikum davon überzeugt werden, dass kein Betrug in Form von auswendig gelernten Phrasen im Spiel war.

Wie funktionieren Kernwaffen?

Kernwaffen – ebenso die Kernenergie – machen sich Eigenschaften von Atomkernen zunutze: Sie können gespalten werden, wobei im Kern enthaltene Neutronen freigesetzt werden. Oder sie verschmelzen miteinander (fusionieren), wenn sie sich unter Einwirkung von großer Hitze sehr nahe kommen. Bei beiden Prozessen werden große Mengen an Energie freigesetzt. Kernspaltung findet in geringem Ausmaß überall statt: Kerne mit zu vielen Neutronen werden instabil und zerfallen. Solche Kerne sind radioaktiv, sie „strahlen" Neutronen aus (lat. *radius* = Strahl). Künstlich auslösen kann man die Kernspaltung, indem man einen Kern mit einem Neutron beschießt und damit instabil macht. Wenn man so viele Kerne beschießt, dass die freigesetzten Neutronen wiederum andere Kerne spalten, wodurch noch mehr Neutronen freigesetzt werden, setzt man eine Kettenreaktion in Gang, die explosionsartig abläuft. Bei einer Atombombe kommt es vor allem darauf an, dass eine Kettenreaktion genau dann ausgelöst wird, wenn das zu treffende Ziel erreicht ist. Deshalb enthält sie zunächst getrennt voneinander zwei oder mehrere „Portionen" radioaktiven Materials. Das „Zünden" einer Atombombe bedeutet tatsächlich, dass zum gewollten Zeitpunkt konventioneller Sprengstoff innerhalb der Bombe gezündet wird. Die Wucht dieser Explosion bringt die radioaktiven Materialien zusammen. Es kommt zur Kettenreaktion und dadurch zur Atomexplosion. Die Wasserstoffbombe basiert dagegen auf der Kernfusion: Sie enthält Wasserstoffatome und eine Atombombe. Deren Explosion wird benötigt, um so viel Wärme zu erzeugen, dass die Wasserstoffatome zu Heliumatomen verschmelzen. Dabei wird schnell eine solch große Menge Energie frei, dass eine Explosion stattfindet.

Rekord!

Die größte Kernwaffe: die Zar-Bombe
Bei der sogenannten Zar-Bombe handelte es sich um die sowjetische Wasserstoffbombe RDS-220. Sie wurde 1961 im Rahmen eines Kernwaffentests gezündet. Obwohl sie auf die Hälfte ihrer eigentlichen Sprengkraft gedrosselt war, entsprach ihre Explosion der von etwa 50 Mio. t TNT und war 4000-mal heftiger als die der Hiroshima-Bombe.

Wurde das Fernsehen in Deutschland erfunden?

Während es Filme schon seit dem 19. Jh. gibt, schlug die Stunde der Geburt für das moderne Fernsehen erst viele Jahrzehnte später. Die Schwierigkeit des Fernsehens war, den schnellen Bildwechsel zu erzeugen: Erst bei 20 Wechseln pro Sekunde entsteht beim Zuschauer der Eindruck eines bewegten Bildes. Im Film laufen die Bilder entsprechend schnell hintereinander durch den Projektor – fürs Fernsehen experimentierte man mit sich drehenden Scheiben, erreichte mit dem sogenannten mechanischen Fernsehen aber nur eine schlechte Bildqualität. Die Grundlage fürs elektronische Fernsehen legte Karl Ferdinand Braun (1850–1918) mit der Braunschen Röhre bereits 1897. 1926 gelang es dem Japaner Kenjiro Takayanagi, stehende Bilder zu erzeugen, der entscheidende Schritt hin zum bewegten Bild glückte aber erst dem deutschen Wissenschaftler Manfred von Ardenne (1907–1997): Er modifizierte die Braunsche Röhre so, dass der schnelle Bildwechsel möglich wurde. Er präsentierte seine Erfindung 1931 auf der Funkausstellung in Berlin. Schon 1939 kam der erste erschwingliche Fernseher in den Handel – der Zweite Weltkrieg verhinderte aber dessen größere Verbreitung. Zum Massenmedium wurde das Fernsehen schließlich Ende der 1950er-Jahre.

Braunsche Röhre

In einer Braunschen Röhre wird ein gebündelter Elektronenstrahl erzeugt. Innerhalb der Röhre trifft er auf eine fluoreszierende Schicht und wird dort als Punkt sichtbar. Wenn der gebündelte Strahl nun mit elektromagnetischen Feldern zeilenweise über den Bildschirm geführt und dabei heller und dunkler wird, entsteht auf dem Schirm ein Bild.

„Der Mensch erfand die Atombombe, doch keine Maus der Welt würde eine Mausefalle konstruieren."

Albert Einstein (1879–1955)

Dieser Fernseher wurde 1931 in Berlin präsentiert. Auf der Plakette unter der Bildröhre steht: „Kathodenstrahlfernseher der Radio AG D. S. Loewe; System Manfred von Ardenne".

Technik von heute und von morgen

Kacheln, von denen das Wasser einfach abperlt, oder Pakete, die nicht mehr vom Paketboten gebracht werden, sondern uns durch die Luft erreichen – es ist erstaunlich, was die moderne Technik alles vermag. Schwierig wird es allerdings, wenn wir plötzlich zu Dingen in der Lage sind, die moralische Fragen aufwerfen.

„Es ist toll, ein Roboter zu sein. Aber wir haben keine Gefühle. Manchmal macht mich das traurig."

Roboter Bender in der Science-Fiction-Zeichentrickserie *Futurama*

Wofür werden Drohnen eingesetzt?

Drohne wird als Begriff heute synonym für ein unbemanntes Fluggerät verwendet, und als Erstes denkt man an einen Einsatz im militärischen Bereich. Aber die Einsatzzwecke von Drohnen sind so vielfältig wie die Bauformen. Es gibt Minigeräte mit einem Durchmesser von wenigen Zentimetern, die inzwischen Einzug in die Kinderzimmer halten. Andere Drohnen haben Spannweiten, die einem Verkehrsflugzeug nicht unähnlich sind. Eingesetzt werden die Flugkörper sowohl zivil als auch militärisch. Schlagzeilen machte das Unternehmen Amazon beispielsweise damit, versuchsweise Waren mittels Drohnen befördern zu wollen. Auch die Deutsche Post forscht an dieser Möglichkeit. Kampfdrohnen werden zur Zündung von Bomben und Sprengstoffen eingesetzt. Drohnen werden aber auch mit Kameras ausgestattet und dienen der Aufklärung, etwa für die Beobachtung des Verkehrsflusses durch die Polizei.

Die Deutsche Post DHL testete Ende 2013 den Einsatz von Paket-Drohnen. Ein „DHL-Paketkopter" brachte eine Sendung zur Konzernzentrale in Bonn – immerhin von der anderen Rheinseite aus.

Können Roboter intelligenter werden als der Mensch?

1996 musste sich der amtierende Schachweltmeister Kasparow in einer Partie einem IBM-Computer geschlagen geben. Eines Tages, so hieß es damals, werden Computer und Roboter intelligenter als Menschen sein. Noch ist es nicht so weit. Und noch wissen die Experten auch nicht, wie sie die Technik in diese Richtung bewegen sollen. So ist es zwar nicht gänzlich auszuschließen, dass Roboter eines Tages intelligenter als Menschen werden. Schach oder andere Brettspiele mit klaren Regeln beruhen auf exaktem Rechnen und Speichern, was die Stärke von Computern ist. Was den Menschen aber von Robotern unterscheidet, sind Intuition und gemachte Erfahrungen. Und gerade diese Erfahrungen sind nur schwer auf Maschinen zu übertragen.

Was kann Gentechnik – und was kann sie nicht?

Gentechnik will durch Genmanipulation nützliche Eigenschaften hervorbringen – etwa Pflanzen resistenter und fruchtbarer machen – und durch Genanalysen potenzielle Erkrankungen und Defekte erkennen. Solche Analysen

können förderlich für die Früherkennung sein, indem man feststellt, ob man ein erhöhtes Risiko für bestimmte Krankheiten hat. Noch früher setzt die Analyse von fetalen Zellen bei der Fruchtwasseruntersuchung bei Schwangeren an oder die Untersuchung des Embryo-Genoms im Rahmen einer künstlichen Befruchtung.
Ein Problem ist, dass die gezielte Analyse und Manipulation von Genen nur dann möglich ist, wenn man weiß, wofür ein Gen jeweils zuständig ist. Auf diesem Bereich erzielt die Forschung seit einigen Jahren große Fortschritte. Aber was Gentechnik derzeit (und wohl auch in Zukunft) nicht kann, ist neues Leben zu erschaffen. Die Erschaffung völlig neuer Arten, sozusagen vom Reißbrett aus, scheint Utopie zu bleiben. Denn wie genau aus einer Reihe von chemischen Stoffen plötzlich Leben wird, wissen die Forscher nicht.

Wie funktioniert das Klonen?

Die Mikrobiologie hat eine ganze Reihe von Techniken für das Klonen entwickelt. Bei der heute überwiegend benutzten Methode wird einem Organismus eine Zelle entnommen. Dieser wird wiederum der Zellkern entnommen und in eine unbefruchtete Eizelle eingesetzt, aus der zuvor der eigene Zellkern entfernt wurde. Die so entstandene neue Zelle wird chemisch oder durch elektrische Reize dazu gebracht, sich zu teilen und einen Embryo zu bilden. Dieser wird wiederum einem anderen Organismus eingesetzt, wächst heran und wird geboren. Beim Klonen entstehen also identische Kopien des Ausgangsorganismus, ohne dass ein zweiter Organismus für die Befruchtung notwendig ist und es zur Neu-Kombination von Genen kommt. Dadurch ist es theoretisch möglich, erfolgreiche Eigenschaften unverändert in neuen Generationen zu erhalten. 1996 gelang es erstmals, erfolgreich ein Lebewesen zu klonen: Das Schaf, das den Namen Dolly trug, wurde weltweit bekannt. Es musste mit sechs Jahren wegen einer schweren Lungenkrankheit eingeschläfert werden. Diese Krankheit war zwar nicht durch den Vorgang des Klonens ausgelöst worden, allerdings zeigte das Schaf frühzeitige Alterserscheinungen wie Arthritis – möglicherweise eine Folge des Klonens, für das Zellen eines bereits erwachsenen Tieres verwendet worden sind. Klonen zählt übrigens nicht zur Gentechnik: Das Erbgut wird nicht verändert.

Klonschaf Dolly wurde nach seinem Tod im Jahr 2003 ausgestopft und wird heute im National Museum of Scotland in Edinburgh gezeigt.

Zellkern

Alle unsere Zellen besitzen einen Zellkern, in dem unser Erbgut in Form der DNA enthalten ist. Der Kern ist kugelförmig oder oval und nur wenige Nanometer groß. Einen Zellkern zu besitzen, ist definierendes Merkmal der Eukaryoten – zu dieser sogenannten Domäne zählen bestimmte Einzeller, Algen, Pflanzen, Pilze, Tiere und der Mensch. Daneben existieren die Prokaryoten, zu denen die Bakterien zählen.

Hätten Sie's gewusst?

Können manche Toiletten mehr als andere?
Manche Toiletten können mehr als andere: z. B. während der regulären Nutzung gleich noch das Gewicht des „Aufsitzers" bestimmen, über ein Armband den Puls und den Blutdruck abfragen sowie schließlich über den aufgefangenen Urin auch den Blutzucker messen – ein kleiner Gesundheitscheck ganz nebenbei. Noch haben es solche japanischen Hightech-Toiletten nicht bis in unseren Alltag geschafft. Das liegt aber auch daran, dass sich kaum ein privater Haushalt den Luxus leisten wird, knapp 4000 Euro für ein WC auszugeben.

Was ist Bionik?

Der Begriff Bionik setzt sich zusammen aus Biologie und Technik. Biologen und Ingenieure erforschen, wie in der Natur ein Problem gelöst wird und versuchen dies auf ein technisches Problem zu übertragen. Die Natur liefert Ideen und Anregungen, die Ingenieure setzen diese um. Einer der ersten Bioniker war Leonardo da Vinci (1452–1519), der den Vogelflug studierte und dann Fluggeräte, Hubschrauber und Fallschirme konstruierte. Die ersten bionischen Patente waren Stacheldraht (1874), abgeschaut von einem Dorn des Osage-Strauchs, ein Streuer nach dem Vorbild einer Mohnkapsel (1920) und der Klettverschluss (1948), der nach dem Prinzip der Klettfrucht funktioniert.

Was bewirkt der Lotuseffekt?

Fensterscheiben, die sich bei Regen selbst reinigen, Hemden, auf denen verschüttete Flüssigkeiten keine Flecken verursachen, oder Fassadenfarbe, an der kein Schmutz haften bleibt – an solchen Wunderwerken tüftelt die

Richtung	Untersuchungsobjekt	Beispiele
Strukturbionik	struktureller Aufbau von Oberflächen	selbstreinigende Oberflächen mit dem Lotuseffekt (s. oben)
Konstruktionsbionik	Funktionsweise von Organen	Haifischhaut als Modell für Beschichtungsfolien von Verkehrsflugzeugen
Baubionik	Baumaterialien und -konstruktionen	Überdachungskonstruktionen nach dem Bauprinzip von Schneckenhäusern
Sensorbionik	Informationsaufnahme, Leitung, Speicherung und Verarbeitung von Informationen	Bilderkennung nach Art des Insektenauges
Neurobionik	Nervenzellen und Nervensystem	elektronische Informationssysteme
Bewegungsbionik	Bewegungsabläufe und Antriebsmechanismen	Robotik, Flugzeug- und Raketenantrieb

bionische Forschung. Vorbild sind die Blätter der Lotospflanze. Wenn Wasser auf ihre Oberfläche trifft, perlt es in feinsten Tropfen ab, ohne Spuren zu hinterlassen. Staub und Schmutz werden von selbst weggespült.
Das Geheimnis dieses Effekts ist die besondere Struktur der Oberfläche, die kaum Angriffspunkte für das Wasser bietet. Und genau diese Struktur versuchen die Wissenschaftler in immer mehr Produkten unseres Alltags nachzubilden. Auch der Sport profitierte vom Lotuseffekt: Immer mehr Spitzenschwimmer verwendeten Anzüge aus einem Material, das den Reibungswiderstand im Wasser minimierte. Damit der Schwimmsport nicht zur Materialschlacht verkommt, wurden die Anzüge 2010 verboten.

Das Abperlen der Wassertropfen am Lotosblatt verhindert, dass sich Pilze oder andere schädliche Organismen dort absetzen.

Warum werden Speisen in der Mikrowelle so schnell heiß?

Ohne erkennbare Wärmequelle schafft es die Mikrowelle, Speisen viel schneller zu erhitzen, als es auf dem Herd möglich ist. Das funktioniert deshalb, weil die vom Gerät ausgesandte elektromagnetische Strahlung die Wassermoleküle in den Speisen in Bewegung setzt, da diese diamagnetisch sind. Durch die Bewegung reiben sie aneinander und erzeugen dabei Wärme. Das würde natürlich auch mit dem Wasser im menschlichen Körper funktionieren. Der Innenraum der Mikrowelle ist deshalb wie ein Käfig gestaltet und die Strahlung kann nicht nach außen dringen. Dennoch ist die Frage, ob das Essen aus dem Mikrowellenherd gesundheitsschädlich ist, seit Jahrzehnten umstritten. Ein schlüssiger Beweis dafür konnte jedenfalls noch nicht erbracht werden.

Diamagnetismus

Diamagnetismus bezeichnet die Eigenschaft von Stoffen, auf ein Magnetfeld wie beispielsweise elektromagnetische Strahlung zu reagieren: Das Magnetfeld beeinflusst die geladenen Elektronen. Der Stoff hat die Tendenz, aus dem Magnetfeld herauszuwandern. So gesehen ist Wasser magnetisch – allerdings nicht ferromagnetisch. Davon spricht man, wenn ein Stoff magnetisch werden kann, wie z. B. Eisen.

„Bei Erfindungen ist der Erste immer der Dumme; den Ruhm kassiert der Zweite, und das Geschäft macht erst der Dritte."

Martin Kessel (1901–1990)

Umwelt

Von der Umwelt und vom Umweltschutz wird heute viel geredet – schließlich sägen wir den Ast ab, auf dem wir sitzen, wenn wir unsere Umwelt zerstören. Neben den Problemen durch Luftverschmutzung, Abholzung der Regenwälder und den CO_2-Ausstoß gibt es jedoch auch eine Reihe positiver Entwicklungen: In unserer Gesellschaft steigt das Bewusstsein für den Umweltschutz, Forschung und Industrie arbeiten mehr denn je an umweltfreundlichen Technologien.

Mensch und Umwelt

Wir müssen unsere Umwelt nutzen, um zu leben – es kommt jedoch darauf an, wie wir das tun. Ein achtsamer Umgang mit der Umwelt beginnt im Kleinen, zum Beispiel bei dem, was wir kaufen und benutzen.

Sind Umweltzerstörung und Umweltverschmutzung Probleme unserer Zeit?

Die Verschmutzung durch Abgase und nicht verrottenden Müll wurde tatsächlich erst ab der beginnenden Industrialisierung in der zweiten Hälfte des 18. Jhs. zum Problem. Aber seit der Mensch Landwirtschaft betreibt und das Holz der Wälder nutzt, greift er in die Natur ein. Bereits die alten Griechen und nach ihnen die Römer holzten die von ihnen kontrollierten Gebiete im Mittelmeerraum rücksichtslos ab. In der Folge wurde der Boden weggeschwemmt und der Wald konnte nicht so nachwachsen, wie er es getan hätte, wenn der Boden noch intakt gewesen wäre. Auch in Deutschland verschwand der Wald durch Übernutzung, was ab dem 14. Jh. zur Entwicklung der Forstwirtschaft führte. Da in Deutschland der Boden erhalten geblieben war, konnte man wieder aufforsten.

Was verursachte das Waldsterben in den 1980er-Jahren?

Als Hauptursache des großen Waldsterbens in den 1980er-Jahren gilt der saure Regen. Schwefelwasserstoffe aus Industrieschornsteinen, Autoauspuffen und privaten Haushalten gelangten ungefiltert in die Atmosphäre, reagierten mit Regenwasser und säuerten es an. Saurer Regen schadet dem Erdboden und zerstört Nährstoffe. Dazu kamen weitere Luftschadstoffe wie Stickoxide sowie Trockenheit, häufige Unwetter, Stürme und Schädlingsbefall. Zahlreiche Bäume waren so geschädigt, dass man bis zur Jahrtausendwende waldlose Mittelgebirge befürchtete. Die Festlegung strengerer Grenzwerte und technische Maßnahmen wie Anlagen zur Rauchgasentschwefelung und Katalysatoren verringerten den Ausstoß an Schwefeldioxiden jedoch um fast 80 % und die Wälder begannen, sich wieder zu erholen. Heute setzen den Bäumen eher der Klimawandel mit trockenen Sommern, extremes Wetter (Stürme) und die noch immer hohe Belastung mit Stickoxiden zu.

„Tötet nicht die Bäume, macht nicht das Wasser unserer Flüsse trübe. Reißt nicht die Eingeweide unserer Erde auf. Sonst werden die Flüsse und Bäume weinen."

Keokuk, Sauk-Indianer (?–1848)

Saurer Regen

Wenn etwas „sauer" ist, dann besitzt es chemisch einen pH-Wert, der unter 7 liegt. Die in der Luft vorhandenen Substanzen Schwefeldioxid und Stickstoffoxid – eine Folge von Abgasen & Co. – reagieren mit dem Wasser der Luft. Dabei bilden sich Säuren, die als Regen auf den Boden treffen.

Recycling

Der Begriff ist ein Lehnwort aus dem Englischen, aber seine Ursprünge liegen im Griechischen (*kýklos* = Kreis) und Lateinischen (*re-* = zurück, wieder). Gemeint ist die Wiederverwertung und Wiederverwendung von Materialien, die sich dadurch in einem Kreislauf befinden.

Wie effizient ist die Mülltrennung?

In Deutschland wird Haushaltsmüll relativ konsequent getrennt: Bioabfälle, Kunststoffmüll, Metalle, Glas und Papier werden extra entsorgt. Bei Metallen, Glas und Papier ist die Recyclingquote sehr hoch: Aus ihnen entstehen wieder Papier, Glas und Metallprodukte. Biomüll landet noch häufig im Restmüll – dieser besteht fast zur Hälfte aus organischen Stoffen. Auch beim Kunststoffmüll ist die „Fehlwurfquote“ sehr hoch. Müllsortieranlagen sorgen deshalb dafür, dass der gesammelte Kunststoff dennoch verwertet werden kann. So werden in der EU 46 % des Kunststoffmülls verwertet (in Deutschland 77 %), aber nur 18 % sind qualitativ geeignet, um stofflich recycelt zu werden. Sie gelangen wieder als Kunststoff auf den Markt. Der Rest wird wie der Restmüll verbrannt und zur Energiegewinnung genutzt. Verbrannter Kunststoff klingt nicht sehr umweltfreundlich, aber moderne Müllverbrennungsanlagen sorgen dafür, dass wenig Schadstoffe abgegeben werden.

Benötigen wir weniger Papier, seit wir Computer haben?

Als der Computer seinen Siegeszug antrat, wurde das papierlose Büro propagiert. Tatsächlich jedoch hat sich der Papierverbrauch in den letzten Jahrzehnten ständig erhöht. Das liegt nicht zuletzt am Computer selbst und am Internet: Zum einen werden viele digitale Dokumente, die man eigentlich nur am Bildschirm ansehen könnte, dennoch ausgedruckt. Zum anderen kann man sich heute über das Internet alle möglichen Informationen holen, an die man früher nur schwer gelangt wäre – und das in großen Mengen. Solche Informationen werden dann oft auch nicht nur am Bildschirm angesehen, sondern ausgedruckt.
Beim Kauf von Druckerpapier sollte man darauf achten, Recyclingpapier zu verwenden oder zumindest Papier, bei dem das verwendete Holz aus verantwortungsvoller Forstwirtschaft stammt – zu erkennen ist dies z. B. am FSC- oder am PEFC-Logo.

Im Inneren der Müllverbrennungsanlage Borsigstraße in Hamburg: Pro Jahr können hier 320 000 t Müll verbrannt werden, die freigesetzte Energie wird als Fernwärme ins Hamburger Wärmenetz eingespeist.

Recyclingpapier

Neues Papier wird vor allem aus Holz hergestellt. Um die Zellulose aus dem Holz zu lösen, benötigt man Chemikalien und Energie. Wenn man Altpapier als Rohstoff benutzt, entfällt dieser Arbeitsschritt. Recyclingpapier ist heute übrigens nicht mehr unbedingt grau – je weißer es ist, umso mehr umweltbedenkliches Bleichmittel wurde allerdings verwendet.

Warum sind Kunststoffe eine Gefahr für unsere Umwelt?

Trotz der Bemühungen, Müll zu trennen und zu recyceln, werden weltweit Massen von Plastikmüll achtlos weggeworfen. Das sieht nicht nur unschön aus, viele Kunststoffe enthalten auch giftige Bestandteile: Weichmacher genannte Chemikalien, die für Elastizität sorgen. Und wenn Plastik unsachgemäß verbrannt wird, können Gifte freigesetzt werden. Manche Kunststoffe sind auch so haltbar, dass sie sich Jahrzehnte und Jahrhunderte nicht zersetzen. Fatale Folgen hat der Plastikmüll, der mittlerweile in Inseln so groß wie Mitteleuropa auf den Meeren treibt. Fische, Vögel, Delfine, Wale und Schildkröten halten ihn für Beute. Studien haben ergeben, dass z.B. die Hälfte aller Vögel an Australiens Küsten Plastik im Magen hat. Viele Tiere verenden, weil Müllteile den Magen-Darm-Trakt blockieren. Kunststoffgegenstände, die lange auf dem Wasser treiben, werden zerrieben und sinken in winzigen Partikeln auf den Meeresgrund oder werden zum Strand geschwemmt. Selbst an den entlegensten Stränden kann man heute Kunststoffpartikel im Sand finden, ebenso wie in Fischen, Muscheln und anderen Meerestieren.

Schützen Aquakulturen vor Überfischung?

Unter Aquakultur versteht man die kontrollierte Haltung von Fischen oder anderen Meerestieren in Behältern im offenen Meer oder im Küstenbereich. Heute werden rund 600 Arten in Aquakultur gehalten, die fast so produktiv ist wie die Meeresfischerei. Aquakultur kann also die Meere vor Überfischung bewahren. Aber es gibt auch eine negative Seite: Weil die Zuchttiere sehr dicht zusammenleben, entstehen ähnliche Probleme wie bei der Massentierhaltung an Land.

Eine Möwe fischt ein Stück Plastikmüll aus dem Wasser.

Meeresfische	Lebensraum	Problematik
Alaska-Seelachs	Nordpazifik	Fang gefährdet Robben. Chinesische Ware oft mit Pestiziden und Schwermetallen belastet
Hering	Meere fast weltweit	Bestände teilweise überfischt
Lachs	Atlantik, Pazifik; sucht zum Laichen Geburtsort in Binnengewässern auf	Bezahlbarer Lachs stammt aus ökologisch bedenklichen Aquakulturen.
Makrele	Atlantikküsten, Nordsee, westliche Ostsee	derzeit nicht überfischt, Überfischung kann unter den aktuellen Bedingungen jedoch eintreten
Sardine	Nordsee, Nordatlantik, Mittelmeer, Schwarzes Meer	Bestände schwanken, Mittelmeer möglicherweise überfischt
Scholle	Europäische Küsten	Fang beschädigt Meeresboden. Derzeit nicht überfischt, Überfischung könnte jedoch eintreten
Seehecht	europäische Atlantikküsten	Bestände überfischt, Fangleinen gefährden Haie, Seevögel usw.
Seezunge	Nordsee, Skagerrak, Kattegat, Mittelmeer, westliches Schwarzes Meer	Fang beschädigt Meeresboden. Derzeit nicht überfischt, Überfischung könnte jedoch eintreten
Thunfisch	alle Meere von gemäßigten Zonen bis Tropen	einige Arten stark überfischt, Fang gefährdet Delfine, Seevögel, Haie und Schildkröten

Fischfarm in einer Bucht in Großbritannien

Süßwasserfische	Lebensraum	Problematik
Aal	Binnengewässer, wandert zur Fortpflanzung in die Sargassosee östlich von Florida	stark gefährdet, da die aus der Sargassosee kommenden jungen Aale (Glasaale) in riesiger Zahl gefangen werden. So gelangen kaum junge Aale in Süßgewässer, in denen sie als erwachsene Tiere leben.
Bachforelle	kühles, sauerstoffhaltiges Süßwasser mit Kiesgrund, Europa, Teile von Asien	Erzeugung in Teichwirtschaften, daher keine Gefährdung. Wird oft mit Futtermitteln aus Seefisch gefüttert (Fischmehl, Fischöl), Erzeugung daher mitschuldig an Überfischung der Meere
Hecht	Brackwasser und Süßwasser, Seen, Flüsse etc. auf der gesamten Nordhalbkugel	wird in Teichwirtschaften erzeugt, daher keine Gefährdung, wenig Umweltprobleme durch Haltung, da Teiche als Ökosysteme betrieben werden, die die Nahrung auf Düngemittel-Basis hauptsächlich selbst erzeugen
Karpfen	stehendes und langsam fließendes, eher warmes Süßwasser	wie Hecht
Regenbogenforelle	weniger Ansprüche an Wasserqualität als Bachforelle	wie Bachforelle
Schleie	Süßwasser, kleinere verkrautete Gewässer mit schlammigem Grund	wie Hecht
Zander	Brackwasser und Süßwasser, Seen, Flüsse etc. in Mittel- und Osteuropa sowie westliches Asien	wie Hecht

Ist der Verzehr von Süßwasserfischen ökologisch unbedenklich?

Viele Seefischarten sind überfischt und Umweltschutzorganisationen plädieren dafür, ihren Verzehr zu boykottieren. Da liegt es nahe, auf Süßwasserfische wie Forelle, Hecht und Zander zurückzugreifen. Allerdings tut sich hier ein ganz anderes, ökologisch ebenso bedenkliches Thema auf: Manche Süßwasserfischarten werden auf ökologisch bedenkliche Art und Weise gezüchtet, beispielsweise in Teichen und Becken mit zu vielen Fischen pro Kubikmeter. Ein Anhaltspunkt ist das MSC-Siegel, das für nachhaltige Fischerei vergeben wird. Und auch die nebenstehende Tabelle kann einige Hinweise geben.

Was genau bringt es der Umwelt, wenn man regionale Produkte kauft?

Viele Produkte werden heute unnötig weit transportiert. So bekommt man im Allgäu eventuell Milch aus Ostfriesland zu kaufen und umgekehrt. Aber nicht nur das: Wir importieren Äpfel aus Neuseeland, Trauben aus Indien und Kartoffeln aus Israel. Die womöglich seltsamsten Wege legen die Nordseekrabben zurück, die per Lkw zum Pulen nach Marokko gefahren werden, um dann verzehrfertig in deutschen Supermarktregalen zu landen. Während man exotische Früchte eben nur aus fernen Ländern bekommt, geht es bei diesen Beispielen lediglich ums Geld. Die Transporte sind mit schuld daran, dass unsere Straßen und Autobahnen mit Lkws verstopft sind, lange Transportwege

Hätten Sie's gewusst?

Die „Erfindung" des Umweltschutzes

Als ab der zweiten Hälfte des 19. Jhs. auch nicht adelige Menschen auf die Jagd gehen durften, entwickelte sich bei einigen dieser „Sonntagsjäger" Interesse an der Natur und ihrem Wohlergehen. Sie gründeten die ersten Naturschutzvereinigungen, darunter den Vogelschutzbund, den Vorläufer des heutigen Naturschutzbund Deutschland e. V. (NABU).

Um diese Zeit kam auch eine Reformbewegung auf, die praktisch die gleichen Gedanken hatte wie die heute ökologisch Interessierten. Auch die Jugendbewegung (Wandervögel) gehörte zu dieser Strömung: Junge Menschen schlossen sich zusammen, um die Natur zu erfahren und zu erleben. Dass sie geschützt werden muss, war eine Erkenntnis, die dem neuen Interesse an der Natur auf den Fuß folgte. In der NS-Zeit wurden die Verbundenheit mit dem „Heimatboden" und der Naturschutz allerdings ideologisch missbraucht, sodass in der Nachkriegszeit eine gewisse Distanzierung folgte.

In den 1960er-Jahren kam in den USA die Hippie-Bewegung auf, die – inspiriert von den nordamerikanischen Ureinwohnern – für ein naturverbundenes Leben eintraten. In Deutschland wurde der Umweltschutz unter Bundeskanzler Willy Brandt (1913–1992) und Vizekanzler Walter Scheel (geb. 1919) zu einem Thema der Politik. 1970 verabschiedeten sie ein „Sofortprogramm zum Umweltschutz" mit zahlreichen Maßnahmen und Verordnungen. 1974 wurde das Umweltbundesamt gegründet.

„Ich trenne auch im Auto Müll: Flaschen werfe ich links, Dosen rechts aus dem Fenster!"

Harald Schmidt (geb. 1957)

tragen zur CO_2-Bilanz bei – und genau das entfällt bei regionalen Produkten weitgehend. Auch wenn regionale Produkte keine Bio-Produkte sind, bleibt zu überlegen, ob ein heimischer, konventionell angebauter Apfel nicht doch ökologischer ist als ein Bio-Apfel vom anderen Ende der Welt.

Was haben Bio-Lebensmittel mit dem Umweltschutz zu tun?

Viele Dinge, die in Bio-Lebensmitteln nicht drin sein dürfen, schaden nicht nur unserer Gesundheit, sondern auch der Umwelt – etwa Pflanzenschutzmittel. Vor allem aber müssen Erzeuger von Bio-Produkten bestimmte Regeln einhalten, damit sie ein Bio-Siegel führen dürfen – denn „Bio" ist ein durch EU-Recht europaweit geschützter Begriff. Und diese Regeln erstrecken sich nicht nur auf die Erzeugung gesunder Lebensmittel, sondern auch auf eine insgesamt umweltfreundliche Arbeitsweise.

Wie fährt ein Auto mit Hybridantrieb?

Das Wort Hybrid taucht seit einigen Jahren immer öfter in der Berichterstattung über Autos auf. Hybridantriebe (von lat. *hybrida* = Mischling) kombinieren den klassischen Verbrennungsmotor und einen Elektromotor und reduzieren dadurch deren jeweilige Nachteile: Beim Anfahren und Fahren mit geringer Geschwindigkeit wird der Elektromotor eingesetzt. Da diese Situationen typisch für den Stadtverkehr mit geringen Geschwindigkeiten und Stop-and-go-Verkehr sind, reduzieren Hybridantriebe Lärm und Abgasausstoß. Bei gleichmäßiger Fahrt übernimmt der Verbrennungsmotor die Energieerzeugung. Währenddessen lädt er die Batterie des Elektromotors auf.
Da Hybridautos ähnlich wie Elektroautos noch sehr teuer sind, lohnt sich die Anschaffung wirtschaftlich gesehen zwar noch nicht – durch die technischen Vorteile gegenüber einem reinen Elektrofahrzeug könnte es aber eine schnellere Entwicklung hin zum Massenmarkt geben.

Was bringt ein Erdgasauto und was hat es einem Propangasauto voraus?

Mit beiden Arten von Gasauto spart man zunächst einmal erheblich bei den Kraftstoffkosten. Propan wird jedoch aus Erdöl hergestellt und ist daher ein endlicher fossiler Brennstoff. Erdgas ist das eigentlich auch, aber es besteht zu nahezu 100 % aus Methan. Und Methan kann man auch auf verschiedene Art und Weise mithilfe von regenerativen Energiequellen herstellen – es ist beispielsweise der entscheidende Bestandteil von Biogas. Zudem kann man Methan auch mithilfe von elektrischem Strom, z. B. bei Überproduktion von Wind- und Sonnenkraftwerken, aus Wasser und Kohlendioxid herstellen. Deshalb können Erdgasautos und die komplette Erdgastechnik weiter benutzt werden, auch wenn das fossile Erdgas nicht mehr zur Verfügung steht.

Warum wird Aluminium zunehmend kritisch gesehen?

Der Rohstoff für Aluminium ist Bauxit, ein Erz, das vor allem in Australien, China und Brasilien abgebaut wird. Sowohl der Abbau als auch die Aufbereitung des Bauxits haben Folgen für die Umwelt. Der Abbau im Tagebau zerstört Landschaftsflächen, die Aufbereitung benötigt große Mengen Energie, Wärme entweicht und zudem werden ätzende Laugen und Schwermetalle aus dem Gestein gelöst. Zur generellen Schädigung der Umwelt kommt in Brasilien hinzu, dass Gewässer und Wälder zerstört werden, von denen indigene Bevölkerungsteile bisher sehr naturnah und umweltfreundlich leben konnten.
Aber Aluminium ist nicht nur schlecht für die Umwelt, sondern möglicherweise auch für die Gesundheit. Aluminiumhydroxid, ein Vorprodukt bei der Aluminiumgewinnung, ist unter anderem in Deodorants enthalten, die das Schwitzen verhindern. Es steht unter Verdacht, krebserregend zu sein.

Ökosysteme: das Beziehungsgeflecht der Natur

Als Ökosystem bezeichnet man in der Regel die Gemeinschaft der Lebewesen, also Arten, die einen abgegrenzten Lebensraum bewohnen und miteinander in Beziehung stehen. Beispiele dafür sind die Tiere und Pflanzen im Wald, auf einer Wiese oder in einem Teich. Nur wenn wir diese Beziehungen verstehen, können wir die Ökosysteme schützen.

Gibt es immer öfter Hochwasser?

Ob Hochwasser und Überschwemmungen zugenommen haben, ist umstritten. Gesicherte Daten haben wir erst seit 1880 – statistisch gesehen ist der Beobachtungszeitraum also zu kurz, um allgemeingültige Ergebnisse daraus abzuleiten. Zugenommen haben aber auf jeden Fall die Schäden, die Hochwasser anrichten. Das liegt auch daran, dass die Menschen immer mehr besitzen, also auch mehr zu verlieren haben. Aber vor allem sind die Überschwemmungen heute stärker. Einen Grund dafür sieht man in Baumaßnahmen an Flüssen: Es wurden viele Feucht- und natürliche Überschwemmungsgebiete zerstört, die früher als „Pufferspeicher" für plötzliche große Wassermengen wirkten. Außerdem lassen Kanalisierung und Begradigung von Fließgewässern das Wasser schneller fließen als natürliche Ufer.

Überschwemmte Bauernhöfe in Bayern während des „Jahrhunderthochwassers" im Juni 2013

Die schlimmsten Überschwemmungen	Wann?	Wo?
1738 Todesopfer; 32 Mrd. Euro Schaden	Juli 2010	Pakistan
400 Todesopfer; 12 Mrd. Euro Schaden	Oktober 2011	Thailand
180 Todesopfer; 300 Mio. Euro Schaden	Oktober 2008	Jemen
122 Todesopfer; 200 Mio. Euro Schaden	November 2009	Dschidda (Saudi-Arabien)
47 Todesopfer; 3 Mrd. Euro Schaden	Mai 2014	Balkan
45 Todesopfer; 15,2 Mrd. Euro Schaden	August 2002	Tschechien, Deutschland, Österreich
30 Todesopfer; 700 Mio. Euro Schaden	Dezember 2010	Queensland (Australien)
30 Todesopfer; 3 Mrd. Euro Schaden	August 2005	Alpenregion
26 Todesopfer; 100 Mio. Euro Schaden	Juli 2008	Ukraine und Rumänien
25 Todesopfer; in Deutschland 6,68 Mrd. Euro Schaden	Juni 2013	Ost- und Süddeutschland, Österreich, Teile des östl. Mitteleuropas
25 Todesopfer; 2–3 Mrd. Euro Schaden	Frühjahr 2010	Polen

Silage

Silage ist ein Futtermittel für Nutztiere, das durch Milchsäuregärung haltbar gemacht wird. Das gemähte Gras wird gehäckselt und in einem Silo eingelagert und luftdicht abgeschlossen. Dadurch wird die Zersetzung unterdrückt, stattdessen wandelt sich Zucker in Säure.

Ist ein trüber See verschmutzt?

Nicht unbedingt. Die grünliche Trübung mancher Seen kommt daher, dass im Wasser sehr viele Algen leben. Algen an sich sind keine Verschmutzung. Allerdings ist ihr übermäßiges Wachstum oft die Folge einer Überdüngung mit Düngemitteln, die von Wiesen und Äckern in das Gewässer gelangt sind.

Waren Wiesen früher vielfältiger?

Wiesen, die man nicht als Weide benutzte, dienten früher der Gewinnung von Heu. Die Heuernte fand typischerweise im Juni statt. Daher konnten sich auf einer solchen Wiese früher alle Pflanzen dauerhaft halten, die bis zum Juni ihre Samen produziert hatten. Heute macht man statt Heu Silage aus dem Gras, das dafür bereits im Mai geschnitten wird. Dadurch können sich diejenigen Pflanzen nicht mehr fortpflanzen, deren Samen erst später reif sind.

Die ursprüngliche Heuernte ist zu einer Seltenheit geworden. Heutzutage findet man hauptsächlich Silo-Ballen auf den Feldern, hier z. B. in der idyllischen Schweiz, hier am Silvaplanersee im Engadin.

Ist Unkraut nützlich?

Objektiv betrachtet gibt es kein Unkraut, da jede Pflanze ihren Platz in ihrem Ökosystem hat. Aber man bezeichnet all diejenigen Pflanzen als Unkraut, die auf kultivierten Flächen wachsen, aber nicht gezielt angebaut werden. Sie konkurrieren mit den Nutzpflanzen um Nährstoffe, Licht und Wasser. Für den, der von den Nutzpflanzen profitieren möchte, sind sie also tatsächlich Un-Kraut. Dennoch sind diese Pflanzen auch nützlich: In brachliegenden Feldern verhindert Unkraut die Abtragung des Bodens, durchwurzelt die Erde und fördert die Bodenlebewesen. Außerdem sichern solche Pflanzen nützlichen Insekten sowie Vögeln und Fledermäusen das Überleben auf dem Acker.

„Wie kahl und jämmerlich würde manches Stückchen Erde aussehen, wenn kein Unkraut darauf wüchse!"

Wilhelm Raabe (1831–1910)

Warum ist die Brennnessel so wertvoll?

Die Brennnessel ist eine Futterpflanze für die Raupen von rund 50 Schmetterlingsarten. Das Besondere daran: Die Raupen machen sich gegenseitig kaum Konkurrenz, da sie jeweils verschiedene Bedingungen (sonnig, trocken, hohe Luftfeuchtigkeit, schattig) und deshalb auch unterschiedliche Brennnesselpflanzen bevorzugen. Aber auch für den Menschen ist die Brennnessel sehr wertvoll. Als Heilpflanze wirkt sie harntreibend und hilft bei Entzündungen und Erkrankungen von Blase und Niere. Außerdem ist sie nahrhaft, da sie sehr viel Eiweiß enthält. Unter anderem kann man sie wie Spinat zubereiten. Und einen Aufguss aus Brennnesseln kann man als ungefährliches Spritzmittel gegen Blattläuse verwenden.

Warum sollte man keinen Torfmull im Garten verwenden?

Torfmull wird gern verwendet, um die Erde im eigenen Garten aufzulockern. Torf stammt aus Torfmooren, wo abgestorbene Pflanzenteile nicht vollständig verrotten, weil es an Sauerstoff mangelt. Baut man den Torf ab, zerstört man das Ökosystem Torfmoor. Ein abgebautes Torfmoor benötigt Tausende von Jahren, um sich zu regenerieren – aus ökologischen Gründen ist die Verwendung von Torf also bedenklich. Dazu kommt, dass Torfmull den Boden auch nur kurzfristig auflockert, da im Gartenboden genug Sauerstoff zur Verfügung steht, um die abgestorbenen Pflanzenteile schnell vollständig verrotten zu lassen. Zur Auflockerung des Gartenbodens ist daher Sand die bessere Wahl.

Liegen alle Urwälder in den Tropen?

Als Urwald bezeichnet man eigentlich jeden Wald, der nicht vom Menschen gepflanzt wurde, sondern von selbst gewachsen ist. Je nach Klima und Boden ist der Wald in seinen vielfältigen Erscheinungen die natürliche Form der Vegetation in vielen Gegenden der Erde. So bildet sich bei uns fast überall, wo der Mensch es nicht verhindert, Buchenmischwald, in dem neben Buchen je nach Standort viele weitere Baumarten vorkommen.
Viele der Flächen, auf denen die Stürme Wiebke (1990) und Lothar (1999) den Wald komplett zerstört hatten, wurden anschließend nicht mehr gezielt aufgeforstet. Hier kann man heute beobachten, wie natürlicher Wald ganz von allein entsteht.

Ein Urwald mitten in Deutschland: Im Nationalpark Hainich in Thüringen kann sich der Wald ungestört entwickeln.

Hätten Sie's gewusst?

Mitteleuropa ohne Menschen

Das Bundesamt für Naturschutz hat eine Karte der Vegetation Deutschlands erstellt, die zeigt, wie es hier heute aussehen würde, wenn der Mensch keinen Einfluss genommen hätte. Das Land wäre überwiegend von Buchen- und Buchenmischwäldern bedeckt, stellenweise gäbe es auch Eichenwälder. In größeren Höhen, etwa ab 800 m, würden Fichten überwiegen. In den Wäldern fänden sich durch Gewitterbrände entstandene Lichtungen, die bald mit Birken und Kiefern bewachsen würden. In den Flusstälern würden Auwälder aus Weiden und Pappeln vorherrschen, Biber würden große Seenflächen und Wiesen schaffen. Und zur Küste hin würden Hochmoore große Flächen einnehmen.

„In den Wäldern sind Dinge, über die nachzudenken man jahrelang im Moos liegen könnte."

Franz Kafka (1883–1924)

Warum sieht man immer weniger Hasen und Rehe, dafür umso mehr Füchse und Wildschweine?

Hasen sieht man relativ selten, weil sie unter der heutigen Armut unserer Wiesen leiden. Rehe gibt es mehr denn je – man sieht sie jedoch kaum noch, weil der Wald, so wie man ihn seit einigen Jahren im Rahmen des Waldumbaus wieder wachsen lässt, jede Menge Verstecke und Nahrung bietet. Die Tiere müssen nicht mehr wie früher zum Äsen auf die Wiesen hinausgehen. Und auch für die Wildschweine sind die Zeiten gut: Der Mais, den man heute anstelle der früher üblichen Futterrüben anbaut, versorgt sie so reichlich mit Nahrung, dass sie heute wieder praktisch überall vorkommen, wo es große Wälder gibt. Der Fuchs schließlich wurde früher fleißig geschossen, weil sein Fell zu Modeartikeln verarbeitet wurde. Heute kommen Fuchspelze billig aus Tierfarmen. Immer häufiger sind Wildschweine und Füchse auch in Dörfern und Städten anzutreffen. Dort lockt ein reichhaltiges Nahrungsangebot in den Mülltonnen, der Fuchs geht außerdem auf die Jagd nach Ratten.

Da Füchse Menschen gegenüber scheu sind, stellen sie auch in Städten kein großes Problem dar – solange Grundstücke und Haustiere gut abgesichert sind.

Waldumbau

Beim sogenannten konventionellen Waldbau stehen immer Bäume von einer Art und im gleichen Alter beieinander und werden gemeinsam gefällt, wenn sie groß genug sind. Das nennt man Monokultur. Ein naturnaher Wald mit Bäumen aller Arten und jeglichen Alters lässt sich aber ebenfalls forstwirtschaftlich nutzen: Man holt jeweils die Bäume heraus, die groß genug sind. Ein solcher kontinuierlich bestehender Wald ist sogar wirtschaftlicher als ein konventioneller – und deshalb findet bei uns derzeit der sogenannte Waldumbau statt: Unsere bisher konventionell bewirtschafteten Wälder werden nach und nach in naturnahe Wälder „verwandelt".

Warum gibt es Förster?

Der Förster ist im Wald sozusagen das, was der Bauer auf dem Feld ist: Er sorgt mit seinen Waldarbeitern – die man heute Forstwirte nennt – dafür, dass Bäume wachsen und geerntet werden und dass der Wald ein möglichst gesundes Ökosystem ist. Weil das Recht und die Pflicht zu jagen in Deutschland zunächst einmal beim Eigentümer des Grundes liegt, übt der Förster im Wald auch die Jagd für seinen jeweiligen Dienstherrn aus: den Staat oder einen Privatwaldbesitzer. Jäger hingegen gehen nur auf die Jagd und haben mit dem Holz direkt nichts zu tun. Sie haben entweder das Jagdrecht gepachtet oder helfen einem Jagdpächter oder einem Förster bei der Jagd.

Rohstoffe: Grundlagen der Energiegewinnung

Wir brauchen Rohstoffe zur Energiegewinnung. Heute sind wir uns darüber im Klaren, dass nicht nachwachsende Rohstoffe wie Erdöl irgendwann aufgebraucht sein werden, und wir suchen verstärkt nach Alternativen.

Gehen alle fossilen Rohstoffe irgendwann zu Ende?

Bei der Kohle kann man es als sicher ansehen, dass sie irgendwann aufgebraucht sein wird. Zum Erdöl und Erdgas gab es auch andere Theorien: In den 1950er-Jahren vermuteten sowjetische Geologen, dass es tief im Erdinneren große Mengen von Erdöl und Erdgas gibt, die aus Ethangas und Kohlenwasserstoff entstanden sind. Diese Möglichkeit wird heute wieder diskutiert. Ein Experiment, das 2004 in den USA durchgeführt wurde, stützt die These. Dennoch müssen wir davon ausgehen, dass auch Erdgas und Erdöl nur noch eine begrenzte Zeit reichen werden. Wie lange genau, bleibt Spekulation – auch weil sich der Stand der Forschung, wie fossile Rohstoffe nutzbar gemacht werden können, ständig verändert. Zudem sind solche Zahlen meistens von einer Interessensgruppe beeinflusst.

Fossile Rohstoffe

Unter fossilen Rohstoffen versteht man Energieträger, die sich vor langer Zeit durch geologische Prozesse aus toten Tieren und Pflanzen gebildet haben – etwa Kohle aus Wäldern der Karbonzeit oder Erdöl aus Wassertieren in urzeitlichen Meeren.

Was ist Fracking?

Fracking leitet sich ab vom englischen Verb *to fracture*, das aufbrechen, aufreißen bedeutet. Wenn sich Erdgas in größeren Blasen im Untergrund befindet, kann man sie verhältnismäßig leicht anbohren, um das Erdgas zu gewinnen. In vielen Fällen ist es jedoch nicht in wenigen großen, sondern in vielen kleinen Hohlräumen des Gesteins enthalten. Mit einer herkömmlichen Bohrung kann es nicht gefördert werden. Beim Fracking zertrümmert man solche Gesteine, indem man mit hohem Druck ein Gemisch aus Wasser, Sand und Chemikalien hineinleitet. Dadurch entweicht das enthaltene Erdgas und man fängt es auf. Weil die Folgen solcher Bohrungen unter anderem für das Grundwasser kaum absehbar sind und in den USA schon erhebliche Umweltschädigungen festgestellt wurden, lehnen nicht nur betroffene Bürger, sondern auch viele Fachleute diese Technik ab. Im März 2014 wurde im Bundesstaat Ohio ein Erdbeben möglicherweise durch Fracking ausgelöst.

Fracking in North Dakota, USA. Für die USA ist Fracking ein wichtiges Thema, da man sich davon mehr Unabhängigkeit von den ölfördernden arabischen Staaten verspricht. Allerdings ist Fracking teurer als die konventionelle Öl- und Gasförderung und lohnt sich erst ab einem bestimmten Rohölpreis. Deshalb sind viele Fracking-Projekte nicht wirtschaftlich.

Hätten Sie's gewusst?

Der größte Kohle-Exporteur

Beim Stichwort Kohlebergbau denken wir in Deutschland immer noch ans Ruhrgebiet und an das Saarland, eventuell noch an den Raum Aachen. Tatsächlich importieren wir bereits heute den größten Teil der Kohle, die wir brauchen. Unsere Lieferanten sind Kolumbien und Russland, USA, Südafrika, aber auch Australien. 10 % unseres Kohlebedarfs decken wir mit Importen aus „Down under". Trotzdem gehören wir für die australische Kohleindustrie eher zu den Kleinkunden. Australien ist nämlich Weltmeister im Kohleexport, wobei der Löwenanteil der Lieferungen nach Asien geht, speziell nach Indien und China. Es gibt in Australien aber auch starke Widerstände gegen die Kohle, da der Kohlebergbau große Umweltprobleme aufwirft und unter anderem für Landwirtschaft und Tourismus wertvolle Gebiete stark in Mitleidenschaft zieht. Zudem ist durch den Bau von Kohlehäfen, die den Warentransport nach Asien sichern sollen, das Great Barrier Reef gefährdet.

Wie wird aus Kernkraft Elektrizität erzeugt?

In Atomkraftwerken macht man sich die Eigenschaft von Stoffen mit großen Atomkernen (s. S. 79) zunutze. Wie bei den Atomwaffen wird eine Kettenreaktion ausgelöst, bei der sich Atomkerne kontinuierlich spalten (s. S. 86). Bei einer Atomwaffe geschieht die Kettenreaktion unkontrolliert, sodass die Energie explosionsartig frei wird. Im Atomkraftwerk wird die Kettenreaktion kontrolliert, sodass die frei werdende Wärme ein Kühlmittel erhitzen kann, das durch den sogenannten Kernreaktor – das Herzstück eines Atomreaktors – gepumpt wird. Dadurch entsteht Dampf, der Turbinen antreibt, die wiederum an einen Generator gekoppelt sind. Dieser wandelt Bewegungsenergie in Elektrizität um.

Zur Kontrolle der Kettenreaktion wird ein Teil der Neutronen daran gehindert, weitere Kerne zur Spaltung zu bringen. Dazu bringt man Atome in den Kernreaktor ein, die die Neutronen absorbieren können. Natürlich ist jede Kettenreaktion auch einmal von allein zu Ende, da keine weiteren spaltbaren Atomkerne mehr vorhanden sind. Dann müssen die verbliebenen radioaktiven Elemente entsorgt werden – dies ist der Atommüll, für den es noch keine sichere Lösung zur Endlagerung gibt.

Was ist ein GAU?

In den 1960er-Jahren entstand der Begriff GAU. Er steht für den „größten anzunehmenden Unglücksfall" und bezeichnet den schlimmsten Vorfall, der für die Planung eines Atomkraftwerks zugrunde gelegt wird. Das bedeutet, dass ein Kernkraftwerk so gebaut sein muss, dass der GAU noch mit den Sicherheitssystemen des Kernkraftwerks beherrscht werden kann. Der GAU ist aber keineswegs das Schlimmste, das im äußersten Fall passieren kann. Wenn es zu einem GAU kommt, merken Mensch und Umwelt davon noch nichts. Der Super-GAU (von lat. *super* = darüber hinaus) hingegen ist ein Vorfall, der nicht mehr beherrschbar ist. Dann tritt radioaktives Material aus und gelangt in die Umwelt. Die schwerwiegendste Störung ist die sogenannte Kernschmelze. Sie droht, wenn die Kühlung ausfällt und im Kernreaktor Mengen an Energie freigesetzt werden, die nicht mehr abgeleitet werden

Ein Angestellter von Tokyo Electric Power, dem Betreiber des Kernkraftwerks von Fukushima, misst die Strahlenbelastung nach dem Super-GAU im März 2011. Durch ein Erdbeben wurden die Reaktorblöcke beschädigt und es kam zu mehreren Kernschmelzen. Kurz danach war die Strahlung in unmittelbarer Umgebung millionenfach erhöht.

können. Dann ist nicht mehr einschätzbar, wie viel und für wie lange Radioaktivität austritt. Dies war der Fall beim Unglück in Tschernobyl 1986 und bei der Nuklearkatastrophe von Fukushima 2011.

Welche negativen Auswirkungen hat radioaktive Strahlung?

Radioaktive Strahlung schädigt lebende Organismen massiv, wenn sie entsprechend stark ist. Sie beeinflusst die Zellen so, dass ab einer bestimmten Strahlendosis lebenswichtige Funktionen ausfallen, weil zu viele Moleküle zerfallen. Bei geringeren Dosen entstehen langfristige Schäden. Die Strahlung zerstört dann nicht sofort die Zellen, schädigt aber deren Erbgut, sodass es bei der Zellteilung zu Problemen kommt. Dadurch entstehen verschiedenen Krankheiten wie Krebs, besonders häufig Schilddrüsenkrebs und Leukämie. Oft haben Strahlenopfer auch fehlgebildete Nachkommen, weil sie geschädigtes Erbgut weitergeben.

Was ist der Vorteil bei der Kraft-Wärme-Kopplung?

Wärmekraftmaschinen wie Dampfturbinen und Verbrennungsmotoren sind nicht besonders effizient, weil solche Maschinen neben der erwünschten mechanischen Arbeit auch einen großen Anteil Wärme aus dem Brennstoff erzeugen. Baut man z. B. ein Kraftwerk, das mit Dampfturbinen Strom erzeugen soll, in die Reichweite von Wohn- oder Geschäftsräumen, kann man die sogenannte Abwärme zum Beheizen verwenden. Dann werden Kraft und Wärme energetisch genutzt. Das funktioniert vor allem mit kleinen Kraftwerken gut, etwa mit erdgasbetriebenen Mini-Blockheizkraftwerken in Wohngebieten.

Rekord!

Die größte Solaranlage der Welt

Im indischen Bundesstaat Rajasthan soll die größte Solaranlage der Welt entstehen. Es handelt sich dabei um ein Fotovoltaik-Kraftwerk, also eines, bei dem Strom mithilfe von Solarzellen gewonnen wird. Es soll eine Fläche von mehr als 77 km² einnehmen, 4,4 Mrd. US-Dollar kosten und 6,4 Mrd. kWh elektrische Energie im Jahr liefern. Allerdings hat das Projekt nicht nur Freunde. Gegner führen ins Feld, dass es Unsinn sei, so viel Strom dort zu erzeugen, wo er nicht gebraucht wird. Er muss stattdessen über ein marodes Leitungsnetz verteilt werden, bei dem 20 % der Energie verloren gehen.

Welche Arten regenerativer Energiequellen gibt es?

Die bekanntesten erneuerbaren Energien sind sicher die Solar- und die Windenergie: Die Strahlen der Sonne und die Kraft des Windes werden gewissermaßen eingefangen und in nutzbare Energie – also Elektrizität und im nächsten Schritt auch Windgas – umgewandelt. Auch die dritte Urkraft der Erde, das Wasser, kann für die Stromerzeugung genutzt werden: In Wasserkraftwerken treibt die Strömung des Wassers Turbinen an. Diese Energien sind quasi unerschöpflich, sie werden nicht verbraucht, sondern stehen immer aufs Neue zur Verfügung. Ein sehr wichtiger Träger für erneuerbare Energie ist außerdem Biomasse. Sie wird zwar verbraucht, wächst im Gegensatz zu den fossilen Rohstoffen aber nach. Zu ihrer Nutzung gehört das einfache Heizen mit Holz genauso wie technisch aufwendigere Verfahren: Pflanzenöl und Alkohol als Motorentreibstoff, Biogas und Wärme aus Kompostwerken. Allerdings hinterlässt Biomasse beim Verbrennen als Heizkraftstoff oder Treibstoff Schadstoffe, während Sonne, Wind und Wasser auf direkterem Weg Strom produzieren.

„Ich würde mein Geld auf die Sonne und die Solartechnik setzen. Was für eine Energiequelle! Ich hoffe, wir müssen nicht erst die Erschöpfung von Erdöl und Kohle abwarten, bevor wir das angehen."

Thomas Alva Edison (1847–1931)

Windgas

Windgas ist Methan, das aus Wasserstoff und Kohlendioxid erzeugt wird, und zwar mithilfe von Elektrizität. Wenn diese Elektrizität Windstrom ist, nennt man das Methan Windgas. Es bietet eine Möglichkeit, überschüssigen Strom von Windkraftanlagen zu speichern.

In Wasserkraftwerken, wie hier in der Srisailam-Talsperre in Indien, wird die kinetische Energie des Wassers in elektrische Energie umgewandelt.

Was ist Biogas?

Wenn abgestorbene organische Materie nicht genügend Sauerstoff zur Verfügung hat, verrottet sie nicht, sondern verfault. Dabei entsteht Sumpfgas, das brennbares Methan – den Hauptbestandteil von Erdgas – enthält. Im Reaktor eines Biogas-Kraftwerks lässt man organische Materie, etwa eigens dafür angebauten Mais, faulen und betreibt mit dem erzeugten Methan Gasmotoren, die ihrerseits Generatoren antreiben. Aufgrund der Förderung von Biogaskraftwerken legen sogenannte Energiebauern noch größere Mais-Monokulturen mit all ihren ökologischen Nachteilen an, als sie schon durch den Futtermaisanbau entstanden sind. Daher ist die an sich

Viele Gegner der Windenergie finden, dass Windkrafträder die Natur verschandeln. Aber auch Atom- und Kohlekraftwerke stehen in der Regel im Grünen.

umweltfreundliche Stromgewinnung aus Biogas zum Teil selbst schon wieder zu einem Umweltproblem geworden. Zudem konkurrieren die Biogasanlagen mitunter mit dem Lebensmittelanbau.

Ist Palmöl ein umweltfreundlicher Energieträger?

Palmöl ist wie alle Pflanzenöle ein regenerativer Energieträger. Dennoch kann es nicht als ökologisch sinnvoll eingestuft werden, denn es wird hauptsächlich in Malaysia und Indonesien produziert, muss also über weite Strecken transportiert werden. Zudem wird es auch nicht umweltfreundlich angebaut: Zum einen wird es in ökologisch bedenklichen Monokulturen erzeugt (s. S. 102). Zum anderen werden für die Ölpalmenplantagen wertvolle Naturräume zerstört. Dabei wird Pflanzen, Tieren und auch Menschen die Lebensgrundlage entzogen. Leider ist es nicht damit getan, auf Palmöl als Energieträger zu verzichten, da dieses Öl auch in vielen anderen Produkten steckt, vor allem in Lebensmitteln.

Warum gibt es Proteste gegen Windenergie?

Windkraftgegner fürchten zum einen, dass die Rotorflügel eine Gefahr für Vögel und Fledermäuse darstellen könnten. Deshalb muss ein Windparkbetreiber Gutachten zum Vogel- und Fledermausflug anfertigen lassen, bevor er ein Windrad aufstellen darf. Damit wird sichergestellt, dass nicht zu viele und keine seltenen Tiere am geplanten Standort unterwegs sind. Zweitens erzeugen die Windräder Infraschall. Das sind sehr tiefe Töne. Obwohl Untersuchungen zeigen, dass der Mensch sie nicht wahrnimmt, sehen Windkraftgegner sie als Verursacher von Unwohlsein und Bluthochdruck. Allerdings gibt es Infraschall überall – sowohl in natürlicher Umgebung (erzeugt durch z. B. Wettererscheinungen) als auch im Umfeld von Industrie und Verkehr. Ein dritter Kritikpunkt ist die hörbare Geräuschentwicklung an Windkraftwerken. Deshalb gibt es Schallgrenzen, die von den Windparkbetreibern eingehalten werden müssen.

Geschichte
Kultur
Gesellschaft

Geschichte

Archäologen suchen Spuren früherer Kulturen, Historiker analysieren Schriftquellen und andere Zeitdokumente – zusammen erforschen sie unsere Geschichte: die Entwicklung des Menschen über Zeit und Raum. Und das ist mehr als ein Blick in die Vergangenheit: Um gegenwärtige Geschehnisse zu verstehen, muss man die Vorgeschichte und den Kontext kennen. Einschneidende Wendepunkte und Eckdaten der Weltgeschichte bilden die Basis für das Grundverständnis unserer heutigen Zeit.

Graue Vorzeit?

Den Abschnitt der Menschheitsgeschichte von den Anfängen bis zum Auftauchen der ersten Schriftzeugnisse bezeichnet man als Urgeschichte oder auch Vorgeschichte. In diese Zeitperiode fallen die Steinzeit, die Bronzezeit und die Eisenzeit. Was wir heute über das Leben der urgeschichtlichen Menschen wissen, haben Archäologen auf der ganzen Welt zusammengetragen und ausgewertet, sodass deutlich wird: Die Vorzeit war ganz schön bunt.

Wie teilt man die Urgeschichte ein?

Stein-, Bronze- und Eisenzeit wurden unterteilt und benannt nach dem jeweils vorherrschenden Material, das zur Herstellung von Werkzeugen verwendet wurde. Die Entwicklung lief in unterschiedlichen Weltregionen in anderen Zeitabschnitten ab. Diese Zeiträume gelten für Mitteleuropa, die Übergänge sind teilweise fließend:

Epoche	Unterepochen	Datierung
Steinzeit	Altsteinzeit (Paläolithikum)	ca. 2 600 000–9600 v. Chr.
	Mittelsteinzeit (Mesolithikum)	ca. 9600–5000 v. Chr.
	Jungsteinzeit (Neolithikum)	ca. 5600–2200 v. Chr.
Bronzezeit	Frühe Bronzezeit	ca. 3000–1600 v. Chr.
	Mittlere Bronzezeit	ca. 1600–1300 v. Chr.
	Späte Bronzezeit	ca. 1300–800 v. Chr.
Eisenzeit		ca. 1200–100 v. Chr. (in Nordeuropa bis 1100 n. Chr.)

Hätten Sie's gewusst?

Die Bedeutung der Venus von Willendorf

Betont weibliche Rundungen kennzeichnen die 11 cm große Kalksteinfigurine, die 1908 im niederösterreichischen Willendorf gefunden wurde. Entstanden ist sie ca. 25 000 Jahre vor unserer Zeitrechnung. Damit ist sie allerdings nicht die älteste der in ganz Europa gefundenen Venusfigurinen aus dem Jungpaläolithikum. Dieses Prädikat kommt aktuell der aus Mammutelfenbein geschaffenen Venus vom Hohlefels zu, die 2008 bei Schelklingen am Fuß der Schwäbischen Alb ausgegraben wurde und 35 000 bis 40 000 Jahre alt ist. Bis heute sind sich Wissenschaftler uneins, welche Bedeutung diesen Statuetten zukam. Waren sie ein Fruchtbarkeitssymbol, Darstellung einer Göttin, Zeugnis einer matriarchalischen Kultur oder gar Erotika? Eindeutig wird sich diese Frage wohl nie beantworten lassen.

Die Venus von Willendorf

Wie lange haben Steinzeitmenschen pro Tag gearbeitet?

Natürlich gibt es keine schriftlichen Quellen, die diese Frage beantworten könnten. Ethnologen schließen jedoch aus dem Tagesablauf von indigenen Völkern im Amazonasgebiet und in Afrika, dass Steinzeitmenschen zum Teil jeden zweiten Tag gar nicht arbeiteten. Im Schnitt, nehmen die Forscher an, kamen Steinzeitmenschen auf zwei bis sechs Arbeitsstunden pro Tag. Die Art der Arbeit – das Mahlen von Getreide oder die Jagd – war jedoch sehr mühselig und ge-fährlich.

Fruchtbarer Halbmond

Der Fruchtbare Halbmond ist eine sichelförmige Region, die sich von Israel nordöstlich über Palästina, den Libanon, den Norden Jordaniens, Syriens, des Iraks und den Süden des Irans zieht. Noch heute ist die Region vergleichsweise niederschlagsreich, große Flüsse machen den Boden fruchtbar. Wissenschaftler vermuten, dass die klimatischen Bedingungen im Neolithikum noch besser waren.

Was war die Neolithische Revolution?

Die Neolithische Revolution markiert einen tief greifenden Wandel in der Menschheitsgeschichte: Hatten die Menschen zuvor noch als Nomaden gelebt, so wurden sie in der Jungsteinzeit sesshaft. Die Gründung von größeren Siedlungen wurde erst durch produktives Wirtschaften möglich. Anstatt nur zu jagen, zu sammeln und zu fischen, war es den Menschen jetzt möglich, Felder zu bestellen, Vieh zu züchten und Kapital in Form von Saatgut, Haustieren und Schmuck sowie Vorräte anzulegen. Der klimatisch begünstigte Wandel nahm seinen Ausgang im sogenannten Fruchtbaren Halbmond und breitete sich von dort über weite Teile Europas aus. Weitere Keimzellen der Neolithischen Revolution fanden sich in Südchina und Mittelamerika.

Welches waren die ersten Schriften?

Die ersten Schriften entstanden als Bildschriften im Fruchtbaren Halbmond zwischen dem oberen Niltal und dem Zweistromland sowie in China. Ab ca. 1100 v. Chr. entwickelten dann die Phönizier ein 22 Lautzeichen umfassendes Alphabet, das schließlich zum Vorbild des griechischen und lateinischen Alphabets wurde. Lange Zeit wurden aramäische, hebräische und weitere semitische Sprachen in phönizischer Schrift geschrieben.

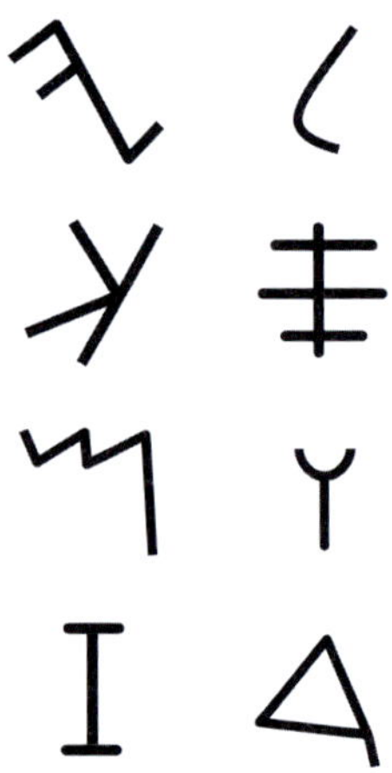

Phönizische Buchstaben

Schrift	Wer?	Wann?	Merkmale
Keilschrift	Völker des Vorderen Orients (u. a. Sumerer, Assyrer, Hethiter, Perser)	3300 v. Chr.– 500 v. Chr.	keilförmige Bilderschrift
Hieroglyphen	Ägypter	3200 v. Chr.– 390 n. Chr.	Verwendung von Bild- und Lautzeichen
chinesische Schrift	China	ab 1400 n. Chr. bis heute	Wortbildschrift mit ca. 50 000 Zeichen
phönizisches Alphabet	Phönizier	1100–500 v. Chr.	Konsonantenschrift aus 22 Zeichen
griechisches Alphabet	Griechen	800 v. Chr. bis heute	24 Zeichen, erstmals mit Zeichen für Vokale
lateinisches Alphabet	Römisches Reich	700 v. Chr. bis heute	Adaption der griechischen Schrift, anfangs 21, heute 26 Zeichen

Wie werden die frühen Hochkulturen definiert?

Vielen der ab dem 3. Jt. v. Chr. entstandenen Hochkulturen ist gemeinsam, dass sie sich an Flüssen entwickelten, also im Fruchtbaren Halbmond an Nil, Euphrat und Tigris oder in China am Gelben Fluss. Regelmäßig auftretende Überschwemmungen ermöglichten einerseits landwirtschaftliche Überschüsse, erforderten andererseits aber technische Innovationen und eine höhere gesellschaftliche Organisation: Die Fluten mussten reguliert und genutzt werden. Die Maya in Mittelamerika hatten nicht mit Überschwemmungen zu kämpfen, aber sie mussten Bewässerungssysteme anlegen und ihre Landwirtschaft auf Regen- und Trockenzeiten einstellen. Merkmale aller Hochkulturen waren die Entwicklung einer arbeitsteiligen Gesellschaft, einer Schrift, eines Kalenders, einer Verwaltung und einer Rechtsprechung. Die Intensivierung von Landwirtschaft und Handel und das Bevölkerungswachstum förderten das Entstehen von Städten, von Herrschaftsstrukturen und differenzierten Religionen. Dies wiederum war die Voraussetzung für kulturelle Leistungen in Kunst, Musik und Architektur.

Was steht im Codex Hammurapi?

Unter ihrem König Hammurapi eroberten die Babylonier im 18./17. Jh. v. Chr. fast ganz Mesopotamien. Nach Hammurapi ist auch die von ihm erlassene Sammlung von 282 Rechtssätzen benannt, die oft als ältestes Gesetz der Menschheit bezeichnet wird.

Codex Hammurapi in Keilschrift

Tatsächlich aber handelt es sich um beispielhafte Rechtssprüche, die zur Nachahmung empfohlen wurden – also gewissermaßen um Präzedenzfälle. Überliefert ist der Codex Hammurapi u. a. auf einer Stele, die Anfang des 20. Jhs. in Susa im heutigen Iran gefunden wurde. Sie ist heute im Louvre in Paris zu sehen.

Mesopotamien

Mesopotamien (Zweistromland) bezeichnet ein Gebiet in Vorderasien, das von den Flüssen Euphrat und Tigris gespeist wird und deshalb von jeher sehr fruchtbar war. Hier entwickelten sich viele Hochkulturen, darunter die der Sumerer, Perser und Babylonier. Es ist Teil des Fruchtbaren Halbmonds und besteht heute aus dem Nordosten Syriens, dem Norden und Osten des Iraks und einem kleinen Teil Südirans.

Hätten Sie's gewusst?

Der erste Friedensvertrag der Geschichte

Im 14./13. Jh. v. Chr. konkurrierten die Reiche der Hethiter und der Ägypter um die Vormachtstellung am östlichen Mittelmeer (der sogenannten Levante) und in Syrien. Um 1285 v. Chr. kam es schließlich zur Schlacht bei Kadesch, die allerdings keinen klaren Sieger hervorbrachte. Etwa zehn Jahre später einigten sich Ramses II., Pharao von Ägypten, und der hethitische Großkönig Hattušili III. auf einen Vertrag, der die Grenzstreitigkeiten in Syrien beilegte. Auszüge dieses ersten Friedensvertrags der Geschichte hängen heute im UNO-Gebäude in New York aus.

Warum haben frühe Hochkulturen Pyramiden gebaut?

Die Pyramiden der frühen Hochkulturen geben uns nach wie vor Rätsel auf. Sie wurden an weit voneinander entfernten Orten gebaut; die bedeutendsten Pyramiden entdeckten Forscher in Ägypten und in Lateinamerika. Somit ist klar, dass sie völlig unabhängig voneinander entstanden sind. Aber warum ausgerechnet Pyramiden?

Die Bauform könnte inspiriert sein durch ein Lichtphänomen, das in allen Erdteilen vorkommt: Sonnenstrahlen, die aus Wolken herausleuchten, bilden ein Dreieck – die Seitenansicht einer Pyramide. Und die Sonne galt in den meisten frühen Hochkulturen als göttliche Macht. Aber auch andere, teils wesentlich pragmatischere Ursprünge als die Symbolisierung göttlicher Form sind denkbar.

Die Pyramiden im alten Ägypten, Grablegen der Pharaonen, haben sich aus flachen, einstufigen Grabbauten entwickelt, denen weitere Stufen zugefügt wurden. Manche Archäologen gehen davon aus, dass sie auf den mythologischen „Urhügel" verweisen: Dem alten ägyptischen Glauben nach entstand dort die Schöpfung. Andere Wissenschaftler deuten die Stufen als Steintreppe zum Himmel, über die der verstorbene Pharao zur Sonne aufsteigen sollte. Eine nüchterne Theorie sieht in den Stufenpyramiden die hierarchische Struktur der ägyptischen Gesellschaft abgebildet.

Die Pyramiden der Olmeken und Maya in Mittelamerika haben ihren Ursprung vermutlich in aufgeschütteten Erdhügeln, auf denen Häuser, Paläste und Tempel gebaut wurden. Die Gebäude waren so vor Überflutungen durch die tropischen Regenfälle geschützt. Die Stufenpyramiden dienten also vor allem als Unterbauten für Tempel, aber auch in ihnen hat man Grabstätten von Herrschern, Priestern und Menschen gefunden, und man geht davon aus, dass im Laufe der Zeit eine mythologische Bedeutung hinzugekommen ist. Und auch die Lehmziegelpyramiden der südamerikanischen Moche-Kultur, die als Tempel und Begräbnisstätten dienten, haben wohl etwas mit dem Wetter zu tun: Sie sind möglicherweise der Form der Anden nachempfunden, da das Gebirge als Regenspender betrachtet wurde. Diese Pyramiden laufen nicht spitz zu, sondern enden in einem Plateau, das an die Hochebenen der Anden erinnert.

Die bekannteste moderne Pyramide ist zweifellos die Glaspyramide im Innenhof des Louvre in Paris, die von 1985 bis 1989 erbaut wurde.

Sonnenstrahlen, die aus Wolken hervorscheinen, bilden eine Pyramidenform.

Von Griechen, Römern und Co.

Der Mittelmeerraum erlebte von etwa 800 v. Chr. bis 600 n. Chr. eine Blütezeit: Die Epoche ist heute als Antike bekannt. Das Neue war, dass es nun kulturelle Traditionen gab, die über ein größeres Gebiet verbreitet waren. Aber nicht nur in Europa blühten die Kulturen!

Wer baute die Chinesische Mauer?

Das größte Bollwerk der Erde ist keinem einzelnen Herrscher und keiner einzelnen Dynastie zuzuordnen, denn es hatte über Jahrhunderte hinweg viele Bauherren. Die Mauer entstand bereits ab dem 7. Jh. v. Chr., allerdings zunächst in Form vieler kleiner Erdwälle. Dass aus diesen allmählich die „Große Mauer" zusammenwuchs, lag an der erfolgreichen Eroberungspolitik des ersten Kaisers von China, Qin Shihuangdi (um 259–210 v. Chr.): Das sich vergrößernde Reich musste nun gegen Nomadenvölker abgesichert werden. Das Verteidigungssystem wurde über die Jahrhunderte hinweg immer weiter ausgebaut, die heutige Form erlangte es während der Ming-Dynastie im 14./15. Jh. n. Chr.

Über Berg und Tal zieht sich die Chinesische Mauer – laut offiziellen Angaben mit einer Gesamtlänge von 21 196,18 km.

Wer waren die Gegner im Peloponnesischen Krieg?

Als Folge der Perserkriege (s. S. 118) hatten sich Mitte des 5. Jhs. v. Chr. in Griechenland zwei Großmächte etabliert, die jeweils mehrere Stadtstaaten in Bündnissen vereint hatten: die Seemacht Athen mit dem Delisch-Attischen Seebund und die Landmacht Sparta mit dem Peloponnesischen Bund. Die lange schwelende Rivalität, bei der es letztlich um die Vorherrschaft in Griechenland ging, eskalierte schließlich im Peloponnesischen Krieg (431–404 v. Chr.). Auslöser war der Konflikt zwischen Korfu, das unter Athens Schutz stand, und dem mit Sparta verbündeten Korinth. In die Schlachten waren dann fast alle griechischen Stadtstaaten involviert. Nach einem wechselvollen Verlauf ging Sparta als Sieger daraus hervor.
Durch die Darstellung des Thukydides (454– ca. 399 v. Chr) wurde die Geschichte des Peloponnesischen Kriegs Thema eines der ersten wissenschaftlichen historischen Werke. Der Athener Politiker und Historiker begründete damit die objektive Geschichtsschreibung, die der Wahrheitssuche dient.

Büste des Pyrrhos I. Der Kriegsherr starb einige Jahre nach seinem „Pyrrhussieg". Er hatte mit seinen Truppen die peloponnesische Stadt Argon eingenommen, beim Straßenkampf gegen die Bevölkerung traf ihn ein hinabgeworfener Ziegel im Genick.

Warum kommt ein Pyrrhussieg einer Niederlage gleich?

Pyrrhos I. (lat. Pyrrhus, 319–272 v. Chr.), König der Molosser im Norden Griechenlands, eroberte bis zum Jahr 287 v. Chr. weite Teile der Balkanhalbinsel. Im Jahr 280 rief ihn das sizilianische Tarent gegen Rom zu Hilfe. Pyrrhos setzte nach Italien über, wo er die Römer schlug. Allerdings erlitt seine Armee dabei selbst so große Verluste, dass er laut Plinius den Spruch tätigte: „Sind wir noch einmal siegreich gegen die Römer, sind wir verloren!"

Erreichten Hannibals Elefanten wirklich Italien?

Im Jahr 218 v. Chr. zog der karthagische Feldherr Hannibal mit einem 38 000–50 000 Mann starken Heer und 37 Kriegselefanten von Spanien nach Norditalien und löste damit den Zweiten Punischen Krieg aus. So berichtet es unter anderem der griechische Historiker Polybios (um 200–120 v. Chr.). Und seine Aussage wird von Historikern nicht bezweifelt. Allerdings besteht Ungewissheit, welche Route das karthagische Heer bei seinem Feldzug gegen das Römische Reich wählte. Da die Römer Hannibal den Weg entlang der Mittelmeerküste versperrten, zog er wohl durchs Rhônetal und über die vereisten Alpen. Im Oktober 218 erreichte er das Po-Tal in Oberitalien. Die Tortur hatte jedoch nur ein Dickhäuter überlebt, nämlich Hannibals persönlicher Elefant Surus. Von ihm berichten gleich mehrere römische Geschichtsschreiber, darunter Plautus (um 254–184 v. Chr.).

Wurde Cäsar per Kaiserschnitt geboren?

Der römische Geschichtsschreiber Plinius der Ältere berichtet in seiner *Naturgeschichte*, Julius Cäsar (100–44 v. Chr.) verdanke seinen Namen der Tatsache, dass er aus dem Leib seiner Mutter geschnitten worden sei – herausschneiden heißt auf Lateinisch *caedere*. Aus dieser Legende und der Tatsache, dass der Name Cäsar zum Synonym für Kaiser wurde, entwickelte sich auch unsere heutige Bezeichnung Kaiserschnitt. Medizinhistoriker sind sich jedoch einig, dass Cäsar das Licht der Welt auf natürliche Weise erblickte, da seine Mutter noch 50 Jahre weiterlebte – was in der Antike nach einem Kaiserschnitt undenkbar gewesen wäre. Er wurde zwar schon seit dem 6. Jh. v. Chr. ausgeführt, aber nur, um das Kind zu retten, wenn die Mutter im Sterben lag oder bereits gestorben war.

Gab es Spartacus wirklich?

Als Roman- oder Leinwandheld ist Spartacus vielen ein Begriff. Tatsächlich beruhen Howard Fasts Roman (1951) und die Stanley-Kubrick-Verfilmung (1960) auf einer historischen Person, auch wenn Fast – teils mangels verlässlicher Quellen – manches frei erfunden hat. Sicher ist: Spartacus floh 73 v. Chr. zusammen mit 70 Kelten und Thrakern aus einer Gladiatorenschule im süditalienischen Capua. Schnell versammelte er Tausende entflohener Sklaven und entrechteter Freier hinter sich und besiegte mehrmals römische Truppen, bis ihn schließlich Marcus Licinius Crassus

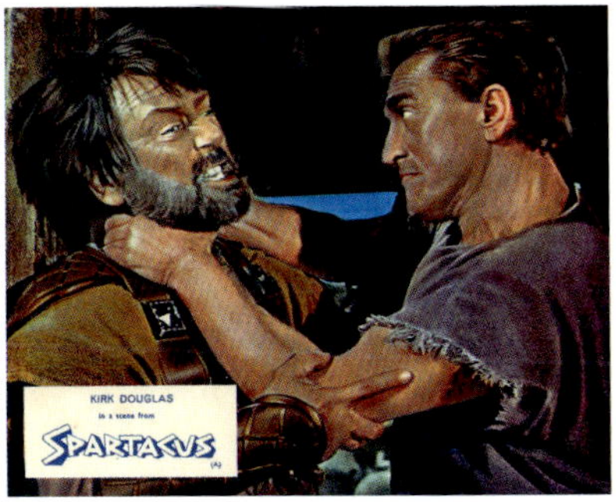

Kirk Douglas als Spartacus in Stanley Kubricks Verfilmung

nach Süditalien zurückdrängte. In der Entscheidungsschlacht in Lukanien wurde Spartacus 71 v. Chr. getötet, insgesamt verloren auf dem Schlachtfeld oder am Galgen rund 11 000 Sklaven ihr Leben. Noch zur Zeit des Ersten Weltkriegs stellte Spartacus für den marxistischen Spartakusbund ein Symbol des Klassenkampfes dar.

Welche Ziele hatten die Völker bei der Völkerwanderung?

Wanderbewegungen einzelner germanischer Stämme gab es bereits ab dem 3. Jh. v. Chr. Die Völkerwanderung im engeren Sinne begann – begünstigt durch die Krise des römischen Kaiserreichs zwischen 235 und 285 n. Chr. – jedoch erst im 3. Jh. n. Chr. Bereits 260 drangen Alamannen über den Limes nach Südwestdeutschland vor. Mit dem Einfall der Hunnen in Südrussland um 375 wurde schließlich eine Kettenreaktion ausgelöst, die in den nächsten 120 Jahren ganz Europa veränderte und den Untergang des Weströmischen Reiches im Jahr 476 besiegelte. Auf ehemals römischem Boden gründeten die germanischen Stämme neue Königreiche: etwa die Ostgoten in Italien und die Franken im heutigen Frankreich.

Europakarte mit aktuellen Ländergrenzen: Die Westgoten (blau) und die Vandalen (rot) haben bei der Völkerwanderung die weitesten Strecken zurückgelegt.

Hätten Sie's gewusst?

Griechenland und die Perserkriege

Im 6. Jh. v. Chr. hatten die Perser ein riesiges Reich errichtet, das auch die griechischen Städte an der Westküste der heutigen Türkei umfasste. Anfang des 5. Jhs. v. Chr. erhoben sich diese Städte gegen die Fremdherrschaft, doch ihr Aufstand scheiterte. Dareios I., Großkönig der Perser, führte als Reaktion darauf einen Feldzug ins griechische Mutterland, wurde dort aber von den Athenern bei Marathon (490 v. Chr.) geschlagen. Sein Sohn Xerxes I. startete zehn Jahre später einen erneuten Versuch: Mit einem Großaufgebot an Soldaten gelang ihm ein Sieg in der Schlacht an den Thermopylen, einer heute versandeten Meerenge am Kallidromo-Gebirge. Aber es folgten schwere Niederlagen gegen die verbündeten griechischen Stadtstaaten in der Seeschlacht bei Salamis (480 v. Chr.) und in der Landschlacht bei Plataiai (479 v. Chr.). Die Perser, obwohl militärisch weit überlegen, mussten sich abermals zurückziehen. Griechenland dagegen wurde im Lauf der weiteren Geschichte zur Großmacht und zur Wiege der europäischen Kultur.

Fand die Varusschlacht wirklich im Teutoburger Wald statt?

Seit 1875 gedenkt das Hermannsdenkmal bei Hiddesen im Teutoburger Wald der Schlacht zwischen den vom Cheruskerfürsten Arminius (= Hermann) angeführten Germanen und den Römern im Jahr 9 n. Chr. Dabei konnte Arminius die Besatzungsmacht aus den Gebieten zwischen Rhein und Elbe zurückdrängen. Umstritten ist allerdings, ob die Schlacht überhaupt im Teutoburger Wald stattgefunden hat. Zahlreiche archäologische Funde deuten viel eher darauf hin, dass die drei Legionen des Varus, eines Feldherren des Kaisers Augustus, im heutigen Kalkriese bei Osnabrück in einen Hinterhalt gelockt und aufgerieben wurden – ca. 100 km nordwestlich des Teutoburger Walds.

„Varus, gib mir meine Legionen wieder!“

Kaiser Augustus, als er von Varus' Niederlage erfuhr (nach Sueton, 70–122)

Warum haben die Vandalen einen so schlechten Ruf?

Vandalen nennen wir heute Menschen, die von blinder Zerstörungswut geleitet sind. Historisch betrachtet waren die Vandalen ein germanisches Volk, das bis zum 6. Jh. n. Chr. existierte. Der französiche Bischof und Politiker Henri-Baptiste Grégoire verurteilte 1794, also während der Französischen Revolution, die Zerstörung von Kirchenkunst durch die Jakobiner als Vandalismus. Dabei beging er leichtsinnig Rufmord, denn die Vandalen waren alles andere als ungesittete, rohe Barbaren. Zeugnisse aus Nordafrika, wo Vandalen im Zuge der Völkerwanderung 429 ein Königreich begründeten, belegen, dass sie die dort vorgefundenen kulturellen Errungenschaften durchaus sicherten und übernahmen. 455 plünderten sie das im Niedergang befindliche Rom und machten sich damit die römisch-aristokratische Elite zum Feind, die zum Teil enteignet wurde. Wohl auf den Berichten eben dieser alten Oberschicht beruht Grégoires Irrtum und der schlechte Ruf der Vandalen, der sich bis heute hartnäckig hält.

Das „mittlere Alter"

Weder der genaue Beginn noch das Ende des Mittelalters können präzise bestimmt werden. Häufig wird der Untergang des Römischen Reichs (ab 476 n. Chr.) bzw. bereits die Völkerwanderung (ab 375 n. Chr.) als Beginn dieser Epoche angesehen. Das Ende des Mittelalters kann an der Entdeckung Amerikas im Jahre 1492 oder auch an Luthers Thesenanschlag 1517 festgemacht werden. Ein weitverbreitetes Vorurteil stimmt jedenfalls sicher nicht: dass das Mittelalter ein finsteres Zeitalter war.

Was ist das Lehnswesen?

Das Lehnswesen war Grundlage der mittelalterlichen Gesellschaftsordnung. Sie beschreibt das Verhältnis zwischen Lehnsherr und seinen Gefolgsleuten, den Lehnsmännern bzw. Vasallen: Der Vasall war zu Dienst und Gehorsam gegenüber seinem Herrn verpflichtet, dieser im Gegenzug zu Schutz und Unterhalt. In den mittelalterlichen Lehnsstaaten Europas war der König oberster Lehnsherr, der an seine Kronvasallen Lehen – Land oder Ämter – verteilte. Der Lehnsdienst bestand aus Heerfahrt und Hoffahrt, also Kriegsdienst und Beratung des Königs. Die Kronvasallen konnten wiederum Untervasallen belehnen. Das untere Ende der Lehnspyramide bildeten unfreie Bauern.

Wie lange bestand das Heilige Römische Reich?

Karl der Große, König der Franken, ließ sich im Jahr 800 von Papst Leo III. in der Tradition des antiken Römischen Reiches zum ersten römischen Kaiser des mittelalterlichen Abendlands krönen. Nach Karls Tod kam es unter seinen Kindern und Enkeln zu verschiedenen Teilungen. Eines der Teilreiche war das Ostfränkische Reich. Im 10. Jh. wurde es zu dem Staatsgebilde, für das 1157 unter Kaiser Friedrich Barbarossa erstmals der Begriff Heiliges Reich (*Sacrum Imperium*) belegt ist. Seit 1254 wurde es in Königsurkunden als Heiliges Römisches Reich (*Sacrum Romanum Imperium*) bezeichnet. Um die deutschen Reichsteile von denen in Burgund und Italien zu unterscheiden, bürgerte sich um 1440 der Zusatz „deutscher Nation" ein. Unter dem Eindruck der napoleonischen Eroberungen und als Folge der Gründung des Rheinbunds im Jahr 1806 unter dem Protektorat Napoleons, dem sich 16 süd- und westdeutsche Fürstentümer angeschlossen hatten, zerfiel das Reich. Im August 1806 legte sein letzter Kaiser Franz II. die Krone nieder. Von der Krönung Karls des Großen bis zu diesem Zeitpunkt waren also über 1000 Jahre vergangen.

Karlsbüste aus dem Aachener Domschatz: In dem 1350 geschaffenen Reliquiar soll die Schädeldecke des ersten Kaisers des Heiligen Römischen Reichs enthalten sein.

Was bedeutet *ora et labora*?

Um 529 gründete Benedikt von Nursia im italienischen Monte Cassino das erste Kloster des nach ihm benannten Benediktinerordens. In seiner Ordensregel legte er die Grundlagen des klösterlichen Zusammenlebens fest, die fortan für das gesamte abendländische Mönchstum zum Vorbild wurden. Diese Regeln sahen vor, dass Mönche sich nicht nur dem Gebet widmen sollten, sondern auch der Arbeit und der Fürsorge für die Armen. Die erst im Spätmittelalter aufgekommene Losung *ora et labora* – „Bete und arbeite" – bringt diese benediktinische Geisteshaltung auf einen kurzen Nenner.

Wer musste den Gang nach Canossa antreten?

Der sogenannte Investiturstreit des 11./12. Jhs. war ein Konflikt zwischen geistlicher und weltlicher Macht. Er entbrannte an der Frage, wem das Recht zur Amtseinsetzung (Investitur) von Bischöfen und Äbten zustehen solle: den Landesherrn, die diese Stütze ihrer Macht nicht aufgeben wollten, oder dem Papst. 1076 eskalierte der Konflikt, nachdem König Heinrich IV. zusammen mit zahlreichen deutschen Bischöfen Papst Gregor VII. die Gefolgschaft aufgekündigt hatte und dieser Heinrich daraufhin exkommunizierte und für abgesetzt erklärte. Der bis dato beispiellose Vorgang erschütterte Heinrichs Machtbasis im Reich und er sah sich gezwungen, im Januar 1077 im Büßergewand vor der Burg von Canossa, dem Rückzugsort des Papstes, zu erscheinen. Nach drei Tagen, in denen Heinrich im Schnee ausharren musste, hob Gregor den Kirchenbann auf.

König Heinrich IV. wartet auf die Aufhebung des Kirchenbanns. Holzstich nach einer Zeichnung von Hubert von Heyden (1860–1911), Kolorierung später.

Woher kommt der Begriff Kreuzzug?

Deus lo vult – Gott will es! Mit diesen Worten rief Papst Urban II. auf der Synode in Clermont 1096 die Christenheit zu einem „heiligen Krieg" gegen den Islam auf. Zuvor hatten türkische Heere Jerusalem erobert und christliche Pilger stießen auf ihren Wallfahrten zu den heiligen Stätten auf immer stärkere Hindernisse. Der Aufruf des Papstes fiel auf fruchtbaren Boden, enthusiastisch zogen kampfbereite Christen im Zeichen des Kreuzes in den Krieg. Und dieses Zeichen ist wörtlich zu sehen: Es wurde an die rechte Schulter oder an die Brust geheftet. Von diesem Symbol leitete sich dann der Begriff Kreuzzug ab.

Machte Stadtluft wirklich frei?

Im Mittelalter waren Bauern oft Leibeigene, d. h. sie befanden sich in Abhängigkeit von ihrem Leibherrn, wa-

Jahr und Tag

Der sprichwörtlich gewordene Ausdruck ist im Sachsenspiegel auf ein Jahr, sechs Wochen und drei Tage festgelegt: Zur Jahresfrist kamen sechs Wochen Gerichtsfrist, da das Gericht alle sechs Wochen tagte, und drei Gerichtstage: So lange wurde getagt.

Hätten Sie's gewusst?

Unser ältestes Gesetzbuch

Das Rechtswesen des Frühmittelalters bestand im Wesentlichen aus mündlich überliefertem Gewohnheitsrecht, das von Region zu Region, von Ort zu Ort, unterschiedlich sein konnte. Der Sachsenspiegel fasste als ältestes deutsches Rechtsbuch dieses Gewohnheitsrecht zusammen. Er stammt aus der Feder von Eike von Repgow und entstand zwischen 1220 und 1235. Bald erlangte er gesetzesgleiches Ansehen und wurde zum Vorbild für mehrere ähnliche Gesetzessammlungen jenseits der Grenzen des Heiligen Römischen Reichs. Weil er nicht auf Latein verfasst, sondern in mittelniederdeutscher Sprache geschrieben wurde, ist er auch ein bedeutendes Werk der deutschen Literaturgeschichte.

ren unter anderem an dessen Gutshof gebunden, dessen Gerichtsbarkeit unterworfen und mussten verschiedene Dienste leisten. Zwar etablierte sich im 12. Jh. der Rechtsgrundsatz, dass Leibeigene aus dieser Abhängigkeit befreit wurden, wenn sie sich „nach Jahr und Tag" in einer Stadt aufgehalten hatten und der Leibherr während dieser Zeit keine Forderungen gestellt hatte. Doch wurden sie damit in der Regel nicht gleichberechtigte Stadtbürger, sondern begaben sich vielmehr in eine neue Abhängigkeit als ungelernte Lohnarbeiter. Bereits 1231/32 wurde der Grundsatz zugunsten der Leibherren wieder aufgehoben.

Was stand in der Goldenen Bulle von 1356 – und warum heißt sie so?

Als Bulle bezeichnete man im Mittelalter Rechtsurkunden, benannt nach dem Siegel (lat. *bulla* = Blase), das auch aus Gold bestehen konnte. Die berühmteste Goldene Bulle, 1356 unter Karl IV. erlassen, regelte die Wahl des Königs des Heiligen Römischen Reichs und blieb als bedeutendstes „Verfassungsgesetz" bis 1806 in Kraft.

Zur Königswahl berechtigt waren die Kurfürsten: die Erzbischöfe aus Trier, Köln und Mainz, der König von Böhmen, der Pfalzgraf bei Rhein, der Herzog von Sachsen und der Markgraf von Brandenburg. In der Neuzeit kamen noch die Herzöge von Bayern und Braunschweig-Lüneburg als Kurfürsten hinzu.

Von der Goldenen Bulle gab es vermutlich sieben Anfertigungen für die sieben Kurfürsten. Nicht alle sind noch so gut erhalten wie das Kölner Exemplar. Alle Exemplare sind archiviert und werden nur in Sonderausstellungen gezeigt.

Rekord!

Der „beste aller Ritter“
Er war die Verkörperung von bedingungsloser Treue und Loyalität, er diente fünf englischen Königinnen, stieg gar zu ihrem Ratgeber auf und rettete heldenhaft Eleonore von Aquitanien, die Gemahlin von Heinrich II., aus den Fängen eines Rebellen. Er kämpfte im Heiligen Land gegen die Sarazenen und bezwang in Ritterturnieren über 500 Gegner, davon allein in einer Saison 102: William Marshall (1144–1219), der aufgrund seiner anglo-normannischen Abstammung auch als Guillaume le Maréchal bekannt ist, galt bereits Zeitgenossen zu Recht als bester Ritter aller Zeiten.

Wie viele Opfer forderte der Schwarze Tod in Europa?

Im Jahr 1347 breitete sich von Kleinasien und Südosteuropa die später als Schwarzer Tod bezeichnete Lungen- und Beulenpest aus, die bis 1353 fast alle Regionen Europas heimsuchte. Sie hinterließ mancherorts entvölkerte Landstriche: Forscher schätzen, dass bis zu 25 Mio. Menschen – rund ein Drittel der damaligen Bevölkerung – an der Seuche starben. Eine genaue Bezifferung ist jedoch nicht möglich, auch weil die Opferzahlen in den zeitgenössischen Quellen oft höher angegeben wurden, um den Schrecken der Pest hervorzuheben.

Darstellung der Beulenpest aus dem 15. Jahrhundert

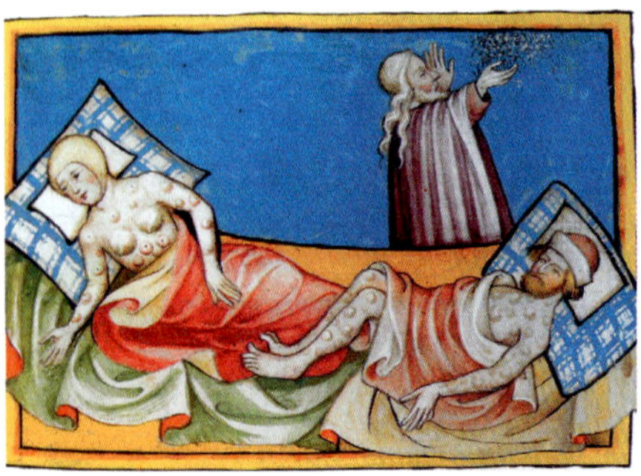

Wer stand sich im Hundertjährigen Krieg gegenüber?

Der Hundertjährige Krieg zwischen Frankreich und England dauerte – mit Unterbrechungen – sogar 116 Jahre: von 1337 bis 1453. Entbrannt war er durch das Bestreben Frankreichs, die Engländer aus der Gascogne im Südwesten Frankreichs zu vertreiben, worauf England im Gegenzug Anspruch auf den französischen Thron erhob. Ab 1415 konnte England unter Heinrich V. Nord- und Südwestfrankreich erobern und sich den Erbanspruch auf Frankreichs Krone sichern, wurde dann aber vom französischen König Karl VII. und Jeanne d'Arc zurückgedrängt.

Was haben die Goten mit der Gotik zu tun?

Die Goten waren ein germanischer Stamm, dessen Ursprung im Dunkel der Geschichte liegt. Im Zuge der Völkerwanderung gründeten sie ab dem 5. Jh. auf dem Boden des römischen Kaiserreichs eigene Königreiche. Sie dienten als Namensgeber des vom 12. bis 16. Jh. in ganz Europa vorherrschenden Architekturstils der Gotik. Die Bezeichnung ist aber keineswegs zeitgenössisch, sondern war eine Verunglimpfung, die während der folgenden Kunstepoche, der Renaissance, aufkam. Der Zeitgeschmack orientierte sich nun hauptsächlich an den kulturellen Errungenschaften der Antike, die Baukunst des Mittelalters wurde hingegen als barbarisch empfunden und deshalb mit den Goten gleichgesetzt – wohl in Unkenntnis der kulturellen und politischen Errungenschaften dieses Stammes. 1772 rief Goethes Schrift *Von deutscher Baukunst* ein neues Interesse an der Gotik in Deutschland hervor.

Die Neuzeit – schöne neue Welt?

Von den Bauernkriegen über die Französische Revolution bis hin zu den deutschen Einigungskriegen – die Neuzeit bis zum Ende des 19. Jhs. war geprägt durch politische und soziale Konflikte. Aber auch die industrielle Revolution spielte eine wichtige Rolle, denn der enorme technische Fortschritt innerhalb der letzten Jahrhunderte hat unser Leben von Grund auf verändert.

In wessen Auftrag suchte Kolumbus einen Seeweg nach Indien?

Schon in jungen Jahren begeisterte sich der italienische Seefahrer Christoph Kolumbus, 1451 in Genua geboren, für den Gedanken, eine Westroute nach Indien zu entdecken. Ab 1476 versuchte er vergeblich, Portugal – zu dieser Zeit die führende Seefahrernation – für eine Expedition zu gewinnen. Mehr Erfolg hatte er in Spanien, wo er mit Isabella I. von Kastilien und Ferdinand II. von Aragón im April 1492 einen Vertrag schloss, in dem ihm unter anderem drei Schiffe für sein Vorhaben zugesichert wurden. Kolumbus entdeckte jedoch bekanntermaßen keinen neuen Seeweg nach Indien, sondern gleich die Neue Welt – und Spanien legte den Grundstein für sein Kolonialreich in Nord- und Südamerika.

Westroute

Schon in der Antike wusste man, dass die Erde eine Kugel ist. Aristoteles formulierte die Idee, dass man innerhalb weniger Tage nach Asien segeln könne, wenn man sich nach Westen durch die Straße von Gibraltar aufmache. Davon ließ Kolumbus sich inspirieren – allerdings war niemandem klar, welch große Entfernungen man dabei zu überwinden hätte.

Gab es Martin Luthers Thesenanschlag wirklich?

Mit dem Pontifikat Leos X. erreichte der Ablasshandel, bei dem sich die Gläubigen den Erlass ihrer Sündenstrafen erkaufen mussten, ihren Höhepunkt. Gegen diese Praxis wandte sich der sächsische Dominikanermönch und Prediger Martin Luther, der die Gläubigen dazu aufforderte, sich in Demut der Gnade Gottes anzuvertrauen. In Briefen an seine kirchlichen Vorgesetzten prangerte er am 31. Oktober 1517 den Ablasshandel an. Diesen Schreiben legte er 95 auf Latein verfasste Thesen bei, in denen er seine Kritik theologisch unterfütterte und die Verschwendungssucht der katholischen Kirche verurteilte. Dass er die Thesen an die Tür der Wittenberger Schlosskirche nagelte, gehört wohl eher ins Reich der Legenden. Wenn auch nicht für die Öffentlichkeit bestimmt, verbreiteten sie sich dennoch dank des Buchdrucks in Windeseile und markierten so den Beginn der Reformation.

„Hier stehe ich und kann nicht anders" (Luther-Denkmal in Wittenberg) – das berühmte Luther-Zitat, mit dem der Reformator einen Widerruf seiner Thesen abgelehnt haben soll, ist nicht belegt.

Wer kämpfte im Bauernkrieg gegeneinander?

Der Deutsche Bauernkrieg von 1524–1526 war die erste überregionale Erhebung der Bevölkerung gegen die Obrigkeit auf deutschem Boden. Die Aufständischen in Süddeutschland, Thüringen und auf dem Gebiet des heutigen Österreich und der Schweiz lehnten sich gegen den zunehmenden Druck der Grundherrschaft auf, der sich in Leibeigenschaft, hohen Steuern und Einschränkung der Nutzung von gemeinschaftlichem Grundbesitz äußerte. Ihre Forderungen vermengten sich mit religiösen Inhalten der Reformation. Die Bauern schlossen sich in Bauernbünden, sogenannten Haufen, zusammen, die sich allerdings nach anfänglichen Erfolgen der militärischen Überlegenheit der Obrigkeit beugen mussten. Um weitere Aufstände zu verhindern, verbesserten mehrere Landesherren in der Folgezeit die wirtschaftliche Lage der Bauern.

Dieses Gemälde von Karl V. wurde lange Tizian zugeschrieben, heute vermutet man aber, dass der Niederländer Lambert Sustris der Schöpfer war.

In wessen Reich ging nie die Sonne unter?

Im Jahr 1516 gelangte der Habsburger Karl auf den spanischen Thron, als Karl V. wurde er 1519 zum König des Heiligen Römischen Reichs gewählt. Zu seinem Herrschaftsbereich zählten 1558, seinem Todesjahr, außerdem Sizilien, die Kanaren, das Vizekönigreich Peru und das Vizekönigreich Neuspanien, das Mittelamerika, Teile Nordamerikas und die Karibischen Inseln umfasste. Im Pazifik griff das spanische Kolonialreich außerdem nach den Philippinen, sodass Karl mit Fug und Recht behaupten konnte, dass in seinem Reich nie die Sonne untergehe. Nach seinem Tod teilte sich das Habsburger Reich in eine deutsche und eine spanische Linie auf.

Welches Ereignis löste den Dreißigjährigen Krieg aus?

Der Dreißigjährige Krieg von 1618–1648 war zunächst ein konfessionell geprägter Konflikt zwischen den Reichsständen der Protestantischen Union und der mit den Reichsständen der Katholischen Liga verbündeten Habsburger Monarchie, die seit Mitte des 15. Jhs. den Kaiser stellte. Ausgelöst wurde der Krieg durch den zweiten Prager Fenstersturz am 23. Mai 1618, bei dem protestantische böhmische Stände zwei Statthalter des böhmischen Königs, des Habsburgers Ferdinand II., aus einem Fenster der Prager Burg warfen (beide überlebten den Sturz). Rund ein Jahr später setzten die Aufständischen Ferdinand ab und wählten den pfälzischen Kurfürsten Friedrich V. zum neuen böhmischen

Reichsstände

Die Reichsstände waren Personen oder Vereinigungen, die mit Sitz und Stimme im Reichstag vertreten waren. Die Reichsstände der Protestantischen Union umfassten acht protestantische Fürsten und 17 Städte. Die Katholische Liga wurde als Reaktion auf die Union gegründet. Ihre Mitglieder waren fast alle katholischen Herzog- und Fürstentümer, Stifte und Klöster im Reichstag.

König. Nach dem endgültigen Sieg der Katholischen Liga 1623 weitete sich der Konflikt durch das Eingreifen Dänemarks, Frankreichs und Schwedens zu einem europäischen Kräftemessen aus, in dem die konfessionellen Gegensätze an Bedeutung verloren.

Was regelte der Westfälische Friede?

Der Westfälische Friede ist ein Vertragswerk, das im Jahr 1648 den Dreißigjährigen Krieg beendete. Geschlossen wurde er zwischen Kaiser Ferdinand III. und Frankreich im katholischen Münster sowie zwischen dem Kaiser und Schweden im protestantischen Osnabrück. Die Reichsstände schlossen sich an. Der Westfälische Friede schränkte zwar die kaiserliche Macht ein: Er bestätigte die volle Landeshoheit der Reichsstände, gewährte ihnen die Bündnisfreiheit und stärkte den Reichstag in außenpolitischen Fragen. Dafür verhinderte er ein Auseinanderfallen des Reiches in Einzelstaaten, auch wenn die Schweiz und die Niederlande aus dem Reichsverband ausschieden und Frankreich und Schweden einige Gebiete links des Rheins bzw. an Ost- und Nordsee erhielten. Außerdem wurde der Augsburger Religionsfriede von 1555 erneut anerkannt und damit der konfessionelle Konflikt im Reich beigelegt.

Wie lautete das Motto der Französischen Revolution?

Unter der Parole „Freiheit, Gleichheit und Brüderlichkeit“ (frz. *liberté, égalité, fraternité*) fegte der Sturm der Französischen Revolution von 1789 bis 1799 die Monarchie in Frankreich hinweg. Die Schlagwörter waren allerdings schon während der Aufklärung geprägt worden – der adelige Bischof und Schriftsteller François Fénelon (1651–1715) hatte sie als Erster zusammengefügt. Als im August 1789 von der Nationalversammlung die *Erklärung der Menschen- und Bürgerrechte* abgegeben wurde, bildeten die Schlagwörter das ideologische Gerüst: Alle Menschen werden „frei und gleich an Rechten“ geboren und sind in Brüderlichkeit verbunden. 1790 schlug der Revolutionsführer Maximilian de Robespierre (1758–1794) vor, die Parole auf Flaggen und Uniformen zu schreiben – sein Plan wurde nicht umgesetzt. Ab 1793 fand sich das Motto dann auf Häuserfasaden in französischen Städten wieder. 1958 wurde die Parole schließlich in der französischen Verfassung verankert.

Reichstag

Reichstag nannte man die Versammlung der Reichsstände des Heiligen Römischen Reichs. Sie bildeten ein Gegengewicht zur Macht des Kaisers. Der Reichstag wurde unregelmäßig einberufen und fand in verschiedenen Städten statt. 1663 einigte man sich auf Regensburg als Tagungsort.

Der Sturm auf die Bastille am 14. Juli 1789 gilt als symbolischer Beginn der Französischen Revolution.

War Napoleon auffallend klein?

Überliefert ist eine Körpergröße Napoleons (1769–1821) von fünf Fuß, zwei Zoll und drei Linien. Es entspricht 168,5 cm. Für heutige Verhältnisse hätte er daher tatsächlich eher zu den kleineren Menschen gehört. Allerdings: Zu seinen Lebzeiten wurde ein durchschnittlicher französischer Rekrut nur etwa 1,62 m groß. Der Mythos, dass Napoleon ein „Pimpf" gewesen sei, ist also viel eher der englischen Propaganda zu verdanken.

Wer kämpfte in der Leipziger Völkerschlacht gegeneinander?

Die Völkerschlacht bei Leipzig war die entscheidende Schlacht der sogenannten Befreiungskriege, in denen die Monarchien Europas die Fremdherrschaft Napoleons abschüttelten. Zuvor hatte der Kaiser der Franzosen Spanien, Italien, die Niederlande, weite Teile Deutschlands und die Illyrischen Provinzen auf dem Balkan unter seine Abhängigkeit gebracht. Wendepunkt in den Befreiungskriegen war der fehlgeschlagene Russlandfeldzug Napoleons 1812/13. Im Oktober 1813 standen sich schließlich Napoleons Truppen und die verbündeten Armeen Russlands, Preußens, Österreichs und Schwedens bei Leipzig gegenüber. Von rund 600 000 Mann verloren 92 000 ihr Leben oder wurden verwundet. In der Folge zog sich die französische Armee hinter den Rhein zurück. Den Begriff Völkerschlacht prägte der Schriftsteller Achim von Arnim (1781–1831).

Gelebte Geschichte: Anlässlich des 200. Jahrestags der Völkerschlacht wurden die Kämpfe vor Ort nachgestellt.

Was war der Deutsche Bund?

Nach der Niederlage Napoleons stand auf dem Wiener Kongress 1814/15 die territoriale Neuordnung Europas auf der Agenda. Ein Ergebnis des Kongresses war die Gründung des Deutschen Bundes. Er umfasste insgesamt 41 Staaten, darunter auch Preußen und Österreich. Entscheidungen in inneren und äußeren Angelegenheiten fällte die Bundesversammlung in Frankfurt, die sich aus den Delegierten der Mitgliedsstaaten zusammensetzte. Der Bund zerbrach im Deutschen Krieg 1866, da die Bundespartner zu unterschiedliche Interessen verfolgten.

Wofür ist die Frankfurter Paulskirche bekannt?

In der Märzrevolution 1848 hatten sich bürgerlich-liberale Kräfte gegen die Monarchien des Deutschen Bundes erhoben. Sie setzten die Wahl zu einer gesamtdeutschen verfassungsgebenden Versammlung durch. Diese Versammlung wurde nach ihrem Tagungsort Frankfurter Nationalversammlung genannt und trat erstmals am 18. Mai 1848 in der Paulskirche zusammen. Die rund 600 Abgeordneten versuchten, eines der Hauptziele der Revolution zu verwirklichen: den losen Staatenbund durch einen gesamtdeutschen Bundesstaat zu ersetzen. Nachdem der preußische König Friedrich Wilhelm IV. die ihm angetragene deutsche Kaiserkrone abgelehnt hatte, war jedoch auch die durch die Nationalverfassung verabschiedete Reichsverfassung gescheitert und die Nationalversammlung wurde im Juni 1849 aufgelöst.

Wie hängen industrielle Revolution und soziale Frage zusammen?

Industrielle Revolution bedeutet den Übergang von der Agrar- zur Industriegesellschaft. Möglich wurde er durch die Entwicklung neuer Antriebs- und Arbeitstechniken, gerade in Bezug auf Fabrikproduktion. Eine Folge des Wandels war die Entstehung einer Arbeiterschaft, die, unkontrolliert ausgebeutet, unter sozialer Verelendung litt. Dies und der wachsende Druck der aufkommenden Arbeiterbewegung waren Ursachen für die Sozialreformen, die in Deutschland unter Bismarck ab 1883 durchgeführt wurden.

Hätten Sie's gewusst?

An provokanter Stelle: die Ausrufung des Deutschen Kaiserreichs
Während des Deutsch-Französischen Krieges 1870/71 erklärten die süddeutschen Staaten Baden, Bayern, Württemberg und Hessen-Darmstadt im November 1870 den Beitritt zum von Preußen dominierten Norddeutschen Bund. Damit war die Grundlage für die Ausrufung des Deutschen Kaiserreichs geschaffen: Am 18. Januar 1871 nahm der preußische König als Wilhelm I. die deutsche Kaiserkrone an. Ort der Proklamation war – als besondere Demütigung des französischen „Erbfeinds" – der Spiegelsaal des Versailler Schlosses bei Paris, das die deutsche Armee seit September 1870 eingeschlossen hatte.

„Das Proletariat ist entstanden durch die industrielle Revolution."

Friedrich Engels (1820–1895)

Hätten Sie's gewusst?

Es gab nicht nur eine industrielle Revolution
Wenn wir von industrieller Revolution sprechen, meinen wir damit meist die Veränderungen, die ab dem späten 18. Jh. um sich griffen. Aber auch zu späteren Zeiten gab es technische Entwicklungen, die zu tief greifenden Umwälzungen führten.

Bereich	ab 1780	ab 1890	ab 1990
technische und rohstoffliche Innovationen	mechanischer Webstuhl, Dampfmaschine, Eisenverarbeitung	Elektrizität, Chemie, Verbrennungsmotor, Fließband, Kunststoffe	Informations- und Kommunikationstechnik, Mikroelektronik, Biotechnologie, Recycling
Energieträger	Kohle	Kohle, Öl, Kernkraft	erneuerbare Energien
Transport und Kommunikation	Eisenbahn, Telegrafie	Kraftfahrzeuge, Flugzeuge, Radio und Fernsehen	Internet, Mobilfunk
Gesellschaftstypen	Bürgerliche Gesellschaft	Massengesellschaft	globalisierte Gesellschaft

Vom Ersten Weltkrieg bis zum Arabischen Frühling

Während die erste Hälfte des 20. Jhs. durch die beiden Weltkriege geprägt war, steht die zweite Hälfte unter dem Zeichen des Neubeginns. Für Deutschland bestimmend wird die Teilung in BRD und DDR, die „Wende" am Ende des Jahrhunderts verändert nicht nur unser Land, sondern ganz Europa. Im 21. Jh. sind es dann viele islamische Länder, die an ihrer eigenen „Wende" arbeiten: dem Arabischen Frühling.

Was führte zum Ersten Weltkrieg?

Am Vorabend des Ersten Weltkriegs bestand in Europa ein fragiles Gleichgewicht zwischen den Großmächten. Während Großbritannien, Frankreich und Russland 1907 das Militärbündnis der *Triple Entente* geschlossen hatten, war das Deutsche Kaiserreich mit Österreich-Ungarn und formell auch Italien verbündet. Konnten in den Jahren zuvor Konflikte noch ohne militärische Auseinandersetzungen beigelegt werden, sollte die Julikrise von 1914 in den Ersten Weltkrieg münden. Auslösendes Ereignis dieser Krise war das Attentat von Sarajevo auf den österreichischen Thronfolger Franz Ferdinand und seine Frau Sophie durch serbische Nationalisten am 28. Juni 1914 – das Paar wurde auf einer Parade in ihrem offenen Wagen erschossen. Der einen Monat später ausgebrochene Krieg zwischen Österreich-Ungarn und Serbien weitete sich wegen Beistandsverpflichtungen schnell zum Ersten Weltkrieg aus, der Europa, den Nahen Osten, Afrika und Ostasien erfasste.

Franz Ferdinand und seine Frau Sophie in Sarajevo kurz vor dem Attentat

Wer verbreitete die Dolchstoßlegende?

Im Herbst 1918 befand sich das Deutsche Reich in einer militärisch aussichtslosen Situation. Zum Waffenstillstand, der von der Reichsregierung und von Vertretern der sozialdemokratischen Opposition unterschrieben worden war, gab es keine Alternative. Der Chef der Obersten Heeresleitung Paul von Hindenburg (1847–1934) hatte seine Zustimmung gegeben, den Waffenstillstand zu jedweden Bedingungen anzunehmen. Dennoch verbreitete die ehemalige militärische Führung schon bald nach Beendigung des Ersten Weltkriegs die Parole vom „im Felde unbesiegten Frontheer" und schob die Verantwortung für die Kapitulation auf die zivilen Politiker ab: Die Armee sei vor allem durch die revolutionären Umtriebe der sozialistischen Linken „von hinten erdolcht“ worden. Die Dolchstoßlegende erwies sich als schwere Hypothek für die Weimarer Republik, denn sie diente der politischen Rechten als antidemokratische Propagandaparole.

Was regelte das Ermächtigungsgesetz?

Das Ermächtigungsgesetz vom 24. März 1933 übertrug die gesamte Staatsgewalt auf die erst wenige Wochen zuvor benannte Reichsregierung Adolf Hitlers. Gesetze durften explizit von den Bestimmungen der Weimarer Reichsverfassung abweichen und ohne Beteiligung der Parlamente verabschiedet werden. Damit wurde das Ermächtigungsgesetz zu einer der wichtigsten Grundlagen der nationalsozialistischen Diktatur. Es blieb bis zum Ende des Zweiten Weltkriegs in Kraft. Verabschiedet wurde es von den rechten und bürgerlichen Kräften des Reichstags, einzig die SPD stimmte dagegen; die Abgeordneten der Kommunistischen Partei waren zuvor bereits auf Grundlage der Reichstagsbrandverordnung vom 28. Februar 1933 verhaftet worden: Nach dem Brand des Reichstags, der linksgerichteten Agitatoren in die Schuhe geschoben wurde, waren die Bürgerrechte außer Kraft gesetzt worden.

Hätten Sie's gewusst?

Die Bedeutung von „Holocaust“

Der englische Begriff geht auf das griechische *holócauston* (vollständig verbrannt) zurück. Er bezeichnet die systematische und industriell betriebene Vernichtung europäischer Juden. Zeigte sich die zerstörerische Wirkung des nationalsozialistischen Antisemitismus bereits in den Novemberpogromen 1938, so steigerten sich die Terrormaßnahmen mit Kriegsbeginn. Während der Wannsee-Konferenz (Januar 1942) wurde schließlich über die „Endlösung der Judenfrage“ beraten. Bis Kriegsende fielen dem Völkermord – größter Zivilisationsbruch der Geschichte – über 6 Mio. Menschen zum Opfer.

Welche Ereignisse bestimmten den D-Day des Zweiten Weltkriegs?

Was im deutschen Sprachgebrauch der Tag X ist, ist im angloamerikanischen der D-Day: ein Tag der Entscheidung. Als solchen betrachteten die Alliierten im Zweiten Weltkrieg die Landung US-amerikanischer, britischer und kanadischer Verbände in der Normandie unter General Eisenhower am 6. Juni 1944. Unter dem Codenamen „Operation Overlord“ war sie monatelang vorbereitet worden. 133 000 Soldaten landeten von Schiffen aus an den Stränden, 23 000 sprangen mit Fallschirmen über der Gegend ab. Bis Juli 1944 kamen insgesamt 1,5 Mio. alliierte Soldaten an, denen 500 000 deutsche Soldaten gegenüberstanden. Die erfolgreiche Invasion der Alliierten in der Normandie bis Ende Juli 1944 eröffnete eine zweite Front – im Osten rückte zeitgleich die Rote Armee vor – und gilt daher als wichtiger Wendepunkt im Zweiten Weltkrieg.

US-Soldat am Omaha-Beach: So nannten die Amerikaner den französischen Küstenabschnitt, an dem der D-Day begann.

Hätten Sie's gewusst?

Hitlers „letzter Zeuge"

Am 5. September 2013 starb im Alter von 96 Jahren Rochus Misch. Als Mitglied des Führerbegleitkommandos gehörte er von 1940 bis 1945 zum engsten Umfeld Adolf Hitlers, kam diesem so nah wie kaum ein anderer. Am 2. Mai 1945 von Joseph Goebbels aus dem Dienst als Telefonist entlassen, floh Misch aus dem Führerbunker und geriet in sowjetische Gefangenschaft, während der er verhört und gefoltert wurde. Nach acht Jahren Lagerinternierung kehrte er 1953 in seine Heimat zurück. Seine Autobiografie, 2006 erstmals in Frankreich erschienen, trägt den deutschen Titel *Der letzte Zeuge*: Nach dem Tod des SS-Adjutanten Otto Günsche (1917–2003) war er der letzte Überlebende, der von den Tagen im Berliner Führerbunker berichten konnte.

Was waren Bi- und Trizone?

Als sich die Gegnerschaft 1946 zwischen den westlichen Alliierten und der Sowjetunion abzeichnete, entschieden sich Großbritannien und die USA, ihre Besatzungszonen zum Vereinigten Wirtschaftsgebiet zusammenzufassen. Dieses Gebiet wurde inoffiziell Bizone genannt. Das entsprechende Abkommen trat zum 1. Januar 1947 in Kraft und gilt als wichtiger Schritt zur Teilung Deutschlands. Es wurden Zentralämter für Wirtschaft, Ernährung, Finanzen, Verkehr und Fernmeldewesen eingerichtet. Durch den Beitritt der französischen Zone am 8. April 1949 wurde die Bi- zur Trizone erweitert, bevor kurz danach die Bundesrepublik Deutschland Rechtsnachfolger des Wirtschaftsgebiets wurde.

Mit welchen Waffen wurde der Kalte Krieg geführt?

Bald nach dem Zweiten Weltkrieg bildeten sich zwei globale Machtblöcke: der marktwirtschaftlich orientierte, demokratische, von den USA dominierte Westen, der im militärischen Bündnissystem der NATO vereint war, und der sozialistische, totalitär regierte, von der Sowjetunion dominierte Ostblock der Warschauer-Pakt-Staaten. Abgesehen von einigen regional begrenzten Stellvertreterkriegen wie dem Vietnamkrieg 1959–1975, in denen die beiden Weltmächte intervenierten, wurde der Kalte Krieg nur indirekt ausgefochten. Die Mittel waren atomares Wettrüsten, Kriegsdrohungen, Propaganda oder politischer Druck. Obwohl die Welt vor allem während der Kubakrise 1962 kurz vor dem Ausbruch eines Dritten Weltkriegs stand, kam es letztlich nie zu

NATO- und Warschauer-Pakt-Staaten während des Kalten Kriegs

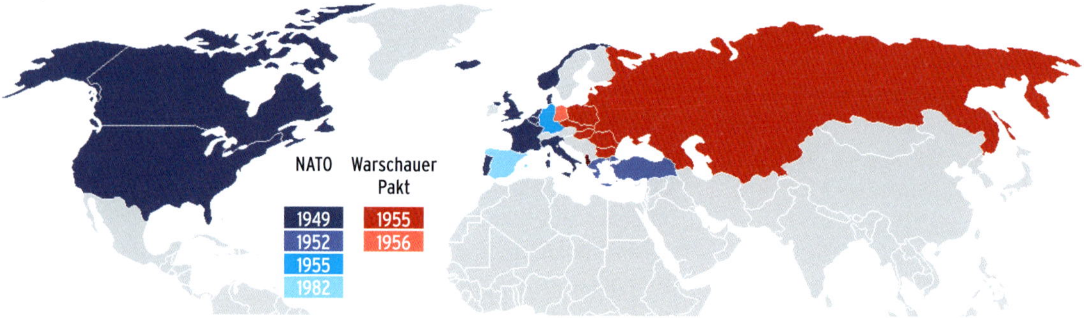

einer offenen militärischen Auseinandersetzung – der Ost-West-Konflikt 1945–1990 blieb also gewissermaßen ein „Kalter“ Krieg ohne Waffen.

Was geschah während der Kulturrevolution?

In den 1960er-Jahren tobte in China ein innenpolitischer Machtkampf: Die „pragmatische Linie“ wollte nach dem Sieg der Kommunisten im Bürgerkrieg das Land wirtschaftlich stärken und den Wiederaufbau vorantreiben. Mao Zedong (1893–1976) war dagegen bestrebt, den Klassenkampf fortzusetzen und den Sozialismus weiter zu stärken. Er setzte 1966 die Kulturrevolution in Gang. Sie wandte sich gegen „kapitalistische“ Tendenzen genauso wie gegen traditionelle chinesische Denk- und Lebensweisen. Dahinter verbargen sich politische Säuberungen, Verfolgung Andersdenkender und eine kultische Verehrung der Person Maos und seiner Lehren. Träger der Revolution waren vor allem in „Roten Garden“ organisierte Schüler und Studenten, die bald mit blutigem Terror gegen das von Mao heraufbeschworene Feindbild vorgingen. 1969 war die Kulturrevolution offiziell beendet, doch erst ab 1977 vollzog die chinesische Staatsführung eine allmähliche Abkehr von der Ideologie Maos.

Wer log, als er sagte: „Niemand hat die Absicht, eine Mauer zu errichten“?

Ende der 1950er-Jahre verhärteten sich die Fronten in der Berlin-Frage. Währenddessen verschärfte sich die Wirtschaftskrise der DDR durch den anhaltenden Flüchtlingsstrom in den Westen. Mitte des Jahres 1961 gab der sowjetische Regierungschef Nikita Chruschtschow schließlich dem Drängen der SED nach und stimmte einer Abriegelung der Westsektoren Berlins von Ost-Berlin und dem Staatsgebiet der DDR zu. Die Pläne zum Bau der Berliner Mauer behandelte die DDR jedoch wie ein Staatsgeheimnis. Noch am 15. Juni 1961 sagte Walter Ulbricht, Staatsvorsitzender der DDR: „Niemand hat die Absicht, eine Mauer zu errichten.“ Genau dies geschah jedoch ab dem 13. August.

Bau der Berliner Mauer 1961

Berlin-Frage

Als Berlin-Frage bezeichnet man den umstrittenen Status von Berlin nach dem Zweiten Weltkrieg, als die Stadt von den vier Siegermächten besetzt und aufgeteilt war.

Was konnte man in Intershops kaufen?

Da die DDR offiziell keine Wirtschaftsbeziehungen zu westlichen Ländern pflegte, waren die Produkte des Westens dort auch nicht zu haben – außer in den Intershop-Filialen. Dort waren ansonsten rare Produkte wie bestimmte Nahrungsmittel, Alkohol, Tabak, Spielzeug, Schmuck, Kosmetika, technische Geräte und Tonträger käuflich zu erwerben. Allerdings konnte man in den zu Spitzenzeiten knapp 400 Läden nicht mit DDR-Mark bezahlen. Denn Intershop wurde 1962 vom Staat gegründet, und zwar einzig zu dem Zweck, an die Devisen von Reisenden aus dem Westen zu kommen: Gültige Währung war hier die Westmark.

Michail Gorbatschow beim 25-jährigen Jubiläum des Mauerfalls in Berlin

Was brachte Willy Brandt zu Fall?

1956 siedelte Günter Guillaume (1927–1995), Oberst des DDR-Ministeriums für Staatssicherheit (MfS), nach Frankfurt am Main über, wo er ab 1957 in der SPD eine zunächst unauffällige politische Karriere durchlief. 1972 wurde er einer von drei Referenten des Bundeskanzlers Willy Brandt (1913–1992). Obwohl bereits im Mai 1973 erste Verdachtsmomente gegen Guillaume aufkamen, verblieb er im engsten Umfeld Brandts, der vom Verfassungsschutzpräsidenten Günther Nollau zum Lockvogel für den DDR-Spion gemacht wurde. Guillaume begleitete den Kanzler sogar in den Urlaub, wirkliche Geheimpapiere konnte er aber nicht ans MfS übermitteln. Erst 1974 wurde Guillaume enttarnt und verhaftet; Brandt trat aufgrund dessen als Bundeskanzler zurück. Sein Rücktritt war auch dem mangelnden Rückhalt in seiner Partei geschuldet.

Was war Watergate?

Im Juni 1972 veranlasste das Komitee für die Wiederwahl Richard Nixons einen Einbruch in das Hauptquartier des demokratischen Kandidaten George McGovern im Watergate-Komplex in Washington, einem Bau aus Büros, Hotelzimmern und Apartments. Die Täter sollten Abhörgeräte installieren. Da sie nicht funktionierten, war ein zweiter Einbruch nötig. Dabei wurden die fünf Männer verhaftet. Ab Januar 1973 gab es Anzeichen für eine Verstrickung des Weißen Hauses. In der nun folgenden Watergate-Affäre versuchte Nixon monatelang und letztlich erfolglos, seine aktive Rolle beim Bespitzelungsversuch zu vertuschen. Vom 27. bis 30. Juli 1974 stimmte der Rechtsausschuss des US-Kongresses mit großer Mehrheit für ein Amtsenthebungsverfahren. Diesem kam Nixon am 9. August 1974 mit seinem Rücktritt zuvor.

Wofür stehen die Begriffe Glasnost und Perestroika?

1985 vollzog sich an der Spitze der Kommunistischen Partei der Sowjetunion ein folgenschwerer Generationenwechsel: Schon bald nach seiner Wahl versuchte Michail Gorbatschow (geb. 1931) mit einem schon fast revolutionären Programm, der Krise der Sowjetunion Herr zu werden. Zwei Begriffe wurden dabei zu den Schlagworten seines Vorhabens: Glasnost (russ. für Offenheit) bezeichnet die neu geschaffene Öffentlichkeit und die Transparenz der Staatsführung, Perestroika den Umbau von Staat und Gesellschaft hin zu einer regulierten Marktwirtschaft. Gorbatschows Politik setzte eine von ihm nicht beabsichtigte Eigendynamik in Gang, an deren Ende der Zusammenbruch des sowjetisch dominierten Ostblocks stand.

Wer initiierte die Montagsdemos?

Die sogenannten Montagsdemonstrationen waren Proteste gegen die politischen Verhältnisse in der DDR, die einen wichtigen Beitrag zur friedlichen Revolution leisteten. Den Demonstrationen vorausgegangen waren regelmäßige Friedensgebete in der Leipziger Nikolaikirche – seit 1982 hatten Geistliche dazu aufgerufen. Am 4. September 1989 verteilten die Bürgerrechtlerinnen Katrin Hattenhauer (geb. 1968) und Gesine Oltmanns (geb. 1965) nach dem Friedensgebet Transparente und die Menschen versammelten sich auf dem Kirchhof: Die erste Demonstration war gestartet. Nur knapp zwei Monate später nahmen 320 000 Leipziger teil.

Was ist die Intifada?

Der Begriff Intifada – arabisch für „sich erheben“ bzw. „abschütteln“ – bezeichnet zwei Aufstände der palästinensischen Araber gegen Israel, die vor allem im Gazastreifen, in Ostjerusalem und im Westjordanland zu gewaltsamen Konflikten führten. Die Erste Intifada dauerte von 1987 bis 1994 und trug den Charakter einer nationalen Bewegung. Sie äußerte sich vor allem in zivilem Ungehorsam. Vielfach wurden aber auch israelische Soldaten und Zivilisten vor allem von palästinensischen Jugendlichen mit Steinen und Molotowcocktails angriffen. Die Zweite Intifada 2000–2005 wurde viel stärker von radikalen Gruppierungen wie der Hamas getragen und war durch Selbstmordattentate und dem Einsatz von Boden-Boden-Raketen geprägt. Bei den beiden Aufständen kamen rund 1200 Israelis und 5750 Palästinenser ums Leben.

Ziviler Ungehorsam

Ziviler Ungehorsam ist eine Möglichkeit des Bürgers, Einfluss auf die Politik zu üben. Sein moralisches Recht empfindet er dabei als bedeutender als die rechtlichen Normen des Staates – beispielsweise wenn es um die Durchsetzung von Menschen- und Bürgerrechten geht. Bestrafung nimmt er in Kauf, er strebt aber keinen Systemumsturz an.

Was versteht man unter dem Arabischen Frühling?

Im Dezember 2010 formierte sich in Tunesien ein Aufstand gegen das autoritäre und korrupte System. Schon bald erfasste dieser Funke der Revolte weitere arabische Länder in Nordafrika und im Nahen Osten. Die meist jugendlichen Demonstranten – vor allem organisiert über soziale Netzwerke – prangerten die politischen Strukturen, Repressionen und sozialen Missstände in ihren Ländern an. Diese Aufstände werden in ihrer Gesamtheit als Arabischer Frühling bezeichnet. Die Folgen in den einzelnen Ländern waren allerdings unterschiedlich: Während in Ländern wie Marokko oder Jordanien weitgehend friedlich Reformen eingeleitet wurden, wurden in Tunesien, Libyen (mithilfe der NATO) und Ägypten die Regime gestürzt. In Syrien mündeten die Aufstände in einen Bürgerkrieg.

In Tunesien nannte man den Umsturz Jasminrevolution. Jasmin ist die Nationalblume des Landes, das Motto *Sur les pavés le jasmin* (Jasmin auf den Barrikaden) und Jasminblüten in den Gewehrläufen betonten die friedliche Absicht.

Kultur

Es ist ein wesentliches Merkmal des Menschen, dass er sich kreativ betätigt, dass er nicht nur Nützliches, sondern auch Schönes erschafft. Künstler vermögen es darüber hinaus, in ihren Werken – den Büchern, Bildern und Symphonien – die ganze Welt einzufangen und vielleicht auch unsere geheimsten Gedanken. Wer sich damit beschäftigt, wer nachfragt und neugierig ist, erfährt eine Menge – und das mit Genuss!

Wort für Wort

Literatur beflügelt die Fantasie und entführt in fremde Welten. Sie weckt Emotionen, regt zum Nachdenken an und vermittelt Kulturgeschichte. Natürlich kann man nicht alle Texte kennen – aber allerlei über sie wissen.

Was ist ein Roman?

Ein Roman ist eine lange Erzählung – im Gegensatz zur Novelle oder zur Kurzgeschichte. Außerdem ist er fiktional, das heißt, ein Roman ist erdacht und erhebt nicht den Anspruch, die Realität abzubilden. Trotzdem kann er natürlich auf wahren Begebenheiten beruhen. Man kann diese literarische Form als Nachfolger des antiken Epos bezeichnen: Homers *Odyssee* etwa erzählt eine Geschichte, ist aber noch in strenger Versform geschrieben.

„Ein Roman ist wie der Bogen einer Geige und ihr Resonanzkörper wie die Seele des Lesers."

Stendhal (1783–1842)

Romane gehören dagegen zur Gattung der Prosa. Die Bandbreite der verschiedenen Roman-Genres ist groß. Sie reicht vom historischen über den Liebes- bis hin zum Science-Fiction-Roman.

Novelle

Eine Novelle (von ital. *novella* = Neuigkeit) ist eine kurze, seit dem 14. Jh. so genannte Erzählform, die ein Ereignis ohne Nebenhandlungen schildert.

Wie ist ein klassisches Theaterstück aufgebaut?

Das klassische Drama, wie man es von Schiller oder Lessing kennt, setzt sich aus fünf Akten zusammen. Es folgt den strengen Gesetzen des Regeldramas, die bis ins 19. Jh. gültig waren. Die typischen Elemente sind:

- **Einleitung**, auch Exposition (von lat. *expositio* = Darlegung) genannt. Der Zuschauer lernt die handelnden Personen, deren Beziehung zueinander und die Ausgangssituation kennen.
- **Steigerung** (Komplikation). Ein Konflikt spitzt sich zu.
- **Umkehr** (Peripetie). Die Handlung erreicht ihren ersten Höhepunkt, fachsprachlich Klimax genannt, der für den Helden immer ein Wendepunkt ist.
- **Verlangsamung** oder auch retardierendes Moment (von fr. *retarder* = verzögern). Der Zuschauer wird durch eine Verzögerung der Handlung auf die Folter gespannt.
- **Auflösung** oder auch Lysis. Nun klären sich noch offene Fragen, es kommt zum glücklichen Ende oder in der Tragödie zur Katastrophe.

Rekord!

Das meistverkaufte Buch der Welt

So mancher behauptet zwar, dass die Bibel überwiegend gekauft wird, um verschenkt zu werden. Dennoch steht sie zweifellos an der Spitze jeder Rangliste, die sich mit der Verbreitung von Büchern beschäftigt. Rund 3 Mrd. Exemplare sollen bereits über den Ladentisch gegangen sein, andere Quellen sprechen von 6 Mrd. Auf Platz zwei stehen Zitate von Mao Zedong (1893–1976), die unter der Bezeichnung *Mao-Bibel* bekannt sind (1–1,5 Mrd.), gefolgt vom Koran (800 Mio.) und dem *Manifest der Kommunistischen Partei* (500 Mio.) von Karl Marx (1818–1883) und Friedrich Engels (1820–1895).

Deutschsprachige Bücher in den Top 100:

Platz	Titel	Autor	Verkaufte Exemplare
29	*Heidis Lehr- und Wanderjahre*	Johanna Spyri (1827–1901)	50 Mio.
77	*Im Westen nichts Neues*	Erich Maria Remarque (1898–1970)	20 Mio.
84	*Die unendliche Geschichte*	Michael Ende (1929–1995)	16 Mio.
86	*Das Parfum*	Patrick Süskind (geb. 1949)	15 Mio.

Was ist die Antwort auf die „Gretchenfrage"?

Die sogenannte Gretchenfrage ist der wohl am meisten zitierte Satz aus Goethes *Faust* (1808). Sie lautet: „Nun sag, wie hast du's mit der Religion?" Gestellt wird sie Faust von seiner Geliebten Margarete, genannt Gretchen. Sie will von ihm wissen, wie er zu Gott und zum christlichen Glauben steht – und fragt ihn unverblümt. Faust, der gerade einen Pakt mit dem Teufel geschlossen hat, redet sich heraus: „Lass das, mein Kind! Du fühlst, ich bin dir gut." Die Antwort an sich ist also überhaupt nicht wichtig, sondern nur die Tatsache, dass sie eine unangenehme Wahrheit ans Licht bringen würde. Heute wird eine Frage als Gretchenfrage bezeichnet, wenn sie ganz direkt gestellt wird und den Befragten zu einem Bekenntnis bringen soll.

> „Die Mädels sind doch sehr interessiert, ob einer fromm und schlicht nach altem Brauch. Sie denken: duckt er da, folgt er uns eben auch."
>
> Mephistopheles in *Faust*

Wer war die „Jungfrau von Orleans" wirklich?

Hinter der Jungfrau von Orleans, die Friedrich Schiller (1759–1805) in seinem gleichnamigen Drama verewigt hat, steckt eine äußerst beeindruckende Frau: Jeanne d'Arc (um 1412–1431). Die Tochter einer reichen Bauernfamilie lebte zur Zeit des Hundertjährigen Krieges zwischen England und Frankreich. Schon als Kind soll sie Visionen gehabt haben, die sie dazu aufforderten, die Engländer aus Frankreich zu vertreiben. Da die Franzosen daran glaubten, dass eine Jungfrau ihren Thron retten würde, schenkte der französische Thronanwärter Karl ihr schließlich Vertrauen und ließ sie in den Krieg ziehen. Jeanne hatte großen Erfolg, Karl wurde zum König gekrönt. Aber Jeannes Ende war traurig: Nach einer militärischen Niederlage geriet sie ins Ränkespiel der Mächtigen, wurde gefangen genommen und als Ketzerin hingerichtet. In Schillers Stück stirbt sie dagegen als Heldin auf dem Schlachtfeld.

Wo leben die Buddenbrooks?

Die Buddenbrooks, eine Kaufmannsfamilie aus dem gleichnamigen Roman von Thomas Mann (1875–1955), waren in der Hansestadt Lübeck zu Hause. Dies wird zwar an keiner Stelle ausdrücklich erwähnt, ist jedoch leicht nachzuweisen. So wohnt die Familie beispielsweise in einem Haus in der Mengstraße, das dem Haus auffällig ähnlich ist, in dem Manns Großeltern gelebt haben. Und dieses steht in der Mengstraße in Lübeck. Heute beherbergt es das Thomas- und Heinrich Mann-Museum.

Und wo wohnen die Hobbits?

Hobbits, auch Halblinge genannt, sind kleine gemütliche Geschöpfe mit großen, behaarten Füßen. Sie sind eine Erfindung von J. R. R. Tolkien (1892–1973), und ihr Zuhause liegt in Mittelerde, der Romanwelt aus *Der Hobbit* und *Der Herr der Ringe*. Tolkien hat uns sogar eine ganze Menge über die Herkunft der Hobbits verraten: Ursprünglich lebten sie zwischen Grünwald und dem Nebelgebirge. Von dort wurden sie vertrieben, und der König von Arnor gab ihnen eine neue Heimat westlich des Flusses Baranduin. Sie nannten dieses Gebiet das Auenland und begannen, so Tolkiens Fantasie, eine neue Zeitrechnung: A.Z. – die Auenlandzeit.

In solchen Höhlen leben die Hobbits – jedenfalls in Peter Jacksons *Herr-der-Ringe*-Verfilmung, für die in Neuseeland Dutzende dieser Behausungen gebaut wurden.

Hätten Sie's gewusst?

Karl May im Gefängnis

Der heute berühmte Schriftsteller Karl Friedrich May (1842–1912) wurde im Alter von 19 Jahren des Diebstahls bezichtigt und bekam die Höchststrafe. Wegen „widerrechtlicher Benutzung fremder Sachen", wie es 1861 hieß, musste er sechs Wochen ins Gefängnis. Bei den „fremden Sachen" handelte es sich um eine Uhr, eine Zigarrenspitze sowie eine Tabakpfeife, die May Zimmergenossen während eines Lehrerseminars entwand. Es blieb übrigens nicht seine einzige Haftstrafe. Später wurde Karl May mehrfach wegen Hochstapelei und Betrugs eingesperrt.

Hätten Sie's gewusst?

Ist Schnitzler der „Sigmund Freud der Literatur"?

Die Parallelen zwischen dem Schriftsteller Arthur Schnitzler (1862–1931) und dem Neurologen und Psychologen Sigmund Freud (1856–1939) sind so auffallend, dass Freud selbst davon sprach, in Schnitzler einen Doppelgänger zu vermuten. Beide studierten Medizin. Beide beschäftigten sich mit den Tabuthemen Sexualtrieb und Tod und „sezierten" die Menschen mit Worten: durch Psychoanalyse der eine, durch literarische Figuren der andere. Nicht zuletzt war die Traumdeutung ein gemeinsames Thema. Freud wurde mit einer Veröffentlichung dieses Titels bekannt, Schnitzler schrieb etwas später die *Traumnovelle*.

Arthur Schnitzler

Sigmund Freud

Wofür steht die Bezeichnung Exilliteratur?

Der Begriff zielt auf literarische Werke von Autoren, die z. B. aufgrund von politischer Verfolgung ausgewandert sind oder die zwangsweise ausgebürgert wurden. In Deutschland bezeichnet man damit speziell die Literatur der Zeit von 1933 bis 1945. Mit der Bücherverbrennung am 10. Mai 1933 machten die Nationalsozialisten sehr deutlich, dass sie nur Werke akzeptierten, die zu ihrer Ideologie passten. Viele der zur NS-Zeit verfolgten und verbotenen Autoren gingen ins Exil und schrieben dort weiter – oft seelisch traumatisiert und in existenziellen Notlagen.

Wer gehört zu den bekanntesten deutschen Nachkriegsautoren?

Die Nachkriegsliteratur, noch unter dem Eindruck des Krieges stehend, umfasst etwa den Zeitraum von 1945 bis in die 1960er-Jahre. Die wichtigsten Autoren und deren prägende Werke sind:

- Wolfgang Borchert (1921–1947) *Draußen vor der Tür*
- Bertolt Brecht (1898–1956) *Mutter Courage und ihre Kinder*
- Arno Schmidt (1914–1979) *Leviathan*
- Carl Zuckmayer (1896–1977) *Des Teufels General*
- Alfred Andersch (1914–1980) *Die Kirschen der Freiheit*
- Günter Grass (1927–2015) *Die Blechtrommel*
- Siegfried Lenz (1926–2014) *Deutschstunde*
- Heinrich Böll (1917–1985) *Gruppenbild mit Dame*

Warum ist *1984* so aktuell wie nie?

In dem 1949 erschienenen Werk von George Orwell (1903–1950) geht es um staatliche Überwachung. Eine Gedankenpolizei beobachtet die Menschen rund um die Uhr. Die erschreckende Aktualität wird in der NSA-Spähaffäre deutlich, die der Ex-NSA-Mitarbeiter Edward Snowden (geb. 1983) aufgedeckt hat. Er bewies, dass der US-Geheimdienst Nachrichten speichert und auswertet, die Menschen weltweit per Telefon oder Internet versenden.

Wer wartet eigentlich auf Godot?

Zwei Landstreicher namens Estragon und Wladimir warten auf den großen unbekannten Godot. Dies ist die Handlung des 1953 in Paris uraufgeführten Stückes von Samuel Beckett (1906–1989). Die beiden Akte unterscheiden sich nur wenig voneinander und an ihren Enden taucht jeweils ein Bote auf, der Wladimir und Estragon vertröstet. Aber Godot kommt nicht.

Estragon und Wladimir warten auf Godot: Werner Rehm und Charles Brauer bei einer Inszenierung des Stücks am Ernst Deutsch Theater in Hamburg.

Welche Literaturpreise sind am bedeutendsten?

An erster Stelle der international bedeutenden Preise steht der Nobelpreis für Literatur. Die wichtigste Auszeichnung im deutschsprachigen Raum ist der Georg-Büchner-Preis, der an Autoren und andere Künstler vergeben wird, die sich um die deutsche Kultur verdient gemacht haben. Britische Autoren freuen sich über den Booker Prize und amerikanische über den Pulitzer-Preis für Belletristik. In Frankreich wird der Prix Goncourt verliehen und in Spanien der Cervantespreis. Eine große Bedeutung hat auch der Friedenspreis des Deutschen Buchhandels. Er wird an Schriftsteller und Künstler vergeben, die zur Verwirklichung des Friedensgedankens beitrugen.

„Um zu wissen, ob ein Schriftsteller oder ein Dichter wirklich etwas taugt, muss er längst im Grab liegen."

Sibylle Lewitscharoff (Büchnerpreisträgerin 2013, geb. 1954)

Deutschsprachige Literatur-Nobelpreisträger	Jahr der Verleihung
Theodor Mommsen (1817–1903)	1902
Rudolf Eucken (1846–1926)	1908
Paul Heyse (1830–1914)	1910
Gerhart Hauptmann (1862–1946)	1912
Carl Spitteler (1845–1924)	1919
Thomas Mann (1875–1955)	1929
Hermann Hesse (1877–1962)	1946
Nelly Sachs (1891–1970)	1966
Heinrich Böll (1917–1985)	1972
Günter Grass (1927-2015)	1999
Herta Müller (geb. 1953)	2009

In welcher TV-Sendung waren erstmals nur Bücher das Thema?

Die Sendung hieß *Literarisches Quartett* und bot dem Zuschauer nichts als Worte – wie Gastgeber Marcel Reich-Ranicki (1920–2013) es formulierte. 75 Minuten lang sprach man über Bücher und Autoren, zum ersten Mal 1988. Das Quartett ergänzten Hellmuth Karasek (geb. 1934), Sigrid Löffler (geb. 1942) und Jürgen Busche (geb. 1944).

Marcel Reich-Ranicki

Kultur nach Noten

Ob im Konzertsaal oder zu Hause auf dem Sofa – Musik zu hören, ist ein Erlebnis. Mit etwas Hintergrundwissen kann man die Klänge noch mehr genießen. Hier finden Sie Interessantes und Unterhaltsames über Komponisten, Instrumente und Co.

Was unterscheidet Dur und Moll?

Für die Ohren ist Moll ein weicher (lat. *mollis* = weich) und Dur ein harter (lat. *durus* = hart) Klang. Musikwissenschaftlich betrachtet, handelt es sich um zwei unterschiedliche Tonleitern. Es gibt viele Arten von Tonleitern, Dur und Moll sind in Europa die gebräuchlichsten. Beide bestehen aus sieben Tönen, mit dem achten wiederholt sich der erste Ton eine Oktave (von lat. *octo* = acht) höher. Die chinesische *Lü* hat zwölf Halbtöne, der indische *Raga* 22 sogenannte Mikrotöne.

Tonleiter

Eine Tonleiter besteht aus einer Reihe von Tönen, die nach ihrer Höhe angeordnet sind und sich nach einer bestimmten Spanne wiederholen. Um welche Tonleiter es sich handelt, hängt vom Abstand dieser Töne zueinander ab.

Dur-Tonleiter

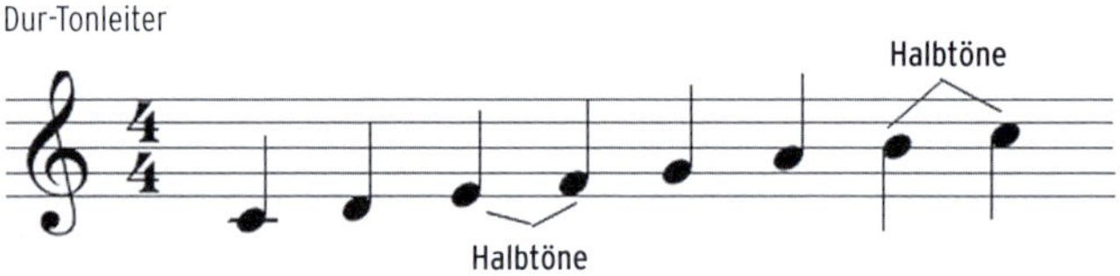

Moll-Tonleiter

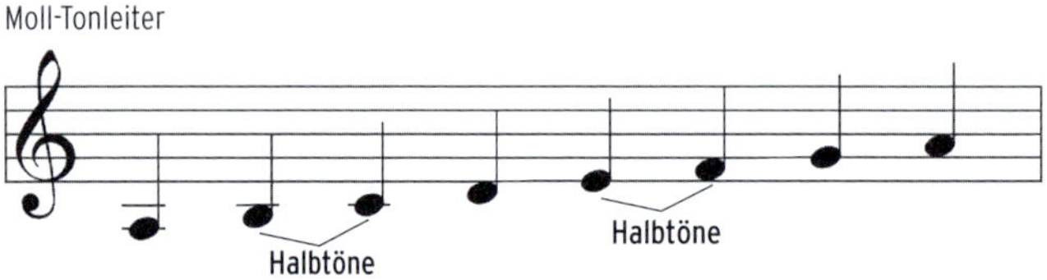

Ist das Saxofon ein Blechblasinstrument?

Das Saxofon wird zwar aus Metall gefertigt, nämlich aus Messing, zählt aber zu den Holzblasinstrumenten. Das liegt an der Definition des Begriffs Holzblasinstrument. Sie fasst jene Exemplare zusammen, die mit einem sogenannten Luft- oder Rohrblatt angeblasen werden: Das sind die schwingenden Bestandteile des Mundstücks. Holzblasinstrumente können daher auch aus Kunststoff oder eben Metall hergestellt werden. Benannt wurde das Saxofon nach seinem Erfinder, dem Belgier Adolphe Sax (1814–1894).

Das Rohrblatt besteht aus Schilfrohr oder anderen Naturmaterialien, seltener aus Kunststoff.

Aus wie vielen Musikern besteht ein Symphonieorchester?

Ein klassisches, großes Orchester muss aufgrund der benötigten Instrumente aus mindestens 25 Personen bestehen.

Da die meisten Instrumente aber mehrfach besetzt sind, kommen leicht 100 Musiker zusammen.

- **Streichinstrumente:** zwölf bis 16 erste Violinen, zehn bis 14 zweite Violinen, acht bis zwölf Bratschen, acht bis zehn Violoncelli und sechs bis acht Kontrabässe
- **Holzbläser:** drei große Flöten, eine Piccoloflöte, drei Oboen, ein Englischhorn, drei Klarinetten, eine Es- und Bassklarinette, drei Fagotte, ein Kontrafagott
- **Blechbläser:** sechs Hörner, vier Trompeten, vier Posaunen und eine Basstuba
- **Schlaginstrumente:** vier Pauken, Große und Kleine Trommel, Becken, Triangel, Xylofon, Glockenspiel, Röhrenglocken
- nach Bedarf **Harfe** oder **Klavier**

Die Anordnung der Instrumente folgt strengen Regeln, damit das Hörerlebnis immer gleich ist, egal in welchem Konzertsaal man sich befindet.

Was bedeutet der Begriff a cappella?

Er leitet sich vom italienischen *alla cappella* (= nach Art der Kapelle) ab. Im 17. Jh. war es besonders bei Kirchenmusik üblich, dass entweder keine Instrumente benutzt wurden oder diese die Singstimmen unisono begleiteten. Heute steht der Ausdruck für Chor- bzw. Gruppengesang ohne instrumentale Begleitung.

Rekord!

Der „älteste" Chor der Welt

Der offiziell älteste Chor der Welt vereinigt unglaubliche 1180 Lebensjahre – und das bei nur rund 13 Mitgliedern! Er entstand 2012 im Seniorenheim St. John's House in England. Nachdem die Bewohner immer wieder gemeinsam geträllert hatten, beschlossen sie, das Ganze regelmäßig und ein wenig professioneller zu gestalten. Inzwischen gibt es sogar eine CD, der Chor gibt Konzerte und steht im *Guinness Buch der Rekorde*.

Welche Stimmlagen gibt es?

Die vier Haupt-Stimmlagen sind Sopran, Alt, Tenor und Bass. Sopran ist die höchste, Bass die tiefste Stimme. Hinzu kommen Mezzosopran zwischen Sopran und Alt sowie Bariton zwischen Tenor und Bass. Etwas anderes ist das sogenannte Stimmfach, das für die verschiedenen Opernrollen von Bedeutung ist und sich außer durch die Stimmlage auch durch Klangfarben, Volumen und mehr auszeichnet. Es gibt sehr viele Stimmfächer, vom dramatischen Sopran über den Heldentenor bis zum Charakterbariton und zum komisch angelegten Bassbuffo.

> „A cappella ist angewandter Klimaschutz: keine Stromgitarren, keine Keyboards, trotzdem rockt's."
>
> A-capella-Band U-Bahn-Kontrollöre in tiefgefrorenen Frauenkleidern

Stimmlagen

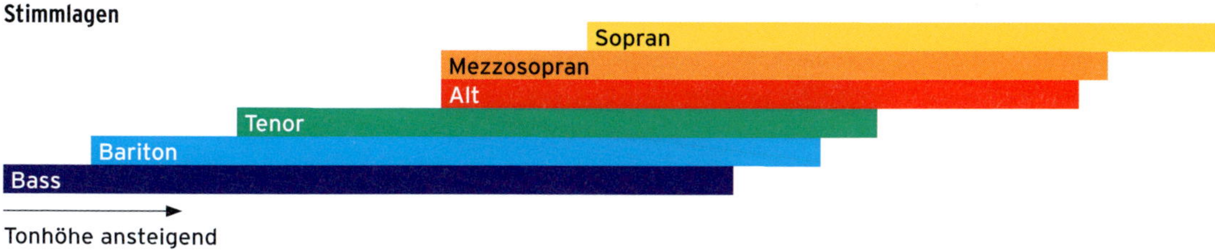

Darsteller der Chinese Academy of Traditional Drama aus Peking

Was singt man in der Pekingoper?

Die Darsteller singen Arien, die den Inhalt von bekannten Sagen aufgreifen und von der Geschichte der alten chinesischen Dynastien erzählen. Ursprünglich gab es mehrere regionale Opernformen. Diese sind Ende des 18. Jhs. zur Unterhaltung des Kaisers in Peking miteinander verwoben worden. Außerdem hat man die Aussprache der Arien an die für die Stadt typische angepasst. Begleitet wird der für das europäische Ohr schrille Gesang von Zupf- und Streichinstrumenten, Gongs und Trommeln.

Arie

Eine Arie ist ein Gesangsstück, das von einem einzelnen Sänger (Solisten) vorgetragen und instrumental begleitet wird. Es steht meist in einem größeren Kontext, etwa einer Oper, und ist von der Funktion her mit dem Monolog im Theater vergleichbar: Sie drückt Gedanken und Gefühle einer Figur aus.

Wird ein „wohltemperiertes Klavier" vorgewärmt?

Nein, es geht nicht um Temperatur, sondern um das Stimmen eines Tasteninstruments. Bei der im 17. Jh. üblichen mitteltönigen Stimmung konnten Komponisten und Musiker nur einige Tonarten benutzen. Der Musiktheoretiker Andreas Werckmeister (1645–1706) veränderte Quinten und Terzen so, dass zwar leichte akustische Unreinheiten entstanden, dafür aber sämtliche Tonarten und Halbtöne verwendet werden konnten. Um diese Neuerung populär zu machen, schrieb Johann Sebastian Bach (1685–1750) je ein Stück für die zwölf möglichen Tonarten. Er nannte das Werk *Das Wohltemperierte Klavier*.

Was schlägt man im *Köchelverzeichnis* nach?

Es enthält 626 Werke von Wolfgang Amadeus Mozart, chronologisch und thematisch geordnet. Erstellt hat das Verzeichnis der österreichische Jurist und Musikwissenschaftler Ludwig Alois Friedrich Ritter von Köchel (1800–1877), der für seinen musikalischen wie auch für seine naturwissenschaftlichen Studien berühmt war, die ihn in die ganze Welt führten.

War Mozart Deutscher oder Österreicher?

Diese zunächst einfach klingende Frage ist in Wirklichkeit ein wenig kompliziert. Selbst in renommierten Nachschlagewerken finden sich widersprüchliche Angaben. Fragt man in seiner Geburtsstadt, wird man wohl hören, Wolfgang

Amadeus Mozart sei eben Salzburger gewesen. Auf der sicheren Seite ist man mit folgender Aussage: Mozart war einer der bedeutendsten deutschsprachigen Komponisten. Sein Geburtsort Salzburg war damals fürsterzbischöfliche Residenzstadt, gelegen zwischen dem Kurfürstentum Bayern und dem Königreich Böhmen. Einen einzigen deutschen Staat gab es zu Mozarts Zeit noch nicht.

Hätten Sie's gewusst?

Tantiemen für *Happy Birthday*

Hat jemand Geburtstag, wird fast immer *Happy Birthday* angestimmt. Kaum einer weiß, dass dafür Tantiemen fällig werden. Jedenfalls dann, wenn in der Öffentlichkeit gesungen wird. Der Medienkonzern Time Warner hat die Rechte an dem von den amerikanischen Schwestern Mildred J. Hill (1859–1916) und Patty Smith Hill (1868–1946) komponierten Lied erworben und soll damit jährlich 2 Mio. US-Dollar einnehmen.

„Ich hoffe nicht, dass es nötig ist zu sagen, dass mir an Salzburg sehr wenig und am Erzbischof gar nichts gelegen ist und ich auf beides scheiße."

Wolfgang Amadeus Mozart (1756–1791) in einem Brief vom 12. Juli 1783

Hat Ludwig van Beethoven auch Opern komponiert?

Nicht Opern, sondern eine Oper. Der große Komponist Ludwig van Beethoven (1770–1827) schuf zwar zahlreiche Bühnenwerke, darunter zwei Musiken für Ballett und diverse Kompositionen für Schauspiele von seinen Zeitgenossen Goethe (1749–1832) oder auch Kotzebue (1761–1819); im Bereich der Oper blieb es jedoch bei einem einzigen Werk. *Fidelio – Die eheliche Treue* war eine Auftragsarbeit, die in ihrer endgültigen Fassung 1814 in Wien am Kärntnertortheater uraufgeführt wurde. Beethoven schuf drei Fassungen der Oper in zwei Akten, die die (angeblich wahre) Geschichte einer Frau erzählt, die ihren Mann aus dem Gefängnis befreit.

Hätten Sie's gewusst?

Elvis Presley hat seine spätere Ehefrau Priscilla in den USA kennengelernt, oder?

Stimmt nicht. Elvis Aaron Presley (1935–1977) musste auf dem Höhepunkt seines Erfolgs seinen Militärdienst antreten – für anderthalb Jahre in Deutschland. Er war u. a. im hessischen Friedberg stationiert. Der Stiefvater von Priscilla Beaulieu (geb. 1945) war Luftwaffenoffizier und tat ebenfalls in Deutschland seinen Dienst. Bei ihrer ersten Begegnung mit dem „King" in Bad Nauheim war Priscilla gerade 14 Jahre alt. 1967 heirateten die beiden in Las Vegas, 1973 folgte die Scheidung.

Die junge Priscilla in Wiesbaden

„Gesegnet sei der Gott, der den Frühling und die Musik erschuf."

Richard Wagner (1813–1883)

Wofür ist Richard Wagner bekannt?

Markenzeichen des berühmten Komponisten sind seine sehr langen Opern. Richard Wagner schrieb zum Beispiel *Der Fliegende Holländer* oder *Lohengrin.* Sein wohl bekanntestes Werk ist *Der Ring des Nibelungen*, der aus vier Teilen besteht: *Das Rheingold, Die Walküre, Siegfried* und *Götterdämmerung.* Zwei der längeren Opern Wagners sind *Parsifal* sowie *Tristan und Isolde* mit einer Spielzeit von ca. 4,5 bzw. fünf Stunden.

Welchen Schicksalsschlag verarbeitete Eric Clapton in dem Lied *Tears in Heaven*?

Der 1945 in England geborene Musiker drückt darin seine Trauer über den Tod seines Sohnes Conor aus. Der Junge stürzte 1991 aus dem 53. Stockwerk eines Hauses in New York. Er wurde nur viereinhalb Jahre alt.

Welche Band wurde mit *Hotel California* berühmt?

Das Lied von 1976 ist der große Erfolg der fünf Jahre zuvor in Kalifornien gegründeten Eagles. Das Stück erhielt diverse Auszeichnungen, das darin enthaltene Gitarrensolo wurde zu einem der weltweit besten ernannt. Ihren Durchbruch feierten die Eagles allerdings schon 1974 mit der Single *The Best of My Love.* Nach der Auflösung der Band 1981 und der Neugründung 1994 sind von den vier Gründungsmitgliedern noch Don Henley (geb. 1947) und Glenn Frey (geb. 1948) dabei.

Rekord!

Wer verkaufte weltweit die meisten Tonträger?

Auch wenn verschiedene Quellen unterschiedliche Angaben machen und man die große Zahl der inoffiziell und über kleinere Märkte verkauften Alben nicht ausmachen kann, so stehen die Beatles doch unangefochten auf Platz eins. Würde man die inoffiziellen Zahlen berücksichtigen, wären wohl auch Queen und ABBA in den Top 10. Die folgende Tabelle bezieht sich auf offizielle Angaben von Insidern der Musikbranche, darunter der Musiksender MTV und das Musikmagazin *Rolling Stone*.

Interpret	Verkaufte Platten	Erfolgreichstes Album
The Beatles	250 Mio.	Sgt. Pepper's Lonely Hearts Club Band (1967)
Elvis Presley	203 Mio.	Elvis' Christmas Album (1957)
Michael Jackson	187 Mio.	Thriller (1982)
Madonna	159 Mio.	True Blue (1986)
Elton John	154 Mio.	Goodbye Yellow Brick Road (1973)
Led Zeppelin	134 Mio.	Led Zeppelin IV (1971)
Mariah Carey	120 Mio.	Music Box (1993)
Céline Dion	114 Mio.	Let's Talk About Love (1997)
Pink Floyd	110 Mio.	The Dark Side of the Moon (1973)
AC/DC	100 Mio.	Back in Black (1980)

Form und Farbe

Ein prachtvolles Gemälde, eine interessante Skulptur, eine faszinierende Installation – Kunst zeigt sich in unendlich vielen Facetten. Über Kunst lässt sich bekanntlich (nicht) streiten – aber hier finden Sie einige interessante Fakten.

Wo kann man die ältesten Malereien bewundern?

Die Ankunft des *Homo sapiens* in Europa hat eine neue Epoche eingeleitet: das Jungpaläolithikum. Zu dieser Zeit fertigte der Mensch die ersten Höhlenmalereien an. Heute kennt man etwa 300 Fundstellen sogenannter Felsbildkunst weltweit, rund die Hälfte davon allein in Frankreich. Die berühmtesten und ältesten Felszeichnungen befinden sich in der Höhle von Chauvet. Ihr Alter wird auf über 30 000 Jahre geschätzt. Ähnlich alt könnten die Höhlenmalereien in Lascaux sein. Ob diese Bilder auch einen ästhetischen oder lediglich einen praktischen Zweck hatten, weiß man nicht.

Die Malereien in der Höhle von Lascaux im Südwesten Frankreichs wurden ursprünglich auf ungefähr 17 000 Jahre geschätzt. Nachdem man aber weit ältere Artefakte in der Höhle gefunden hat, glaubt man, dass sie viel älter sein könnten.

Hätten Sie's gewusst?

Der Zwilling der *Mona Lisa*

Die *Mona Lisa* gehört zu den berühmtesten Werken von Leonardo da Vinci (1452–1519). Der Künstler nahm das Bild mit nach Frankreich, wo er zwei Jahre lang bis zu seinem Tod lebte. Von seinem dortigen Wohnsitz Schloss Amboise gelangte die *Mona Lisa* über Umwege in den Pariser Louvre. Jahrelang hing relativ unbeachtet eine zweite *Mona Lisa* in Madrid, von der man annahm, sie sei eine späte Kopie des Bildes. Erst als man 2012 bei Restaurierungsarbeiten einen nachträglich aufgetragenen schwarzen Hintergrund entfernte, kam heraus: Das vermeintlich vom Gemälde abgemalte Werk ist ebenfalls ein Original. Es wurde vermutlich von einem Schüler da Vincis angefertigt – zur gleichen Zeit und am gleichen Ort wie die „französische" *Mona Lisa*.

Was ist typisch für die Gotik?

Die Kunstepoche der Gotik beginnt – je nach Region – ab dem 12. Jh. Sie ist am besten in der Architektur zu erkennen: Gotische Bauten sind meist sehr hoch, denn sie streben symbolisch dem Himmel entgegen. Ein gutes Beispiel ist der Kölner Dom. In der vorhergehenden Epoche, der Romanik, waren Kirchenfenster und Bögen rund geschwungen, in der Gotik sind sie spitz. Ebenfalls typisch sind schlanke Säulen und große, oft runde Fenster, die viel Licht einlassen. Hinzu kommen Glasmalereien mit religiösen Motiven und filigrane Steinmetzarbeiten.

Hätten Sie's gewusst?

Warum kommt die Kleine Meerjungfrau nicht zur Ruhe?

Seit 1913 sitzt das Wahrzeichen der dänischen Hauptstadt Kopenhagen auf einem Granitstein. Die Bronzefigur stellt die Kleine Meerjungfrau aus dem gleichnamigen Märchen von Hans Christian Andersen (1805–1875) dar. Nächtlichen Attacken ist sie schutzlos ausgeliefert. 1964 und 1998 hat man ihr den Kopf abgesägt, 1984 den rechten Arm. 2003 wurde sie gar ganz ins Wasser geworfen – vermutlich mithilfe von Sprengstoff. Und 2007 besprühten Demonstranten sie mit rosa Farbe. Immer wieder wurde sie restauriert und Fehlendes mithilfe einer originalen Gipsfigur nachproduziert.

Die Kleine Meerjungfrau nach ihrer „Enthauptung" 1964

Wer entwickelte die Zentralperspektive?

Die Zentralperspektive vermittelt auf zweidimensionalen Bildern den Eindruck der Dreidimensionalität. Der Betrachter scheint in die Ferne, in die Tiefe oder in die Höhe blicken zu können. Der italienische Maler und Architekt Giotto di Bondone (1266–1337) hat diese Technik vermutlich als Erster konsequent und perfekt eingesetzt. Als Entwickler gilt dennoch Bildhauer und Baumeister Filippo Brunelleschi (1377–1446), der die Zentralperspektive mathematisch untermauern konnte.

Wodurch unterscheiden sich Plastik und Skulptur?

Eine Plastik besteht grundsätzlich aus weichem Material, wie z. B. Ton oder Wachs. Der Künstler formt das Material und erst dann wird es, etwa durch Brennen, gehärtet. Die Skulptur dagegen wird aus hartem Material wie Stein oder Holz gefertigt. Sie entsteht durch das Entfernen von Substanz, etwa mit einem Messer oder Hammer und Meißel.

Was fällt an den Menschen auf den Bildern Caspar David Friedrichs auf?

Personen sind bei Friedrich (1774–1840), wenn er überhaupt welche gemalt hat, meist von hinten zu sehen. Zur Zeit des Malers, in der Epoche der Frühromantik, diente Landschaft lediglich als Bildhintergrund. Doch mit der einsetzenden Romantik gewann die Natur in der Kunst an Bedeutung, und bei Friedrich wurde sie nicht selten zum zentralen Motiv.

Wer hat van Goghs Ohr abgeschnitten?

Ein Selbstbildnis zeigt den niederländischen Maler Vincent van Gogh mit verbundenem Kopf. Lange hieß es, der neurotische Künstler, der sich häufig mit Absinth betrank, habe sich im Wahn ein Ohr abgetrennt. Einige Wissenschaftler hegen jedoch Zweifel dar-

Absinth

Die Spirituose aus Wermut, Anis und Fenchel war ein Modegetränk der Künstler- und Intellektuellenszene im Frankreich des ausgehenden 19. Jhs. Ihm wurde aufgrund der ätherischen Öle des Wermuts eine besonders rauschhafte und auch schädliche Wirkung nachgesagt, die erst rund 100 Jahre später widerlegt wurde.

an, zumal heute bekannt ist, dass Absinth nicht anders wirkt als anderer hochprozentiger Alkohol auch. Wie auch immer – oft hat van Gogh mit seinem Kollegen Paul Gauguin (1848–1903) gestritten. Am 23. Dezember 1888 könnten die dauernden Auseinandersetzungen eskaliert sein. Ob van Gogh selbst oder Gauguin den folgenreichen Hieb geführt hat, wird man wohl nie wissen.

„Du siehst, was ich gefunden habe: meine Arbeit; und du siehst auch, was ich nicht gefunden habe – alles Übrige, was zum Leben gehört."

Vincent van Gogh (1853–90)

Wer schuf den Kubismus?

Anfang des 20. Jhs. entwickelte sich unter dem Eindruck der Industrialisierung die Kunstrichtung des Kubismus (lat. *cubus* = Würfel). Geschaffen wurde sie vor allem von Pablo Picasso (1881–1973), der mit dem Bild *Les Desmoiselles d'Avignon* das erste kubistische Werk schuf. Das Typische am Kubismus ist, dass sämtliche Gegenstände oder Wesen durch geometrische Formen – und zwar auch runde – dargestellt werden.

Was ist der Unterschied zwischen Impressionismus und Expressionismus?

Markant für den Impressionismus, der sich im 19. Jh. entwickelte, ist die atmosphärische Darstellung einer Szenerie.

Klee: *Blumenbeet* (1913, Guggenheim Museum, New York)

Der Künstler wollte seine Wahrnehmung unmittelbar wiedergeben. Licht und Farbigkeit wurden daher ganz individuell und mitunter diffus auf die Leinwand gebannt. Der bekannteste Impressionist ist wohl Claude Monet (1840–1926).

Der Expressionismus entstand Anfang des 20. Jhs. Farben und Formen wurden frei von jeglicher Realitätsnähe eingesetzt, um das Gefühl des Malers zu verdeutlichen – nicht seine optische Wahrnehmung. Ein klassischer Vertreter ist Paul Klee (1879–1940).

Rekord!

Der produktivste Vertreter der bildenden Kunst

Diesen Titel darf wohl der spanische Maler und Bildhauer Pablo Picasso für sich beanspruchen. Während seiner 78 Jahre dauernden Karriere schuf er rund 50 000 Werke, darunter ca. 13 500 Gemälde und Zeichnungen, mehrere Tausend Lithografien, Radierungen und Stiche, Buchillustrationen sowie 300 Skulpturen und Keramiken. In der zweiten Hälfte seines Lebens verfügte Picasso auch deswegen über beträchtlichen Reichtum.

Siebdruck

Beim Siebdruckverfahren wird die Farbe durch ein Gewebe (= Sieb) hindurch auf Papier, Leinwand oder ein anderes Material gestrichen. So werden unterschiedliche Farbschichten aufgetragen. Schablonen regulieren, wo eine bestimmte Farbe nicht aufgetragen wird.

Womit wurde Andy Warhol berühmt?

Das Multitalent Warhol (1928–1987) ist Mitbegründer und Hauptvertreter der Pop-Art, einer Kunstrichtung, die Mitte des 20. Jhs. in England und den USA überwog. Warhol verarbeitete Elemente aus der Alltags- und Populärkultur. Berühmt wurde er vor allem für seine Drucke von Prominenten wie Marilyn Monroe, James Dean oder Liz Taylor. Grundlage dafür waren Standbilder aus Filmen, die er im Siebdruckverfahren auf Leinwände übertrug – in zahlreichen Farbvarianten.

Was geschah mit Beuys' *Fettecke*?

Das Werk wurde schlicht entsorgt. Der Aktionskünstler Joseph Beuys (1921–1986) hatte 1982 in seinem Atelier in der staatlichen Kunstakademie Düsseldorf 5 kg Butter zur sogenannten *Fettecke* verarbeitet. Rund neun Monate nach Beuys' Tod wurde der Raum gereinigt – und das Kunstwerk weggeputzt. Es war nicht das erste zerstörte Werk von Beuys: Eine Säuglingsbadewanne, die vom Künstler unter anderem mit Heftpflastern und Mullbinden ausgestattet worden war, endete 1973 bei einem Parteifest der SPD als Spülwanne für Gläser. Diese Installation konnte aber von Beuys rekonstruiert werden.

Was ist auf der documenta zu sehen?

Seit 1955 steht die documenta in Kassel für zeitgenössische Kunst. Sie ist die weltweit bedeutendste Ausstellung ihrer Art, dauert 100 Tage und fand anfänglich alle vier Jahre statt. Heute kann sie jedoch nur noch alle fünf Jahre besucht werden.

Welches ist das wohl berühmteste Auktionshaus der Welt?

Diese Frage lässt sich nicht eindeutig beantworten, denn zwei Auktionshäuser stehen nebeneinander an der Spitze. Da ist Christie's in London, das 1766 mit dem Verkauf von Gegenständen im Auftrag des englischen Königshauses begann. Schon 1744 wurde, ebenfalls in London, Sotheby's gegründet. Das Haus mit mittlerweile 90 Niederlassungen weltweit hat beispielsweise Napoleons Bibliothek versteigert, die er mit ins Exil genommen hatte.

Rekord!

Das teuerste Gemälde

Der Titel „teuerstes Gemälde der Welt" ist kein absoluter, sondern eher eine Momentaufnahme. Er bezieht sich auf die Kaufsumme, die ein Bild zu einer bestimmten Zeit erzielt. Unverkäufliche Gemälde tauchen in dieser Statistik gar nicht auf, obwohl ihr Schätzwert möglicherweise höher ist. Seit Mai 2015 trägt Pablo Picassos Gemälde *Les femmes d'Alger* den Titel. Es wurde für 179,37 Mio. US-Dollar von Christie's an einen anonymen Sammler verkauft.

Versteigerung von Pablo Picassos *Les femmes d'Alger* (1955) in der New Yorker Niederlassung von Christie's am 11. Mai 2015

Auf Kinoleinwand und TV-Bildschirm

Als die Bilder laufen lernten … Kino und Fernsehen haben unsere Kulturlandschaft und auch unsere Sehgewohnheiten nachhaltig verändert: Während 1895 ein fahrender Zug auf der Leinwand noch Staunen und Erschrecken auslöste, erleben wir heute im Kino ganze Weltuntergänge in 3-D.

Was ist ein Trailer?

Ein Trailer ist ein meist rund zwei Minuten dauernder Zusammenschnitt von markanten Szenen eines Films. Er soll in den Inhalt einführen und Interesse wecken. Es handelt sich also um Werbung für einen Film.

Vor welchem geschichtlichen Hintergrund spielt *Casablanca*?

Casablanca aus dem Jahr 1942 gilt als einer der schönsten Filme aller Zeiten. Die Handlung spielt im Zweiten Weltkrieg. Frankreich leidet unter dem Würgegriff Deutschlands. Marokko mit seiner Hafenstadt Casablanca gehört zu Französisch-Nordafrika und steht nicht direkt unter der Kontrolle der Nazis, sondern wird vom Vichy-Regime verwaltet. Deshalb versuchen viele, dorthin zu gelangen, um dann weiter nach Amerika zu fliehen. Vor diesem geschichtlichen Hintergrund spielt die unglückliche Liebesgeschichte zwischen dem amerikanischen Nachtclubbesitzer Rick (Humphrey Bogart) und der Schwedin Ilsa (Ingrid Bergman).

„Ich seh' dir in die Augen, Kleines." Der berühmte Satz ist die Erfindung eines deutschen Synchronregisseurs (Original: „Here's looking at you, kid.").

Welcher Filmpreis wird in Venedig verliehen?

Bei den Filmfestspielen von Venedig wird der Goldene Löwe verliehen. Manche Preisträger – etwa *Brokeback Mountain* – gewinnen später den Oscar, generell werden aber eher unabhängige Arthouse-Filme prämiert. Die Gewinner der letzten Jahre:

Jahr	Film	Regisseur
2005	*Brokeback Mountain*	Ang Lee
2006	*Still Life*	Jia Zhangke
2007	*Gefahr und Begierde*	Ang Lee
2008	*The Wrestler*	Darren Aronofsky
2009	*Lebanon*	Samuel Maoz
2010	*Somewhere*	Sofia Coppola
2011	*Faust*	Alexander Sokurow
2012	*Pieta*	Kim Ki-duk
2013	*Sacro GRA*	Gianfranco Rosi
2014	*Eine Taube sitzt auf einem Zweig und denkt über das Leben nach*	Roy Andersson

Rekord!

Die ältesten Sendungen im deutschen Fernsehen

Die älteste Nachrichtensendung ist die *Tagesschau*. Sie läuft seit Weihnachten 1952. Die zweitälteste Sendung im deutschen Fernsehen ist *Das Wort zum Sonntag* (seit 1954). Der *Weltspiegel* (seit 1963) ist das älteste noch existierende Magazin, die *Lindenstraße* die älteste Familienserie: Seit Dezember 1985 läuft sie ununterbrochen. Sehr lange gab es auch *Der 7. Sinn*, eine fünfminütige Sendung zur Verkehrssicherheit (1966–2005) und Eduard Zimmermanns *Vorsicht Falle! Nepper, Schlepper, Bauernfänger* (1964–2001).

Was ist Bollywood?

Das Kunstwort ist eine Zusammensetzung von Bombay und Hollywood. Dahinter verbirgt sich der sogenannte Hindi-Film: Unterhaltungsstreifen, die in Mumbai, dem ehemaligen Bombay produziert werden. Rund 900 Filme entstehen dort pro Jahr, Hollywood produziert um die 400. Charakteristisch für die Bollywood-Filme ist ihre nicht unbeträchtliche Länge und die Tendenz zum Emotionalen und zum leichten Stoff. Zudem wird meistens getanzt und gesungen.

Ein wichtiges Element der Bollywood-Filme sind die bunt gekleideten Tänzerinnen.

Welches ist der erfolgreichste deutsche Kinofilm?

Der Schuh des Manitu (2001) hat in Deutschland fast 12 Mio. Zuschauer in die Kinos gelockt und rund 65 Mio. Euro eingespielt. Auf Platz zwei folgt *(T)Raumschiff Surprise – Periode 1* (2004, knapp 10 Mio. Zuschauer), der vom selben Team rund um Michael „Bully" Herbig produziert wurde und vom Erfolg seines Vorgängers profitierte. Platz drei belegt ein deutscher „Klassiker": *Otto – der Film* (1985, knapp 9 Mio. Zuschauer).

Welche Rolle machte Fritz Muliar berühmt?

Der österreichische Schauspieler und Regisseur Fritz Muliar war ein leidenschaftlicher Theaterschauspieler. Seinen größten Erfolg feierte er aber als Titelheld in der Fernsehserie *Die Abenteuer des braven Soldaten Schwejk*, die von 1972 bis 1976 erstmals ausgestrahlt wurde. Darin spielt er einen schelmischen Soldaten und Offiziersdiener, der sich mit Witz und einer gehörigen Portion Naivität durch den Ersten Weltkrieg schlägt.

„Ich bin ein Darsteller des kleinen Mannes – ein jüdischer Bankier, das ist noch drinnen, den Othello muss ich nicht unbedingt spielen. Den Lear – nur in einer Musicalfassung."

Fritz Muliar (1919–2009)

„Alle schlechten Eigenschaften entwickeln sich in der Familie. Das fängt mit Mord an und geht über Betrug und Trunksucht bis zum Rauchen."

Alfred Hitchcock (1899–1980)

Wofür war Alfred Hitchcock bekannt?

Der Regisseur und Produzent Alfred Hitchcock hat mit seinen Filmen und Techniken die Branche nachhaltig beeinflusst. Sein Markenzeichen waren jedoch seine kurzen, überraschenden Auftritte in seinen eigenen Filmen. Mal konnte man ihn als Passant auf der Straße, mal als Fahrgast in der U-Bahn oder in der Schlange vor der Kinokasse sehen.

Hitchcock (r.) bei einem sogenannten Cameo-Auftritt im Film *Der Fremde im Zug* (1951)

Was ist das Besondere am *Polizeiruf 110*?

Genau wie Spreewaldgurke und Rotkäppchen Sekt hat der *Polizeiruf 110* seinen Ursprung in der DDR. Die erste der mittlerweile rund 350 Folgen lief im Juni 1971 über den Bildschirm. Doch wie schaffte es der *Polizeiruf*, vom einstigen Publikumsliebling des Ostens auch im Westen zu einer festen Institution am Sonntagabend zu werden? Vielleicht liegt es daran, dass der *Polizeiruf 110* wie kein anderer die Wendezeit reflektierte, obwohl man schon sehr genau hinsehen musste, um zu merken, dass eine DDR-Parole schief an der Wand hing. Anders als bei Rotkäppchen Sekt und Spreewaldgurke wurde aber nicht nur an Altbewährtem festgehalten, sondern auch kräftig modernisiert, um den Geschmack des West-Publikums zu treffen. Aus den zu damaligen Zeiten überaus korrekten und pflichtbewussten Ermittlern wurden plötzlich Kommissare mit Macken und Kanten, die teils sogar persönlich in Verbrechen involviert waren. Der Wegfall der staatlichen Kontrolle ermöglichte es zudem, brisante Themen wie Umweltdelikte oder politische Verbrechen aufzugreifen – beides früher schwer vorstellbar.

Die Schauspieler Anneke Kim Sarnau (Katrin König) und Charly Hübner (Sascha Buckow) vom *Polizeiruf 110* Rostock beim Jubiläum der 300. Folge im Jahr 2009. Mittlerweile wurden fast 350 Sendungen ausgestrahlt.

Hätten Sie's gewusst?

Das sind Anton, Berti, Conni, Det, Edi und Fritzchen

Die sechs Kerlchen mit den runden Mützen sind die sogenannten Mainzelmännchen. Seit 1963 gehören sie auf den ZDF-Bildschirm, um klar Werbung von Programm zu trennen, wie es der Staatsvertrag fordert. Erfunden wurden sie von Wolf Gerlach (1928–2012).

Gesellschaft

Der Mensch braucht die Gesellschaft anderer Menschen. Damit die unterschiedlichsten Individuen miteinander auskommen, müssen Abmachungen und Regelungen getroffen werden, die idealerweise allen gerecht werden und niemanden über die Maße benachteiligt oder bevorzugt. Und je mehr Menschen zusammenleben, umso komplexer werden die Strukturen und Themen, die in unserer modernen Gesellschaft von Bildung und Beruf über Familie und Religion bis hin zu so angenehmen Nebensachen wie der Mode und anderen Trends reichen.

Bildung und Karriere

G8 und G9 oder auch die Bologna-Reform – unser Bildungssystem befindet sich im Umbruch. Da schwirrt der Kopf vor lauter neuen Begriffen. Und im Berufsleben wird das nicht gerade einfacher.

Wer entscheidet, auf welche weiterführende Schule Kinder gehen?

Grundsätzlich bestimmen die Eltern darüber, auf welchen Schultyp das eigene Kind am Ende der Grundschulzeit wechseln soll. Die Grundschule gibt üblicherweise eine Empfehlung in Form eines mehr oder weniger umfangreichen Gutachtens ab. Aber über die Empfehlung können sich Eltern auch hinwegsetzen. Ob sie dem Nachwuchs damit einen Gefallen tun, steht auf einem anderen Blatt.
Allerdings können die Schulgesetze der Bundesländer das Wahlrecht auch ganz oder teilweise einschränken. Mancherorts ist etwa festgelegt, dass ein Schüler mit der Empfehlung für die Hauptschule nicht das Gymnasium besuchen kann. Die Aufnahme an einer weiterführenden Schule darf auch von einer zusätzlichen Aufnahmeprüfung abhängig gemacht werden. Ein generelles Recht auf freie Schulwahl gibt es also nicht. Denn natürlich darf eine Schule einen Schüler auch ablehnen, wenn alle vorgesehenen Plätze belegt sind.

In der Grundschule sind noch alle Kinder zusammen, danach wird „sortiert".

„Was das Gymnasium wert ist, sieht man weniger an denen, die es besucht haben, als an denen, die es nicht besucht haben."

Egon Friedell (1878–1938)

Hätten Sie's gewusst?

Mädchenschulen sind kein Relikt der Vergangenheit

Früher gingen Jungen und Mädchen für die höhere Schuldbildung in getrennte Schulen und wurden dort in „geschlechterspezifischen" Fächern unterrichtet: Jungen lernten Naturwissenschaften, Mathematik und Latein, bei den Mädchen standen Handarbeit, Hauswirtschaft und Religion auf dem Stundenplan. Erst in den 1950er- und 1960er-Jahren wurde die gemischte Schule zur Regel – Mädchen und Jungen sollten dieselbe Chance auf Bildung und Beruf erhalten. Studien seit den 1980er-Jahren belegen allerdings, dass die Wahl von Schul- und Studienfächern, Ausbildungsplätzen und letztlich Berufen dennoch eine klare Tendenz zeigen: Mädchen interessieren sich mehr für die Bereiche Pflegen, Assistieren und Erziehen, Jungen für den technischen und den gewerblichen Sektor. Mädchenschulen haben heute wieder großen Zulauf, was aber keine Rückkehr in die Vergangenheit bedeutet. Die Schülerinnen sollen dort ohne den Druck von Konkurrenz und Klischees herausfinden, was sie interessiert und was ihnen liegt.

„Bildung braucht Zeit!" – So lautete das Motto der Kampagne der Freien Wähler gegen das G8 in Bayern.

G8 oder G9 – was sind die Vor- und Nachteile?

Hinter den beiden Kürzeln verbirgt sich die Zahl an Jahren, die ein Schüler an einem Gymnasium üblicherweise verbringt, um das Abitur zu erreichen. Bis vor wenigen Jahren waren in Westdeutschland neun Schuljahre üblich. Inzwischen haben fast alle Länder das Modell G8 eingeführt. Die Schüler sind dann ein Jahr jünger, wenn sie aus der Schule kommen, was ihnen Vorteile im internationalen Wettbewerb verschaffen kann. Und sie stehen dem Arbeitsmarkt ein Jahr früher zur Verfügung – ein wichtiger Gesichtspunkt unter dem Aspekt der Volkswirtschaft. Dass aber der Stoff, der am Ende beherrscht werden soll, nicht wesentlich gekürzt wurde, bedeutet für die Schüler mehr Stress. Dies sehen die Kritiker des G8 als größten Nachteil. Außerdem befürchten sie, dass die Fächer insgesamt weniger intensiv unterrichtet werden können, was ja auch bei einer Kürzung des Stoffs der Fall sein würde. Manche Bundesländer bieten inzwischen wieder Schulen mit G9 an oder denken darüber nach, die Reform rückgängig zu machen.

Hätten Sie's gewusst?

Vier Karrieretypen

Heute ist die Arbeitswelt vielfältig wie nie zuvor und die Anforderungen auf der Karriereleiter dementsprechend unterschiedlich. Nach der Einschätzung der weltweit größten Personalagentur Korn/Ferry aus den USA existieren vier Karrieretypen:

- Experten: Sie konzentrieren sich auf ihr Wissensfeld. Mit Veränderungen können sie schwer umgehen, deshalb bleiben sie einem Arbeitgeber sehr lange treu.
- Wettstreiter: Sie suchen Macht, Herausforderung und die Konkurrenz mit anderen – sind also wohl der „aggressivste" Typus. Ihre Wechselbereitschaft in ein anderes Unternehmen ist hoch und oft finanziell motiviert.
- Unternehmer: Auch sie suchen neue Herausforderungen und ihnen ist Eigenverantwortung wichtig. Sie fühlen sich aber mehr als Unternehmer. Das macht sie etwa beim Aufbau neuer Abteilungen oder Tochterunternehmen wertvoll.
- Lernende: Sind den Experten nicht unähnlich und vertiefen gern ihre Kenntnisse – allerdings stets nur bis zu einem bestimmten Punkt. Dann suchen sich die Lernenden ein neues Themengebiet.

Was ist die Bologna-Reform?

Bis in die 2000er-Jahre hinein konnten Studenten in Deutschland ein Diplom machen, das Staatsexamen ablegen oder den akademischen Grad eines Magisters erlangen. Damit das europäische Hochschulsystem jedoch überall gleich ist, wurde die Bologna-Reform ins Leben gerufen. Sie wurde nach dem Ort benannt, wo die 29 europäischen Bildungsminister 1999 die Erklärung unterschrieben haben. Zu den Auswirkungen der Reform gehört neben den an deutschen Hochschulen inzwischen angebotenen Abschlüssen Bachelor und Master auch die Einführung eines Leistungspunktesystems statt der alten „Scheine", das die Vergleichbarkeit garantieren soll.

Wie viele Analphabeten gibt es in Deutschland?

Genaue Zahlen über die Quote der Analphabeten in Deutschland gibt es nicht, da viele Betroffene aus Scham versuchen, ihren Analphabetismus zu verbergen und dafür erstaunliche Taktiken entwickelt haben. Die leo.-

Studie der Universität Hamburg aus dem Jahr 2011 kommt jedoch zu dem Schluss, dass es in Deutschland 7,5 Mio. Erwachsene gibt, die kaum oder nur sehr schlecht lesen und schreiben können. 300 000 davon können auch keine einzelnen Wörter lesen. Eigentlich kaum vorstellbar in einer Gesellschaft, die mehr denn je von schriftlicher Kommunikation abhängig ist.

leo.-Studie

Die Abkürzung leo. steht für Level One. Um innerhalb von Europa berufliche Qualifikationen und Kompetenzen vergleichbar zu machen, hat der Europäische Qualifikationsrahmen für lebenslanges Lernen (EQR) eine Tabelle mit den Merkmalen verschiedener Level erstellt. Level One ist die niedrigste Stufe. Die leo.-Studie konnte also auf bereits erhobene Statistiken aufbauen und sich dadurch intensiver mit der für die Studie relevanten Bevölkerungsgruppe beschäftigen.

Was will die Frauenquote regeln?

Frauenquoten sind umstritten – und zwar nicht nur bei Männern, die um ihre Positionen fürchten, sondern teilweise auch innerhalb der Frauenbewegung. Die Quotierung hat zum Ziel, den Anteil von Frauen in bestimmten Bereichen des öffentlichen Lebens zu erhöhen: ob als Mitarbeiter im öffentlichen Dienst oder auf den Führungssesseln in der deutschen Wirtschaft. Kritiker merken aber diesbezüglich an, dass Frauen so weiterhin nicht als gleichberechtigt angesehen werden. Stattdessen werde suggeriert, dass Frauen im Vergleich zu Männern eine spezielle Förderung benötigen. Frauenquoten können absolut oder relativ sein. Absolut bedeutet, dass Positionen in einem festen Verhältnis besetzt werden. Bei einem Verhältnis von 50:50 muss die Hälfte der Stellen mit Frauen besetzt sein. Finden sich nicht genug geeignete Kandidatinnen, werden auch weniger Männer eingestellt. Eine relative Frauenquote wird erfüllt, wenn bei gleicher Qualifikation weiblichen Kandidaten der Vorzug gegeben wird – zumindest bis die Quote erreicht ist.

Rekord!

In welcher Branche verdient man am meisten?

Jobportale und Wirtschaftsinstitute erheben regelmäßig Informationen zum Gehaltsgefüge in der Republik. Der Gehaltsreport des Unternehmens Stepstone für das Jahr 2015 kommt zu diesem Ergebnis (mit dem besten Gehalt beginnend):

Branche	Ø Jahresgehalt (brutto)
Banken	62 451 €
Pharmaindustrie	59 991 €
Fahrzeugbau und -zulieferer	59 727 €
Telekommunikation	59 149 €
Chemie und Erdöl verarbeitende Industrie	59 087 €
Maschinen- und Anlagenbau	57 853 €
Medizintechnik	57 804 €
Luft- und Raumfahrt	57 727 €
Versicherungen	57 187 €
Energie-, Wasserversorgung und Entsorgung	56 987 €

„Die Frauenquote sorgt nur für Quotenfrauen."

Jürgen von der Lippe (geb. 1948)

Kind und Kegel

Die Familie ist gewissermaßen eine Gesellschaft im Kleinen, in der nur wenige Menschen zusammenleben. Gerade deshalb ist die Familie aber auch eine wichtige Basis für die größeren sozialen Kontexte, denn hier lernen Kinder den Umgang mit anderen.

Welche Möglichkeiten der Kinderbetreuung gibt es?

Für viele Familien ist es sehr wichtig, dass die Eltern nach einer Geburt wieder arbeiten können und die Kinder trotzdem gut betreut sind. Familien können in Deutschland zwischen einer Reihe von Einrichtungen wählen:

- **Tagesmütter und -väter:** in vielen Städten nicht nur eine von den Eltern gewünschte Betreuung, sondern die einzige Möglichkeit, wenn öffentliche Einrichtungen keinen Platz haben oder einfach zu weit weg sind. Tageseltern betreuen Kinder in ihren eigenen vier Wänden, oft mit den eigenen Kindern zusammen.
- **Krippe:** Hier können Kleinstkinder aufgenommen werden, die das Zusammenleben und Spielen mit gleichaltrigen Kindern lernen. Jedes Kind vom ersten bis zum vollendeten dritten Lebensjahr hat einen Rechtsanspruch auf einen Platz.
- **Kindergarten:** Ab dem vollendeten dritten Lebensjahr bis zur Einschulung besuchen die Kinder diese Einrichtungen. Es gibt Halbtags- und Ganztagsbetreuung. Auch auf einen Kindergartenplatz gibt es einen Rechtsanspruch.
- **Hort:** Der Hort ist oft direkt der Schule angegliedert und nimmt Schulkinder vor und nach dem Unterricht auf.

Johann Sperl: *Kindergarten* (1885). Den Begriff prägte Friedrich Fröbel in den 1840er-Jahren. Nach seiner Vorstellung sollen die Kinder wie Pflanzen gehegt und gepflegt werden.

Was ist Väterzeit?

In Deutschland wurde die Zeit, die eine junge Mutter unmittelbar nach der Geburt ihres Kindes vom Arbeitgeber freigestellt wurde, lange als Erziehungsurlaub bezeichnet. Heute wird der Begriff Elternzeit verwendet. Väterzeit ist die Freistellung des männlichen Elternteils. Von der Geburt bis zum dritten Geburtstag können sich die Eltern für die Betreuung des Kindes vom Arbeitgeber freistellen lassen. Für maximal 14 Monate wird Elterngeld vom Staat bezahlt. Ein Paar muss sich diese Zeit aufteilen – ein Elternteil bekommt für maximal zwölf Monate Elterngeld. Aus diesem Grund ist die Väterzeit in der Praxis oft eher kurz, nämlich zwei

Monate lang, da in der Mehrzahl der Familien der Vater nach wie vor der Hauptverdiener ist und die Höhe des Elterngeldes ans Gehalt gekoppelt ist.

Wann sind Kinder in der Trotzphase?

In der Trotzphase befinden sich die meisten Kinder um das dritte Lebensjahr herum. Das Kind gerät dabei in einen Strudel von Gefühlen, die es selbst überwältigen. Die eigenen Wünsche prallen auf die Ge- und Verbote der Erwachsenen, aber die sprachlichen Fähigkeiten reichen noch nicht aus, um sich zu behaupten. Das erzeugt Frust und viele Tränen. Entwicklungspsychologen verwenden heute übrigens lieber den Begriff Autonomiephase, weil Trotz umgangssprachlich negativ verwendet wird.

Wie viele Ehen werden wieder geschieden?

Laut offiziellen Quellen des Statistischen Bundesamtes werden etwa 150 000 bis 200 000 Ehen im Jahr geschieden. Nach dem aktuellen Quotienten aus geschiedenen und neu geschlossenen Ehen, was gern als Scheidungsrate bezeichnet wird, bedeutet dies, dass etwa 36 % aller in einem Jahr geschlossenen Ehen in den kommenden 25 Jahren wieder geschieden werden. Die Statistiker können nach eigener Aussage in den Zahlen aber keinen langfristigen Trend entdecken – weder in die eine noch in die andere Richtung. Im Durchschnitt hielten geschiedene Ehen um die 14 Jahre.

Welche Aufgaben hat ein Pate?

Das Amt der Taufpaten ist ein moralisches und ein religiöses. Entgegen der landläufigen Meinung werden die Paten nicht automatisch zu Vormündern des Kindes, falls den Eltern etwas zustößt. Die Paten verpflichten sich vor der Gemeinde durch die Aussprache des Glaubensbekenntnisses während der Taufe, das Kind mit der Religion vertraut zu machen. Das Amt endet mit der Konfirmation bzw. Firmung des Patenkindes.

„Meistens hat,
wenn zwei sich scheiden,
einer etwas mehr zu leiden."

Wilhelm Busch (1832–1908)

Hätten Sie's gewusst?

Helikopter-Eltern

Schon Anfang der 1970er-Jahre fingen die ersten Psychologen an, mit dieser Metapher zu arbeiten, um damit Eltern zu charakterisieren, die ihre Kinder permanent behüten und unterstützen.
Wie Hubschrauber der Polizei den Verkehr beobachten, so beobachten sie ihre Kinder, um möglichst rasch einzugreifen. Die Eltern organisieren das Spielen zwischen den Kindern, und bei sinkenden Schulnoten besorgen sie Nachhilfe – das klingt nach einer perfekten Kindheit und liebevollen Eltern. Erziehungswissenschaftler sehen das kritischer, denn ein Zuviel an Zuwendung durch Helikopter-Eltern führt zu unselbstständigen und unsicheren Kindern. Auf die richtige Dosis kommt es also an.

Helikopter-Eltern hätten ihren Nachwuchs am liebsten ständig im Blick.

Wenn die Partner jeweils ihre eigenen Kinder in die neue Beziehung mitbringen, spricht man von einer Patchworkfamile.

Was ist eine Patchworkfamilie?

Eine Patchworkdecke besteht aus vielen unterschiedlichen Flicken. Ob die Übertragung des Bildes von Flicken in den Bereich der Familien nun schmeichelhaft ist oder nicht: Mit dem Begriff Patchwork werden heute Familien bezeichnet, in denen zumindest ein Partner eigene Kinder aus einer früheren Beziehung in die Beziehung einbringt. Unter Umständen gibt es dann noch gemeinsame Kinder oder der andere Partner hat auch Nachwuchs, der entweder an den Wochenenden oder dauerhaft in der Familie lebt. Patchwork ist also die moderne Interpretation von Stieffamilien mit Stiefvätern und Stiefmüttern. In Deutschland sind nach Schätzungen etwa 10–14 % aller Familien Patchworkfamilien.

Welche Unterschiede gibt es zwischen Ehe und Lebenspartnerschaft?

Die eingetragene Lebenspartnerschaft wird umgangssprachlich (und diskriminierend) als Homo-Ehe bezeichnet und kann von gleichgeschlechtlichen Paaren eingegangen werden. Sie ist in vielen Bereichen der Ehe durchaus gleichgestellt. Die Partner sind gegenseitig zum Unterhalt verpflichtet und werden im Erbrecht wie Ehegatten behandelt. Außerdem gibt es Zeugnisverweigerungs- und Auskunftsrechte, ein geändertes Mietrecht und die Einbeziehung der Partner in die Kranken- und Pflegeversicherung. Völlig gleichgestellt sind homosexuelle Paare jedoch nicht, da das Grundgesetz die Ehe zwischen Mann und Frau unter einen besonderen Schutz stellt. Eine Adoption fremder Kinder bleibt gleichgeschlechtlichen Lebenspartnern beispielsweise noch verwehrt.

Müssen Kinder oder Enkel im Pflegefall für ihre Verwandten zahlen?

Ein Pflegeplatz kostet schnell viel Geld. Davon übernimmt die gesetzliche Pflegeversicherung aber nur einen Teil. Wenn der Pflegebedürftige den Rest nicht aus seinen Einkünften (wie Rente oder Ersparnisse) zahlen kann, springt das Sozialamt ein. Das Amt prüft aber, ob nicht auch Verwandte die Kosten übernehmen könnten. An erster Stelle steht der Ehegatte. Wenn auch dessen Einkünfte nicht ausreichen, wird die Einkommenssituation der Kinder geprüft. Denn Eltern und leibliche Kinder sind wechselseitig zum Unterhalt verpflichtet, gleichgültig, ob überhaupt noch ein Kontakt zwischen ihnen besteht. Natürlich müssen weder der Ehegatte noch die Kinder mit ihrem ganzen Vermögen einstehen. Der Gesetzgeber hat feste Bemessungsgrenzen verfügt. Die Enkel für diese Form der Unterstützung heranzuziehen, ist gesetzlich nicht möglich.

Glaubensfragen

Die Suche nach Gott oder wenigstens nach einer transzendentalen Macht ist ein tief in uns verankertes Bedürfnis. Die Weltreligionen sind sich deshalb sehr ähnlich – und oft doch so weit voneinander entfernt.

Welches sind die größten Religionsgemeinschaften der Welt?

Exakte Zahlen über die Anhänger der sogenannten Weltreligionen gibt es nicht. Schätzungen und Hochrechnungen zufolge ist das Christentum mit 2,1 Mrd. Anhängern die größte Religionsgemeinschaft der Welt, gefolgt vom Islam mit rund 1,3 Mrd. Der Hinduismus umfasst 850 Mio. Gläubige, danach folgen der Buddhismus mit rund 375 Mio. und das Judentum mit 15 Mio.

Was ist der Unterschied zwischen dem evangelischen und dem katholischen Abendmahl?

Die katholische Theologie geht davon aus, dass Christus tatsächlich im geistlich verwandelten Brot und Wein dauerhaft anwesend ist. Die Teilnahme an einem katholischen Abendmahl ist im Grundsatz nur Katholiken gestattet. Denn für die Feier ist die Einheit im Glauben der Teilnehmer von Bedeutung. Nach evangelischer Auffassung kann im Prinzip jeder Getaufte das Abendmahl empfangen und sogar darreichen. Brot und Wein sind für evangelische Gläubige nach der Feier wieder normales Brot und Wein, also eben nicht dauerhaft verwandelt.

Fra Angelico: *Das letzte Abendmahl* (um 1450); zu sehen in Florenz im Museo di San Marco

Warum ist die Bergpredigt für Christen so wichtig?

Die Predigt Jesu im Matthäusevangelium hat eine ganz besondere Bedeutung, weil sich alle christlichen Konfessionen darauf beziehen.
Die Bergpredigt kann als eine Auslegung der jüdischen Thora für die damalige Zeit aufgefasst werden, die auch andere Religionen beeinflusst hat. Die programmatische Rede über die richtige Lebensführung erklärt den Zuhörern den Willen Gottes und bezieht sich dabei immer auch auf die älteren Zehn Gebote.
Die in der Bergpredigt verlangte Feindesliebe wird als eines der zentralen Elemente angesehen, das weit über die in anderen Religionen geäußerten Ideen hinausgeht.

„Liebt eure Feinde und betet für die, die euch verfolgen, damit ihr Söhne eures Vaters im Himmel werdet."

Aus der Bergpredigt (Mt 5,44)

Evangelikalismus

Evangelikale Gemeinden entstanden in der zweiten Hälfte des 20. Jhs. als Strömung innerhalb des Protestantismus. Im Mittelpunkt stehen das Evangelium als Wort Gottes und die persönliche Beziehung zu Jesus Christus.

Was bedeutet das Fisch-Symbol?

Für Christen war der Fisch das selbstgewählte Erkennungszeichen und notwendig, da sie im Römischen Reich verfolgt wurden: So zeichnete eine Person beispielsweise die obere Linie in den Sand und eine zweite ergänzte das Symbol mit der unteren Linie. Dann wussten beide, dass sie Christen waren. Nach der heute üblichen Auslegung wurde das Zeichen des Fisches auch gewählt, weil die Anfangsbuchstaben seines griechischen Wortes Ichtys ein kleines Glaubensbekenntnis bilden: *Iesous Christos Theou Yios Soter* = Jesus Christus, Gottes Sohn, Erlöser. Als den Christen durch den römischen Kaiser Konstantin die Religionsfreiheit gewährt wurde, war ein geheimes Erkennungszeichen nicht mehr notwendig und das Fischsymbol verlor an Bedeutung. Erst seit einigen Jahrzehnten feiert der Fisch eine Renaissance als Bekenntnis zum Christentum in Form von Autoaufklebern und Co. Dieser Trend wurde vor allem in evangelikalen Konfessionen entfacht.

Das Fisch-Symbol ist einfach, hat aber dennoch einen hohen Wiedererkennungswert.

Wofür wird die Kirchensteuer in Deutschland verwendet?

Das gängige Vorurteil besagt, dass die Kirchen die gezahlte Kirchensteuer für Prunkbauten ausgeben – tatsächlich bleibt dies ein Vorurteil. Es gibt zwar keinen exakten Rechenschaftsbericht über die Ausgaben, weil die Verteilung der eingenommenen Gelder jährlich neu festgelegt wird. Dennoch lässt sich ablesen, dass die Kirchen die Steuern ihrer Mitglieder etwa so verwenden:

- ca. 50 % für seelsorgerische Aufgaben in Gemeinden, Religionsunterricht etc. (Personalkosten)
- ca. 30% für Aufgaben der Diakonie, also Altenhilfen, Beratungsstellen, Sozialstationen und Kindergärten
- ca. 10% für Entwicklungsdienste
- ca. 10% für alle anderen Aufgaben (Verwaltung, Kirchensteuereinzug, Instandhaltung der Gebäude etc.)

Warum sind manche Feiertage immer am selben Tag und andere nicht?

Niemand muss erst in den Kalender schauen, um zu sagen, wann wir das Weihnachtsfest begehen. Aber wann Pfingsten und Ostern gefeiert werden, ist immer unterschiedlich. Das liegt an der zentralen Bedeutung des Osterfestes, des ältesten christlichen Feiertags. Ostern wird immer am ersten Sonntag gefeiert, der nach dem ersten Vollmond liegt, der auf den Frühlingsbeginn folgt. Diese Festlegung erfolgte auf dem Konzil von Nicäa im Jahr 325. Die Bischöfe orientierten sich an den Angaben in der Bibel, um Jesu Auferstehung zu datieren. Und in der Bibel wird nach dem jüdischen Kalender gerechnet, bei dem sich die Monate nach dem Mondzyklus richten. Ostern fällt daher frühestens auf den 22. März und spätestens auf den 25. April. Andere Feiertage, die mit den Geschehnissen rund um Jesu Kreuzigung und Auferstehung zu tun haben, sind ebenfalls nicht an einem bestimmten Datum, da sie sich nach dem Osterfest richten:

Feiertag	Beziehung zu Ostern
Fastnachts-dienstag	47 Tage vor dem Ostersonntag
Aschermittwoch	46 Tage vor Ostern
Palmsonntag	7 Tage vor Ostern
Gründonnerstag	3 Tage vor Ostern
Christi Himmelfahrt	39 Tage nach Ostern
Pfingsten	50 Tage nach Ostern
Trinitatis, Dreieinig-keitsfest	1 Woche nach Pfingsten
Fronleichnam	60 Tage nach Ostern

In welcher Religion spielt der Kreislauf der Wiedergeburten die zentrale Rolle?

Es sind gleich drei Religionen, die an einen Kreislauf der Wiedergeburten glauben. Hinduismus, Buddhismus und Jainismus kennen einen solchen Kreislauf, der auch als Samsara bezeichnet wird. Der Kreislauf aus Werden und Vergehen ist für alle diese Religionen ein müßiges Unterfangen. Man kann sich nur durch religiöses Handeln daraus befreien und geht dann ins Nirwana ein. Die Wahrscheinlichkeit dafür ist eher gering. Denn nur wer als Mensch wiedergeboren wird, hat überhaupt genügend Verstand, um den notwendigen geistigen Zustand für das Nirwana zu erreichen. Die meisten möglichen Stationen der Wiedergeburt sind dagegen von Leid geprägt und ohne diese Möglichkeit der Erlösung.

Nirwana

Das Nirwana bezeichnet den Zustand der Erlösung, den Austritt aus dem Kreis der Wiedergeburten. Der Begriff leitet sich ab von einem Sanskrit-Wort und bedeutet in etwa „verwehen" oder „erlöschen": Nichts existiert mehr außer einem Zustand völliger Ruhe.

Rekord!

Kumbh Mela, das größte Fest der Hindus

Das „Fest des Kruges" geht auf eine Legende der Hindu-Mythologie zurück: Götter und Dämonen stritten sich um einen Krug, in dem sich Unsterblichkeitsnektar befand. Dabei fielen vier Tropfen heraus auf die Erde. An diesen Stellen befinden sich heute die Orte Allahabad, Haridwar, Ujjain und Nashik – und dort findet die Kumbh Mela statt, bei der die Pilger ein rituelles Bad in den heiligen Flüssen der Unsterblichkeit nehmen. Die Städte richten das Fest abwechselnd und einem komplizierten Rhythmus folgend aus. Alle zwölf Jahre wird das Fest in Allahabad gefeiert – ein besonderer Höhepunkt, da dort die heiligen Flüsse Ganges, Yamuna und der nur in der Mythologie existierende Strom Sarasvati zusammenfließen. In den drei Monaten Januar bis März 2013 pilgerten Schätzungen zufolge bis zu 120 Mio. Gläubige dorthin. Damit ist Kumbh Mela nicht nur das größte Fest der Hindus, sondern zugleich auch weltweit.

Kumbh Mela in Haridwar: Die Menschen versammeln sich an den Ufern des heiligen Ganges.

Was ist der Unterschied zwischen Schiiten und Sunniten?

Die islamische Glaubensgemeinschaft teilt sich in mehrere Lager. Das größte (90 % der Gläubigen) sind die Sunniten. Es gibt aber auch Staaten, in denen die Schiiten die Mehrheit an der Bevölkerung stellen (Iran 92 %, Aserbaidschan und Bahrain je 70 %, Irak 60 %). Die Schiiten beharren darauf, dass nur unmittelbare Nachkommen des Propheten Mohammeds das Recht hätten, politische Oberhäupter (Imame) der Muslime zu stellen. Bei den Sunniten wurde es dagegen zur Regel, das Oberhaupt unabhängig von seiner Abstammung zu wählen. Dieser grundlegende Unterschied wurde im Laufe der Jahrhunderte durch verschiedene Auslegungen des Glaubens weiter differenziert und die Lager stehen sich heute unversöhnlich gegenüber. Immer wieder kommt es zu gewalttätigen Konflikten, beispielsweise unter Saddam Hussein, der im Irak die sunnitischen Kurden unterdrückte und ermordete, oder durch den sogenannten Islamischen Staat (IS): Die Organisation radikal-sunnitischer Islamisten versucht, durch Krieg und Terrorakte Gebiete zu besetzen und ihre Ideologie durchzusetzen.

Was steht in der Scharia?

Der Begriff Scharia steht für das islamische Recht, eine Sammlung von Gesetzen und Regeln, die die muslimische Gemeinschaft zu beachten hat. Er leitet sich vom arabischen Wort für Weg ab – dem Weg zum Guten. Die Scharia ist kein feststehender Kodex oder ein Gesetzbuch, wie wir es etwa durch das BGB kennen. Sie ist die Summe von Rechten, Pflichten und Geboten – von der religiösen Praxis bis zum Erbrecht, von den Speisegeboten bis zum Straf- und Kriegsrecht. Als göttliches Recht wird die Scharia von den Rechtsgelehrten nach überlieferten Methoden gedeutet. Allerdings gibt es islamische Länder, in denen die Scharia als Gesetzbuch Anwendung findet und die ihre Regeln sehr eng auslegen. In der heutigen Welt sind viele dieser

Hätten Sie's gewusst?

Fahrstühle für den Sabbat

Der Sabbat ist ein wichtiger Feiertag im Leben der jüdischen Gemeinde. Er ist der Ruhetag der Woche und dauert vom Sonnenuntergang des Freitags bis zum Sonnenuntergang am Samstag. Während des Sabbats ist es verboten, Handlungen auszuführen, die als Arbeit betrachtet werden können. Da die Einhaltung des Sabbats ein religiöses Gebot ist, kann bereits das Betätigen der Tasten im Fahrstuhl besonders orthodox Gläubige mit dem Gebot in Konflikt bringen. Deswegen gibt es in Israel Fahrstühle, die am Sabbat so geschaltet werden können, dass sie jedes Stockwerk automatisch anfahren. So können die Bewohner einfach einsteigen und werden befördert, ohne auch nur einen Finger bewegen zu müssen.

Auslegungen umstritten, etwa die Kopftuchpflicht für Frauen oder die körperliche Bestrafung. 2014 sorgte eine Gruppe junger Männer für Aufsehen, die unter dem Namen „Scharia-Polizei" durch Wuppertal patrouillierten.

Wie unterscheidet man zwischen koscher und halal?

Koscher bedeutet, dass etwas nach dem jüdischen Religionsgesetz (Halacha) geeignet ist, halal kennzeichnet die nach dem islamischen Religionsgesetz (Scharia) erlaubten Handlungen und Gegenstände. Besonders der Umgang mit Speisen und Getränken ist streng reguliert. Aus Sicht von Christen sind die Unterschiede zwischen den jüdischen und den muslimischen Speisevorschriften zwar gering, für die Gläubigen sind sie aber von großer Bedeutung.

Schächten

Beim Schächten werden die Tiere ohne vorherige Betäubung mit einem Schnitt durch die Halsunterseite getötet. So soll das möglichst rückstandslose Ausbluten des Tieres gewährleistet werden. Das Schächten ohne besondere Genehmigung ist in Deutschland gesetzlich verboten, denn aus Sicht des Tierschutzes ist diese Form der Tötung sehr umstritten, da sie als sehr grausame Methode des Schlachtens gilt.

	koscher (jüdisch)	halal (muslimisch)
Tiere	nur Tiere, die wiederkäuen und gespaltene Hufe haben – also Rinder, Schafe, Ziegen etc. Sie müssen nach den religiösen Riten geschlachtet worden sein. Keine Raubvögel.	alle pflanzenfressenden außer denjenigen, die durch den Koran direkt verboten werden. Erlaubt sind Rinder, Schafe, Ziegen, Kaninchen, Hasen etc., aber kein Schweinefleisch, kein Ungeziefer, keine Reittiere.
Schlachtung	Nur ein speziell ausgebildeter Schlächter darf schächten. Er spricht vorher einen Segensspruch.	Nur ein erwachsener und geistig gesunder Moslem darf die Schlachtung durchführen. Bei jedem Tier muss der Schlachter den Namen Gottes nennen.
Milch und Fleisch	Die beiden Lebensmittel werden streng getrennt – sie dürfen weder gemeinsam gelagert, zubereitet noch verzehrt werden.	keine Vorschriften
Wild	Da Wild nicht koscher geschlachtet wird, darf es nicht verzehrt werden.	Die Jagd zur Nahrungsgewinnung ist erlaubt.
Alkohol	Wein, der von Juden hergestellt wurde oder dessen Herstellung von Juden überwacht wurde, ist koscher. Andere alkoholhaltigen Getränke sind erlaubt, wenn sie frei von nicht koscheren Zutaten sind.	Alkoholische Getränke und Alkohol in Speisen sind verboten.

Du bist, was du isst – und trinkst.

Schon unsere Ahnen wussten, dass gutes Essen sich positiv auf die Gefühlslage auswirkt: Essen und Trinken hält Leib und Seele zusammen. Und so ist eine Feier ohne leckere Speisen und Getränke kaum vorstellbar. Die Mahlzeiten sind ein wichtiger und regelmäßiger Bestandteil unserer täglichen Routine – und auch unseres sozialen Lebens.

Wie hängen Einkommen und Fleischkonsum zusammen?

Die tägliche Portion Fleisch ist eine recht teure Angelegenheit. Steigt der Verbrauch also, wenn mehr Einkommen zur Verfügung steht? Oder sinkt der Konsum, weil sich der Haushalt nun auch mehr Bio-Gemüse leisten kann und mehr Geld für bewusste Ernährung zur Verfügung hat? Eine repräsentative Umfrage, die das Meinungsforschungsinstitut YouGov im Auftrag von *Zeit Online* 2013 erhoben hat, sagt aus, dass der Fleischkonsum mit dem Einkommen steigt. Die Agrarwissenschaftler der Universitäten Hohenheim und Göttingen fanden im gleichen Jahr das Gegenteil heraus – ebenfalls repräsentativ. Ein klassisches Unentschieden also.

Ist rotes Fleisch ungesund?

Köche unterscheiden zwischen roten (Rind, Schwein, Kalb, Schaf, Lamm, Ziege) und weißen (Geflügel) Fleischsorten. Seit einigen Jahren gilt der Konsum roter Fleischsorten als gesundheitsschädlich, was besonders am darin enthaltenen L-Carnitin liegen soll: Die chemische Verbindung aus zwei Aminosäuren schädigt möglicherweise die Gefäße, was Herz-

Hätten Sie's gewusst?

Einfuhrverbot für Mimolette

Mimolette soll der Lieblingskäse von Charles de Gaulle gewesen sein. Er reift besonders lang und verdankt seine orangene Farbe dem Zusatz eines Pflanzenfarbstoffs. Seine typische, unregelmäßig durchlöcherte Rinde entsteht dadurch, dass darin Milben siedeln, die Gänge graben. Nach der Reifung wird der Käse gebürstet und mit Druckluft besprüht, was die meisten Milben entfernen dürfte. Trotzdem führte das besondere Herstellungsverfahren im Jahr 2013 zu einem Importverbot von Mimolette in den USA. Als Begründung wurde angeführt, dass der Käse „als Ganzes oder zum Teil aus einer schmutzigen, verdorbenen oder verrotteten Substanz" bestehe.

Mimolette mit der typischen von Milben durchlöcherten Rinde

erkrankungen begünstigt. Kritische Stimmen führen allerdings ins Feld, dass die erkannten Krankheiten auch daher rühren könnten, dass die Liebhaber dieser Fleischsorten generell ungesünder lebten (Rauchen, Alkoholkonsum) – auch aus diesem Grund könne es verstärkt zu Herz-Kreislauf-Erkrankungen oder gar Krebs kommen. Fest steht aber, dass zu viel Fleisch generell nicht gesund ist.

Hätten Sie's gewusst?

Backen für den Kaffemik

Kaffemik – diese grönländische Tradition klingt nach einem Verwandten unseres Kaffeekränzchens. Es ist aber nur ein weit entfernter Verwandter, denn wenn wir Deutschen zum Kaffeekranz laden, kommen auch nur die geladenen Gäste. Zum Kaffemik, der z. B. zu einem Geburtstag stattfindet, ist dagegen die ganze Dorfgemeinschaft eingeladen. Dafür bringen die Gäste aber auch ein Geschenk mit. Da nirgendwo ein ganzes Dorf in ein Haus passt, gehören schnelles Kommen und Gehen zum Kaffemik dazu.

Wie kocht man molekular?

Wenn ein Kügelchen zu einer Sphäre wird und Sauce die Konsistenz von Badeschaum annimmt, befindet man sich mitten in der molekularen Küche. Unter molekular versteht man nämlich das Kochen mit Molekülen – den Grundbestandteilen, aus denen die Nahrungsmittel bestehen. Diese besondere Schule des Kochens entstand um die 1990er-Jahre herum. Köche stellten sich die Frage, was eigentlich auf chemischer Ebene beim Garen und Zubereiten von Speisen geschieht – und wie man dieses Wissen nutzen kann. In den (wenigen) gastronomischen Betrieben, in denen molekular gekocht wird, greifen die Küchenchefs auf Hilfsmittel zurück, die eher aus dem Laborbedarf denn aus der Küche stammen: Vakuumgarer, Trockeneis oder Stickstoff. Das Ergebnis sind besonders aussehende Speisen, die auch geschmacklich einen ungewöhnlichen Eindruck hinterlassen.

Molekular gekocht: Fischfilet auf Sauce-béarnaise-Quader mit Dillsphären und Meerrettich-Schaum

Sphäre

In der Molekularküche bezeichnet man kaviarartige Kügelchen als Sphäre. Sie können aus Fruchtsäften, Obst- und Gemüsepüree bestehen. Unter Zugabe von chemischen Stoffen entstehen Gelkapseln mit einem flüssigen Kern.

„Wir wöllen auch sonderlichen / das zu kainem Pier / merer stückh / dann allain Gersten / Hopfen / unn wasser / genommen unn geprauchT sölle werdn."

Aus der Bayerischen Landesordnung von 1516

Was ist das Reinheitsgebot und wo gilt es?

Ein deutsches Bier soll nur aus Hopfen, Malz (gekeimtes und getrocknetes Getreide), Hefe und Wasser gebraut werden. Das Reinheitsgebot wurde 1516 in Bayern erlassen und gilt auch heute noch. Somit ist es eine der ältesten lebensmittelrechtlichen Vorschriften der Welt.

Sich an das Reinheitsgebot zu halten, ist nicht nur eine Vorschrift, sondern gilt auch als Qualitätsmerkmal. Denn der Erlass war seinerzeit bitter nötig: Biere wurden damals aus allerlei Zutaten und Gewürzen gebraut – teilweise sogar mit gesundheitsschädlichen Auswirkungen. Von Bayern aus ging das Reinheitsgebot 1906 auf das gesamte Deutsche Kaiserreich über und bildete 1923 die Grundlage des Biersteuergesetzes, das auch heute noch in Deutschland gültig ist. Ausländische Brauer müssen sich auch bei exportierten Bieren nur daran halten, wenn sie mit dem Begriff Reinheitsgebot werben.

Die Vielfalt ist groß, die Zutatenliste kurz: Deutsches Bier wird nach dem Reinheitsgebot gebraut.

Rekord!

Die fleißigsten Biertrinker

Glaubt man den regelmäßig im Internet veröffentlichten Statistiken, ergibt sich beim Bierverbrauch pro Kopf in Europa diese Reihenfolge:

Position	Land	Verbrauch pro Kopf in Litern
1	Tschechische Republik	148
2	Österreich	108
3	Deutschland	105
4	Polen	98
5	Litauen	95
6	Rumänien	90
7	Irland	86
8	Luxemburg	83
9	Finnland	79
10	Slowakei	78

Die Verteilung bleibt über die Jahre recht stabil, allerdings geht die Pro-Kopf-Menge in den meisten Staaten kontinuierlich (wenn auch langsam) zurück. Ob das eine Geschmacksfrage ist oder ob die Aufklärung über die Folgen des Alkohols Früchte tragen, kann nicht beurteilt werden.

Wieso schäumt die eine Milch, die andere nicht?

Wer den Milchschaum für seinen Kaffee selbst macht, weiß, dass dieser nicht immer gelingt. Schaum entsteht, wenn die Luftblasen in der Milch „festgehalten" werden. Dazu benötigt die Milch Eiweiß, und dessen Anteil steht im Zusammenhang mit dem Fettgehalt. Mindestens 1,5 % sollten es sein, bei 3,5 % ist ein festerer Schaum zu erwarten. Außerdem sollte man zumindest bei der Dampfdüse kalte Milch verwenden: Durch das Aufschäumen mit Dampf wird die Milch erhitzt, und dabei gerinnt das Eiweiß. Je wärmer die Milch, desto weniger schäumt sie.

Kleider machen Leute

Gerade junge Menschen wollen jede Mode mitmachen und keinen Trend verpassen. Reifere Menschen sind auch gern modisch, aber weniger extravagant. Schließlich geht es ums Zeigen und ums Wahrgenommenwerden – Aspekte, die im gesellschaftlichen Miteinander essenziell sind.

Was ist Fair-Trade-Mode?

Preiswert einkaufen – wer möchte das nicht? Das Problem bei unserem Wunsch nach günstiger Kleidung ist, dass die Menschen in den Erzeugerländern der Rohstoffe und in den Produktionsländern kaum von ihrer Arbeit leben können. Die Organisationen, die sich für fairen Handel einsetzen, möchten genau das ändern.
Im Bereich der Textilwirtschaft bedeutet fair gehandelte Kleidung deshalb, dass Baumwolle und Leinen verantwortungsvoll eingekauft wurden und die Näher und Näherinnen unter humanen Bedingungen arbeiten.

In welchen Ländern stehen die Fabriken der großen Modelabels?

Sowohl die Textilhandelsketten als auch Hersteller von Markenwaren lassen ihre Stücke oft in Billiglohnländern zusammennähen: Laut einer Statistik aus dem Jahr 2013 stammt jedes zweite Kleidungsstück, das in Deutschland verkauft wird, aus Asien, die meisten davon aus Bangladesch. Dieses südostasiatische Land steht am (bisherigen) Ende einer Kette von Niedriglohnländern: Erst wurde in Osteuropa produziert, danach in China, und dann zogen viele Textilhersteller weiter ins Land mit den billigsten Produktionsbedingungen. In den vergangenen Jahren ist bei den Modekäufern das Fair-Trade-Bewusstsein gestiegen, der Einsturz einer Textilfabrik in Bangladesch mit über 1000 Toten hat diese Tendenz noch verstärkt. Inzwischen haben viele Produzenten verkündet, nicht mehr die Augen vor den Arbeitsbedingungen in Asien zu verschließen und sind Selbstverpflichtungen eingegangen – dennoch sind nach wie vor z. B. 16-Stunden-Schichten keine Seltenheit. Es gibt aber auch die Befürchtung, dass als nächstes Kleidung verstärkt aus Ländern wie Laos, Vietnam oder Myanmar kommen wird.

Nachhaltig produzierte Baumwolle: Fair Trade beginnt beim Rohstoff.

Hätten Sie's gewusst?

Ein Trend entsteht

Modeexperten betonen, dass Trends nicht einfach gemacht werden können, sondern dass sie entstehen, weil sich einige Menschen plötzlich für die gleichen Sachen interessieren oder die gleiche Kleidung tragen. Aber natürlich kann die Modeindustrie Trends beeinflussen. Sogenannte Trendscouts suchen nach neuen Stilen und Ideen, und wenn eine Modemarke einen Trend durchsetzen will, stellt sie ihn Journalisten vor und setzt ihre Werbemaschinerie dafür ein. Aber ob aus diesen Bemühungen tatsächlich ein Trend wird, kann niemand verlässlich vorhersagen.

Augen auf bei der Wahl des Altkleider-Containers!

„Lieber lebe ich großgemustert als kleinkariert."

Wolfgang Joop (geb. 1944)

Was passiert mit unseren Altkleidern?

Wer Bedürftige unterstützen möchte, bringt ausrangierte Kleidung zum Altkleider-Container. Die meisten Kleiderkammern oder sozialen Kaufhäuser erhalten aber den größten Teil ihrer Ware bereits durch direkte Spenden. Und die allein reichen schon fast aus, den Bedarf an Kleiderspenden zu decken. Es wird also viel mehr gespendet, als eigentlich verwertet werden kann. Experten gehen davon aus, dass mehr als die Hälfte aller Spenden ohnehin in einem Zustand ist, der die Weitergabe nicht erlaubt. Überschüsse werden an Textilverwerter verkauft, die Recyclingprodukte aus der Kleidung produzieren – ein lohnenswertes Geschäft. Deshalb werden viele Altkleidersammlungen und Container bereits von kommerziellen Unternehmen unterhalten. Viele der privaten Straßensammlungen sind sogar illegal, die Handzettel dazu vermitteln nur den Eindruck, es werde für einen karitativen Zweck gesammelt. Wer also etwas Gutes tun will, sollte genau prüfen, ob es sich um ein echtes karitatives Unternehmen (Rotes Kreuz etc.) handelt, das um Kleiderspenden bittet.

Was sind Magermodels?

Nachdem auf den Laufstegen der Modemetropolen immer schlankere Frauen die Schöpfungen der Designer vorführten, fing die Öffentlichkeit an, sich gegen das Zurschaustellen solcher „Magermodels" zu wehren. Vertreter der deutschen Modewirtschaft verabschiedeten im Juli 2008 gemeinsam mit der damaligen Bundesgesundheitsministerin Ulla Schmidt eine Selbstverpflichtung in der Charta „Leben hat Gewicht". Danach müssen Models bei Modeschauen und auf Fotos künftig mindestens den Body-Mass-Index von 18,5 aufweisen – was etwa der Konfektionsgröße 36 entspricht – und mindestens 16 Jahre alt sein. In anderen Ländern gibt es vergleichbare Abkommen, Israel verbannt die Magermodels sogar per Gesetz.

Wer sind die bekanntesten Designer der Welt?

Zu dieser Frage dürfte es wahrscheinlich noch mehr Antworten als Modedesigner weltweit geben. Aber über die Jahre werden immer wieder diese Designer genannt.

- Giorgio Armani (geb. 1934, Italien)
- Manolo Blahnik (geb. 1942, Spanien, Schuhdesigner)
- Domenico Dolce (geb. 1958) & Stefano Gabbana (geb. 1962, Italien)
- Wolfgang Joop (geb. 1944, Deutschland)
- Calvin Klein (geb. 1942, USA)
- Karl Lagerfeld (geb. 1933, Deutschland)
- Miuccia Prada (geb. 1949, Italien)
- Jil Sander (geb. 1943, Deutschland)
- Gianni Versace (1946–1997, Italien)

Welche Kleidungsstücke kommen nie aus der Mode?

Trotz aller Trends und Veränderungen gibt es Kleidungsstücke, die sich seit Jahren halten und wohl nie aus der Mode kommen. Dazu zählen:

- **das „kleine Schwarze":** ein körperbetontes, eng anliegendes Kleid in der Farbe Schwarz. Wohl fast jede Frau hat es im Kleiderschrank. Ein zeitloses Stück.

- **Jeans:** Sie gehören seit Jahrzehnten in den Schrank von Damen und Herren. Kombiniert mit anderen Stücken bilden sie eine gute Basis für Stile von sportlich bis elegant.
- **Blazer** für die Dame bzw. **Anzug** für den Herren: Nicht nur im Geschäftsalltag werden der klassische Blazer bzw. der Anzug wohl nie aus der Mode kommen.

Wann trägt man Hut – und wann nicht?

Bis in die 1960er-Jahre hinein gehörten Hüte zum Alltag. Danach kam die Kopfbedeckung aber immer mehr aus der Mode. Das ist unter anderem auch dem US-Präsidenten John F. Kennedy zu verdanken, der auf das Tragen von Hüten verzichtete und mit seiner jugendlichen Art zum Vorbild wurde. Allerdings erlebt der Hut gerade ein kleines Revival unter jungen Stadtmenschen.
Verpflichtend machen ihn nur noch religiöse Traditionen: In der katholischen Kirche tragen Bischöfe und auch der Papst häufig einen Hut. Laien nehmen dagegen ihre Kopfbedeckung – falls vorhanden – ab, wenn sie ein Gotteshaus betreten. Die jüdische Religion schreibt die Bedeckung des Hauptes vor. Neben einer kleinen Kappe, der Kippa, tragen insbesondere streng orthodoxe Gläubige auch außerhalb der Gotteshäuser einen Hut.
Einen ganz anderen Bereich bilden die Damenhüte: Bei bestimmten Anlässen wie Pferderennen oder großen Hochzeiten vor allem der besseren Gesellschaft gehören ausgefallene Hutkreationen quasi zum guten Ton.

Farbenfrohe Hüte beim Pferderennen in Ascot

Wann wurde die Feinstrumpfhose erfunden?

Die modernen Feinstrumpfhosen wären ohne die Erfindung eines Kunststoffs nicht möglich gewesen: 1935 entwickelte ein amerikanisches Unternehmen die erste Nylonfaser, bei deren Herstellung Kohlenstoff, Sauerstoff und Wasser miteinander reagieren. Das Wort Nylon lässt übrigens keine Rückschlüsse auf die Bestandteile zu, sondern war als reines Kunstwort gedacht. Die Technologie ermöglichte es, sehr dünne Fasern zu produzieren. Das machte die Strumpfhose zwar sehr empfindlich, aber binnen weniger Jahre wurden Nylonstrümpfe zu einem weltweiten Verkaufsschlager. Übrigens haben die Bezeichnungen wie 15 den etwas mit der Dichte der Faser zu tun. Die Maßeinheit Denier gibt an, wie schwer ein Faden mit einer Länge von 9 km ist – in diesem Fall 15 g! Je dichter die Faser, also je mehr „den", desto blickdichter ist die Strumpfhose.

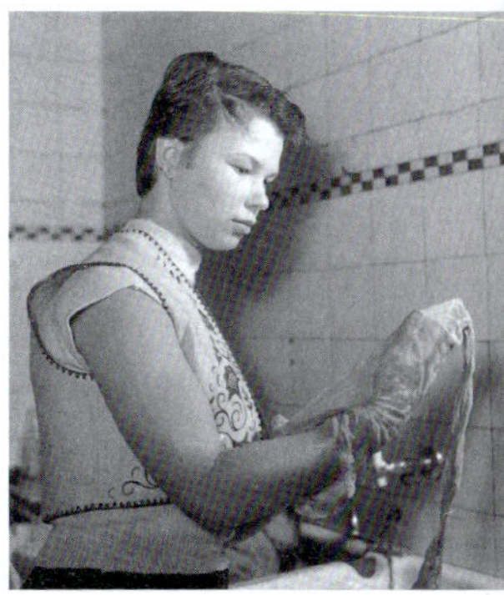

In den 1950er-Jahren war die Feinstrumpfhose ein wertvolles Kleidungsstück und wurde sorgfältig von Hand gewaschen.

Politik

Wirtschaft

Recht

Politik

„Es ist offensichtlich, dass der Staat ein Werk der Natur ist und der Mensch von Natur aus ein staatenbildendes Lebewesen.“ Der bekannte Satz des griechischen Philosophen Aristoteles (384–322 v. Chr.) hat sich über die Jahrtausende hinweg als wahr erwiesen: Heute sind Staatswesen und Politik – von kommunalen Strukturen bis hin zum großen Ganzen der internationalen Politik – in komplizierten Systemen organisiert.

Herrschen und regieren: Staatsformen

Die meisten können seit der Schulzeit die bekanntesten Staatsformen auswendig aufsagen: Monarchie, Diktatur und Republik. Aber was bedeutet das eigentlich genau? Und was ist mit den vielen Staaten, die Mischformen aus den gängigen Systemen bilden?

Was ist eine Republik?

Der Begriff leitet sich ab vom lateinischen *res publica*: öffentliche Sache. Denn eine Republik ist eine Staatsform, die über eine freiheitliche Ordnung verfügt und das Gemeinwohl zu verwirklichen sucht. Deshalb verstehen wir unter einer Republik eine demokratische Staatsform. Aber es gibt auch Staaten, die das Wort Republik im Namen tragen, obwohl sie keine Demokratien sind: Dort dient die Politik nicht der öffentlichen Sache, sondern sie befindet sich im Einflussbereich einer bestimmten Gruppierung bzw. Partei. Die Volksrepublik China z. B. grenzt sich durch ihre Namensgebung von der früheren Kaisermonarchie ab, die Macht liegt aber in den Händen einer Partei, eine Opposition wird nicht zugelassen.

Was sind die Grundsäulen einer Demokratie?

Schon früh haben sich Philosophen mit der Frage beschäftigt, wie Amtsmissbrauch in einem Staat verhindert werden kann. Die Antwort darauf lautet: Gewaltenteilung – die Staatsvertreter werden nicht nur gewählt, sondern die Macht des Staats wird auf mehrere Staatsorgane verteilt, die sich gegenseitig kontrollieren.

„Die Demokratie ist die schlechteste aller Staatsformen – abgesehen von all den anderen, die von Zeit zu Zeit ausprobiert worden sind."

Winston Churchill (1874–1965)

Demokratie

Das Wort Demokratie stammt aus dem Griechischen und bedeutet „Herrschaft des Volkes". Darunter verstehen wir heute, dass zum Wohle der Allgemeinheit bestimmte Grund- und Bürgerrechte gelten, und dass in direkten, freien, gleichen und geheimen Wahlen ein Parlament gewählt wird, aus dem sich dann die Regierung herausbildet.

Begriff	Definition	Beschreibung
Legislative	gesetzgebende Gewalt	im engeren Sinne das Parlament. Auf Bundesebene sind dies der Bundestag und der Bundesrat.
Exekutive	ausführende Gewalt	die Regierung. Sie muss sich an Gesetze halten und kann Gesetze vorschlagen. Sie organisiert das Staatsleben und lenkt die Politik.
Judikative	Rechtsprechung	die Gerichte. Sie entscheiden darüber, ob etwas den Maßgaben des Gesetzes entspricht oder nicht. Sie legen das Strafmaß anhand der vorgegebenen Möglichkeiten fest.

Ludwig XIV.

Der französische König Ludwig XIV. (1638–1715) ist ein Paradebeispiel für den absolutistischen Herrscher. Er machte sich zum Mittelpunkt eines prunkvollen Königshofes und verstand es, durch loyale Verwaltungsbeamte den Adel zu schwächen und jegliche Opposition kleinzuhalten.

Welche Länder sind heute noch Monarchien?

Weltweit sind noch etwa ein Viertel aller Staaten als Monarchien organisiert. Die meisten dieser Monarchien sind Erbmonarchien, aber es gibt auch fünf sogenannte Wahlmonarchien. Im Grunde schließen sich „Wahl“ und „Monarchie“ gegenseitig aus. Aber tatsächlich haben auch Wahlmonarchien eine große Tradition, angefangen bei den Kaisern des Heiligen Römischen Reichs, die von den Kurfürsten gewählt wurden. Den historischen und heutigen Wahlmonarchien, wie z. B. Malaysia, gemeinsam ist, dass nicht das Volk den Monarchen wählt, sondern ein kleiner Kreis von Personen. Eine besondere Form der Monarchie hat das britische Commonwealth hervorgebracht. Es besteht aus rund 50 früheren britischen Kolonien und aus dem Vereinigten Königreich selbst. Die meisten der Commonwealth-Nationen haben sich dafür entschieden, eigene Staatsoberhäupter einzusetzen – aber 16 von ihnen bilden das sogenannte Commonwealth-Königreich (Commonwealth Realm). Ihr Staatsoberhaupt ist der britische Monarch mit den üblichen zeremoniellen und repräsentativen Aufgaben.

Kontinent	Monarchien
in Europa	Andorra (Wahlmonarchie), Belgien, Dänemark, Liechtenstein, Luxemburg, Monaco, Niederlande, Norwegen, Schweden, Spanien, Vatikanstadt (Wahlmonarchie), Vereinigtes Königreich Großbritannien und Nordirland
in Asien	Bhutan, Brunei, Japan (Kaiserreich), Kambodscha (Wahlmonarchie), Malaysia (Wahlmonarchie), Thailand
im Nahen Osten	Bahrain, Jordanien, Kuwait, Katar, Oman, Saudi-Arabien, Vereinigte Arabische Emirate (Wahlmonarchie)
in Afrika	Lesotho, Marokko, Swasiland
in Ozeanien	Tonga
Commonwealth Realms	Antigua und Barbuda, Australien, Bahamas, Barbados, Belize, Grenada, Jamaika, Kanada, Neuseeland, Papua-Neuguinea, Salomonen, St. Kitts und Nevis, St. Lucia, St. Vincent und Grenadinen, Tuvalu

Was ist eine konstitutionelle Monarchie?

„L’État c’est moi“ („Der Staat bin ich“) – das soll der französische König Ludwig XIV. gesagt haben. Der Satz beschreibt gut die Machtfülle eines absolutistischen Herrschers: Was in seinem Staat geschieht, bestimmt ausschließlich der König. Er erlässt Gesetze, setzt Steuern fest und ist auch oberster Gerichtsherr. Das Gegenbild dazu ist die konstitutionelle Monarchie. In ihr werden die Machtbefugnisse des Herrschers (Monarchen) in einer Verfassung (Konstitution) geregelt. Wie stark die Macht des Königs dabei eingeschränkt ist, ist nach den jeweiligen Verfassungen sehr unterschiedlich und hat sich auch im Laufe der Zeit gewandelt. Die älteste konstitutionelle Monarchie besteht in Großbritannien.

Warum besitzen Länder Flaggen?

Ein Vorläufer der modernen Flaggen sind die Standarten, die römische Krieger mit sich führten. Sie kennzeichneten ursprünglich den Sammelpunkt für einen Truppenteil und entwickelten sich dann zum Abzeichen, zum Symbol dieses Truppenteils. So schufen sie ein Zusammengehörigkeitsgefühl. Auf den Schlachtfeldern des Mittelalters dienten die Standarten dazu, den Überblick zu bewahren: Freund und Feind konnten sich leichter erkennen, da die Fahnen ihre Farben und Wappen zeigten. Und auf hoher See war der flatternde Stoff von Nutzen, da er schon von Weitem deutlich machte, zu wem das Schiff gehörte. Ab dem 15. Jh. setzte es sich durch, auf dem Schiff die Flagge seiner Nation zu hissen. Und aus diesen Flaggen entwickelten sich dann die Nationalflaggen. Auch heute werden diese Flaggen noch eingesetzt, um kenntlich zu machen, aus welchem Land beispielsweise ein Delegierter bei einer internationalen Versammlung kommt. Soldaten tragen die Farben ihrer Landesflagge auf der Uniform, um als Zugehöriger ihrer Armee erkannt zu werden. Darüber hinaus herrscht in vielen Staaten eine emotionale Verbindung zwischen Volk und Flagge. Dazu haben sicherlich politische Umwälzungen wie die Französische Revolution oder die Unabhängigkeitserklärung der Vereinigten Staaten von Amerila beigetragen, wo die Menschen „unter der Flagge geeint" für ein gemeinsames Ziel kämpften.

Bundeskanzlerin Merkel und US-Präsident Obama im Jahr 2014: Die zusammenstehenden Flaggen symbolisieren die Freundschaft zwischen Deutschland und den USA.

Was ist der Unterschied zwischen einem Bundesstaat und einem Staatenbund?

Die Bundesrepublik Deutschland ist ein Bundesstaat. Seine Mitgliedsländer, die Bundesländer, haben ihre politische Souveränität selbst auf den Bund übertragen. Er tritt gegenüber anderen Staaten in der Außenpolitik auf und ist Vertragspartner bei zwischenstaatlichen Abkommen. Gesetze, die vom Bund erlassen werden, gelten für alle Bürger in allen Bundesländern gleichermaßen.

Das ist bei einem Staatenbund anders. Seine Mitglieder bleiben souverän, sie entscheiden über innere und äußere Angelegenheit allein. Sie arbeiten aber an bestimmten Fragen und Aufgaben gemeinsam. Üblicherweise wird für die Entscheidung von Streitfragen ein von allen Partnern anerkanntes Schiedsgericht angerufen. Ein Beispiel für einen Staatenbund ist die Benelux-Union.

Benelux

1958 schlossen Belgien, die Niederlande und Luxemburg (Be, Ne, Lux) einen Vertrag über eine Zusammenarbeit und gründeten damit einen Staatenbund. Die Vereinbarung hob jegliche Handelsbeschränkungen wie Zölle untereinander auf. Mittlerweile hat die EU viele Regelungen der Benelux-Union überflüssig gemacht, der Staatenbund besteht dennoch fort. Seine Mitglieder haben damit unterstrichen, wie wichtig ihre Zusammenarbeit nach wie vor ist.

Die Bundesrepublik Deutschland

Die erste deutsche Republik, die Weimarer Republik, existierte nur 14 Jahre lang und wurde 1933 durch Hitlers Machtübernahme beendet. Nach dem Zweiten Weltkrieg und vier Jahren als Besatzungszone der Siegermächte wurde 1949 die Bundesrepublik Deutschland gegründet, die bis heute existiert.

„Ich hoffe, es geht dem deutschen Volk nie so schlecht, daß es glaubt, mich zum Bundeskanzler wählen zu müssen."

Franz Josef Strauß (1915-1988), ehemaliger bayerischer Ministerpräsident

Wer besitzt die mächtigste Position in der Regierung?

Nach dem Grundgesetz besitzt der Bundeskanzler die sogenannte Richtlinienkompetenz: Er bestimmt die Richtlinie der Politik. Damit stellt das Amt des Kanzlers die mächtigste Position in der Regierung dar. Die Väter der Verfassung haben aber über weitere Prinzipien in der Regierungsarbeit verfügt. Zum einen gilt das Ressortprinzip: Jeder Minister ist in seinem Ressort allein verantwortlich. Der Bundeskanzler kann also nicht am Minister vorbei Anordnungen in einem Ministerium geben. Zum anderen wurde das Kollegialitätsprinzip festgeschrieben. Existiert im Bundeskabinett deutlicher Widerstand gegen eine Entscheidung des Kanzlers, müssen sich die Mitglieder kollegial einigen, d. h. der Bundeskanzler hat sich auch fallweise der Mehrheit des Kabinetts zu beugen.

Das Bundeskanzleramt in Berlin

Wer wählt den Bundeskanzler?

Die Plakate zur Bundestagswahl suggerieren etwas anderes, aber der deutsche Bundeskanzler wird nicht direkt von uns allen, also dem „Volk" gewählt. Nur die Mitglieder des Deutschen Bundestags wählen den Bundeskanzler – auf Vorschlag des Bundespräsidenten. Nach den Maßgaben des Grundgesetzes ist der Bundespräsident frei in seiner Entscheidung, wen er zur Wahl vorschlägt. In der Praxis wird er sich aber am Wahlergebnis und damit an der Mehrheit der Parteien orientieren und den aussichtsreichsten Kandidaten vorschlagen. Bundeskanzler ist dann, wer in der Wahl die absolute Mehrheit der Stimmen erreicht.

Wie viele Menschen arbeiten im Bundeskanzleramt?

Das Bundeskanzleramt, das sich in sechs Abteilungen gliedert, unterstützt den Bundeskanzler bei seiner Arbeit. Das Kanzleramt hält engen Kontakt zu den Ministerien und beschafft alle Informationen, die der Bundeskanzler für eine Entscheidung benötigt. Etwa 500 Mitarbeiter sind im Kanzleramt tätig. Davon arbeiten 30 am historischen Standort Bonn. Im Vergleich zu anderen Behörden ist das Kanzleramt eher klein, im Finanzministerium beispielsweise arbeiten 1900 Angestellte.

Wozu gibt es bei der Bundestagswahl eine Erst- und Zweitstimme?

Wenn wir den Bundestag wählen, haben wir zwei Stimmen: Die Erststimme geben wir einem Kandidaten, der unseren Wahlkreis in Berlin vertreten soll. Meistens gehört dieser Kandidat einer Partei an, nur selten ist er parteilos. Wer seinen Wahlkreis gewinnt, zieht als sogenannter Direktkandidat in den Bundestag ein.

Mit der Zweitstimme wählen wir dagegen eine Partei. Die Gesamtheit aller Zweitstimmen bestimmt, wie viele Sitze die einzelnen Parteien im Bundestag bekommen. Die Fünf-Prozent-Hürde verhindert, dass es Kleinstparteien in den Bundestag schaffen: Erst ab einem Anteil von 5 % der Zweitstimmen beginnt die Sitzverteilung. Hat eine Partei mehr Sitze als Direktkandidaten, werden die Plätze durch andere Parteimitglieder, die Listenkandidaten, aufgefüllt. Wurden für eine Partei hingegen weniger Sitze als Direktkandidaten gewählt, dürfen die „überschüssigen" Direktkandidaten trotzdem in den Bundestag: An sie werden sogenannte Überhangmandate vergeben.

Hätten Sie's gewusst?

Politikstadt Bonn

Bis 1990 war Bonn Hauptstadt und bis 1999 Regierungssitz der Bundesrepublik Deutschland, da Berlin zunächst in der sowjetischen Besatzungszone lag und dann teilweise zur DDR gehörte. Der Umzug der Regierung, des Bundestags und aller zugehörigen Behörden und Büros nach Berlin war ein aufwendiges Unterfangen, das mittlerweile weitgehend abgeschlossen ist. Dennoch ist Bonn noch immer eine bedeutende Politikstadt. Knapp 7000 Beamte und Angestellte der Regierung arbeiten dort – in Berlin sind es rund 10 500. Bonn wurde im Rahmen des Berlin/Bonn-Gesetzes von 1991 zur Bundesstadt erklärt, um Arbeitsplätze und Infrastruktur zu erhalten. Heute ist Bonn dauerhafter Standort von u. a. sechs Bundesministerien sowie von ca. 50 Bundesbehörden, darunter das Bundesamt für Justiz und das Bundeskartellamt.

Wozu braucht man Parteien?

Deutschland ist keine direkte Demokratie: Wir wählen die Regierung nicht selbst, sondern Angehörige von Parteien, die dann als Repräsentanten für unseren Wahlbezirk in den Bundestag gehen. Schließlich leben so viele Menschen in Deutschland, dass sie sich nicht alle versammeln, diskutieren und abstimmen können. Parteien sind dazu da, die Ideen Einzelner zu bündeln, zu strukturieren und schließlich als politisches Programm zu vertreten. Unterstützt die Mehrheit der Bürger dieses Programm, hat die Partei wiederum die Aufgabe, es auch umzusetzen. Dazu sind Strukturen wie Mitgliederversammlungen, Programmgestaltung, Wahlkampf etc. nötig, die nicht zuletzt auch eine finanzielle Basis benötigen. Diese wird durch Mitgliedsbeiträge, Spenden und staatliche Finanzierung geschaffen.

Abstimmung per Handzeichen im Bundestag: Wer wofür stimmt, bleibt nicht verborgen.

Dürfen Abgeordnete abstimmen, wie sie wollen?

In den Nachrichten ist häufig das Schlagwort vom „Fraktionszwang“ zu hören. Dabei entsteht stets der Eindruck, die Abgeordneten müssten so abstimmen, wie es ihre Partei wünscht. Ein Blick in das Grundgesetz schafft aber Klarheit. Denn dort heißt es im Artikel 38: Die Abgeordneten sind „an Aufträge und Weisungen nicht gebunden und nur ihrem Gewissen unterworfen“. Mit anderen Worten: Jeder Abgeordnete kann so abstimmen, wie er es für richtig hält. Schließlich wurde er mit der Erststimme oder als Listenkandidat auch als Person und nicht nur als Abgeordneter der Partei von seinem Wahlkreis gewählt.
Dennoch existiert in manchen Fragen der Fraktionszwang oder die Fraktionsdisziplin eben doch: In der Regel wird im Bundestag per Handzeichen abgestimmt – also nicht geheim. Parteimitglieder, die „aus der Reihe tanzen“, müssen so Nachteile für ihre innerparteiliche Karriere fürchten. Gleichwohl ist eine gewisse Fraktionsdisziplin aber auch nötig, damit Parteien die notwendige Stabilität haben, ihr Programm zu vertreten.

Jakobiner

Die Jakobiner waren eine politische Gruppe, die sich während der Französischen Revolution für die Abschaffung der Monarchie einsetzte. Ihr Name stammt von ihrem Versammlungsort, dem Pariser Jakobinerkloster Saint-Honoré.

Warum gibt es „rote" und „schwarze" Politiker?

Wie selbstverständlich nutzen wir alle diese „Farbcodes“ der Politik. Da ist die Rede von den Roten und den Gelben, den Schwarzen und den Grünen. Die Verwendung von Farben im Zusammenhang mit Politikern ist keine moderne Erscheinung. Bereits im alten Rom wurden Politiker mit bestimmten Farben assoziiert. Das Rot im Zusammenhang mit fortschrittlicheren Kräften stammt aus der Zeit der Französischen Revolution: Die besonders radikalen Jakobiner trugen rote Mützen. Die Farbe Schwarz dürfte im Zusammenhang mit den Roben von Würdenträgern stehen und repräsentiert christlich-konservative Werte. Gelb ist eher eine künstliche Farbgebung. Die FDP verwendet Blau und Gelb erst seit den 1970er-Jahren – und zwar auf Vorschlag einer Werbeagentur. 2015 wurden die FDP-Farben erweitert: Als Zeichen des Neubeginns nach einigen schmerzlichen Wahlniederlagen kam Magenta hinzu. Und die Grünen? Klar, die beziehen sich direkt auf die Farbe „unberührter“ Natur.

Plakat zur Französischen Revolution mit Jakobinermütze

Wie hat sich die Parteienlandschaft in den letzten Jahren verändert?

Bis tief in die 1970er-Jahre hinein spielten in der Bundesrepublik lediglich CDU/CSU, SPD und FDP eine größere Rolle. Allmählich entwickelten sich aber mehr Strömungen und Meinungen unter den Bürgern, der Umweltschutz wurde zum wichtigen Thema, und so gründeten sich 1980 die Grünen, denen weitere Parteien folgten.

Die bekanntesten deutschen Parteien	Kurzbezeichnung	Gründung
Die Linke	Die Linke	2004
Piratenpartei Deutschland	Piraten	2006
Sozialdemokratische Partei Deutschlands	SPD	1863
Bündnis 90/Die Grünen	Grüne	1980
Christlich Demokratische Union Deutschlands	CDU	1950
Christlich-Soziale Union in Bayern	CSU	1946
Freie Demokratische Partei	FDP	1948
Alternative für Deutschland	AfD	2013
Nationaldemokratische Partei Deutschlands	NPD	1964

Wer darf im Bundestag reden – und wie lange?

Nach Artikel 43 des Grundgesetzes müssen die Mitglieder des Bundesrats, der Bundesregierung und deren Beauftragte jederzeit gehört werden. Diese Personengruppe hat also ein Rederecht vor dem Parlament. Dazu gehören natürlich auch die Abgeordneten selbst. Wie lange jeder tatsächlich sprechen darf, regeln die Geschäftsordnungen. Die zur Verfügung stehende Redezeit wird einvernehmlich zwischen den Fraktionen aufgeteilt. Diese regeln selbst, welche Redner für sie sprechen werden.
Seit 2012 bemühen sich die Abgeordneten um eine Reform des Rederechts. Eine einvernehmliche Lösung ist noch nicht gefunden. Derzeit hat aber jeder Abgeordnete bei einer namentlich erfolgenden Abstimmung das Recht, seine Position in einem Beitrag von fünf Minuten zu begründen.

Wird im Parlament immer noch stenografiert?

Heute gibt es etliche Möglichkeiten, Ton und Bild digital aufzuzeichnen. Solche Aufnahmen liegen dann sofort in einem Format vor, das jeder nutzen kann. Braucht man da überhaupt noch die Damen und Herren, die eifrig das Geschehen im Parlament verfolgen und so das Bild vor dem Rednerpult vieler Fernsehübertragungen prägten? Ja! Die Parlamentsstenografen gibt es immer noch, aus guten Gründen. Denn sie zeichnen nicht nur die Rede auf, sondern achten auch auf Beifall und Zwischenrufe. Außerdem korrigieren sie anschließend falsche oder unvollständige Zitate und offenkundige Fehler etwa bei Jahreszahlen. Danach liest der betreffende Abgeordnete die Abschrift gegen und unterzeichnet sie.

Direkt vor dem Rednerpult: die Parlamentsstenografen im Bundestag

Wie können Bürger direkten Einfluss auf die Gesetzgebung ausüben?

In Deutschland gibt es zwei Arten der direkten Einflussnahme des Bürgers auf die Parlamente: die Petition und das Volksbegehren.

Mit einer Petition (lat. *petitio* = Gesuch, Eingabe) kann sich jeder Bürger an den Bundestag wenden, um sich über staatliche Stellen zu beschweren oder die Änderung eines Gesetzes zu verlangen. Dies ist ein Grundrecht. Daraus leitet sich natürlich nicht ab, dass dieser Eingabe auch entsprochen wird. Deshalb werden für Petitionen oft Unterschriften gesammelt, damit sie mehr Gewicht erhalten.

Das Volksbegehren ist auf Bundesebene nicht vorgesehen, allerdings in vielen Landesverfassungen. Es kann einem Landesparlament vorgelegt werden, wenn innerhalb eines bestimmten Zeitraums eine vorgegebene Mindestzahl von Wahlberechtigten unterschrieben hat. Dann entscheidet das Parlament, ob es das Begehren annimmt und ein neues Gesetz oder eine Gesetzesänderung zur Lesung bringt.

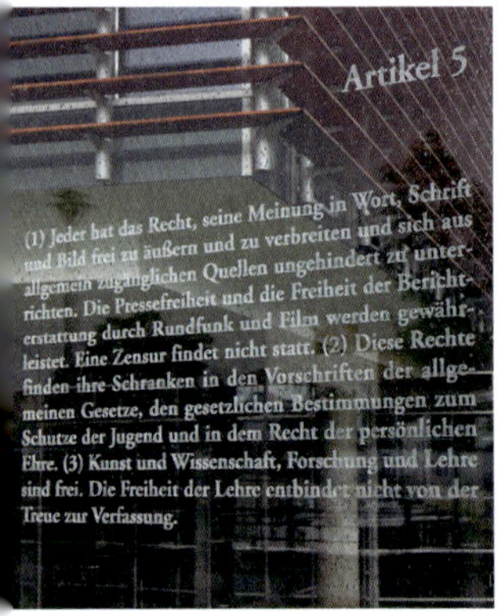

Grundgesetz in Glas: In der Nähe des Berliner Reichstags wurden 19 Artikel des Grundgesetzes in Glasplatten eingraviert.

Wer kann das Grundgesetz ändern?

Das Grundgesetz ist die Verfassung der Bundesrepublik Deutschland. Es kann nur durch ein Bundesgesetz geändert werden, zwei Drittel sowohl des Bundestags als auch des Bundesrats müssen einer solchen Änderung zustimmen. Davon sind aber die Gesetze ausgenommen, die unter die „Ewigkeitsklausel“ fallen: etwa die Grundrechte des Menschen, die Staatsform der Republik, die Gewaltenteilung oder die Tatsache, dass die Bundesrepublik als Bund von Ländern gebildet wird. Sie sind nicht veränderbar.

Grundgesetz – Verfassung

Die Väter des Grundgesetzes mieden ganz bewusst den Namen Verfassung. Eine Verfassung sollte sich das deutsche Volk erst dann geben, wenn die deutsche Teilung aufgehoben war. Heute ist das Grundgesetz faktisch unsere Verfassung, der alte Name ist geblieben.

Was steht im BGB?

Das Bürgerliche Gesetzbuch ist am 1. Januar 1900 im Deutschen Reich in Kraft getreten. Davor existierten eine ganze Reihe anderer Rechtsvorschriften, die bei Gericht beachtet werden mussten und sich teilweise widersprachen, aber aus historischer Zeit stammten. Das BGB sollte das alles besser und einfacher machen. Und so ist es – nach vielen Modifizierungen – auch heute noch in Kraft.

Es gliedert sich in verschiedene Abschnitte, die Bücher genannt werden:

Buch	Inhalt
Allgemeiner Teil	wesentliche Grundregeln für den Rest des Werkes
Recht der Schuldverhältnisse	Kaufverträge, Mietverträge oder Dienstverträge
Sachenrecht	Regelungen für Eigentum und Besitz
Familienrecht	Regelungen über Ehe und Familie
Erbrecht	Regelungen zu Testament, Erbfolge und Erben

Europa wächst zusammen: die EU

Heute hat die EU zwar nicht den besten Ruf, da viele damit die Vorschriften und Gesetze verbinden, die nach Meinung vieler Kritiker über deren Köpfe hinweg getroffen werden. Dabei übersehen sie aber, was die EU bisher alles geschaffen hat und weiterhin vorantreibt: die Einigkeit Europas und das bestmögliche Zusammenspiel der EU-Länder.

Wer waren die Gründungs- und wer sind die jüngsten Mitglieder der EU?

Den Ursprung der Europäischen Union bildete die 1951 gegründete Europäische Gemeinschaft für Kohle und Stahl (EGKS). Ihre Mitglieder waren Belgien, die Bundesrepublik Deutschland, Frankreich, Italien, Luxemburg und die Niederlande. 1958 trat die Europäische Wirtschaftsgemeinschaft (EWG) mit denselben Mitgliedern in Kraft – dieses Jahr gilt als Meilenstein auf dem Weg zur EU. Ab den 1970er-Jahren erfolgten schrittweise Erweiterungen. Seit 1993 heißt der Staatenverbund Europäische Union. Und das zurzeit jüngste Mitglied kam 20 Jahre später hinzu: Kroatien.

Jahr	Beitrittsland
1973	Großbritannien, Irland, Dänemark (Beitritt Norwegens von dessen Bürgern abgelehnt)
1981	Griechenland
1986	Portugal, Spanien
1995	Schweden, Finnland, Österreich (Norwegen stimmt erneut gegen einen Beitritt)
2004	Estland, Lettland, Litauen, Polen, Tschechien, Slowenien, Slowakei, Ungarn
2007	Rumänien, Bulgarien
2013	Kroatien
Beitrittskandidaten	Albanien, Mazedonien, Montenegro, Serbien, Türkei

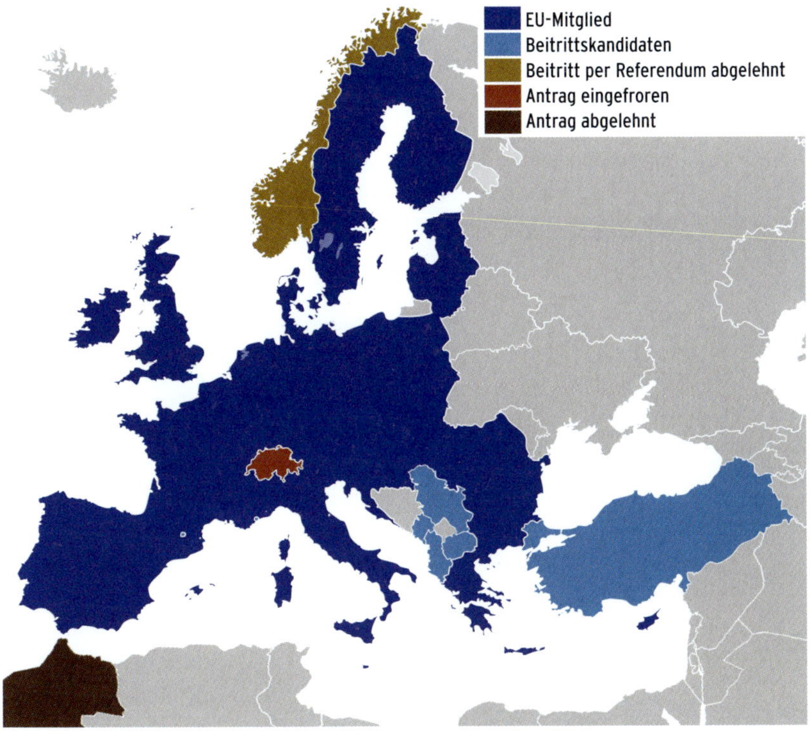

Sitz des Europäischen Parlaments in Brüssel

Wo hat das Europäische Parlament seinen Sitz?

Das Europäische Parlament hat zwei, je nach Betrachtungsweise sogar drei Standorte. Die meiste Zeit des Jahres versammeln sich die Abgeordneten in Brüssel. Dort tagen sie in Ausschüssen und tun ihre praktische Arbeit. Doch einmal im Monat werden Kisten und Koffer gepackt und das gesamte Parlament, mit Abgeordneten, Angestellten und Unterlagen, zieht ins 400 km entfernte Straßburg um. Dort finden Plenarsitzungen statt, es wird abgestimmt und Ämter werden vergeben. Das ist nicht nur teuer – 200 Mio. Euro kostet das den Steuerzahler pro Jahr –, sondern auch eine Belastung für die Abgeordneten, die sich auch schon dagegen ausgesprochen haben. Aber die Standorte sind im EU-Vertrag so festgelegt, was die Staatschefs nur einstimmig ändern könnten. Das Vorhaben scheiterte bisher an der Stimme Frankreichs. Dies hat nicht nur mit politischen Eitelkeiten zu tun, sondern auch mit handfesten wirtschaftlichen Interessen der Stadt Straßburg.
Der dritte Standort ist in Luxemburg. Dort hat aber nur die Verwaltung des Parlaments ihren Sitz.

Straßburg: Hier finden u. a. die Plenarsitzungen des Europäischen Parlaments statt.

Was ist der Rat der Europäischen Union?

Der Rat der Europäischen Union wird auch als EU-Ministerrat bezeichnet, oft auch lediglich als „Rat“ – aber er ist nicht zu verwechseln mit dem Europäischen Rat. Der Rat der Europäischen Union erlässt europäische Rechtsvorschriften – in den meisten Bereichen gemeinsam mit dem Europäischen Parlament. Jedes Mitgliedsland der EU entsendet einen Vertreter in den Rat, der befugt ist, verbindliche Entscheidungen zu treffen. Die Zusammensetzung des Rates wechselt je nach den Themen, die besprochen werden sollen (z. B. Wirtschaft, Justiz, Sozialpolitik, Energie, Umwelt, Bildung etc.).

Europäischer Rat

Im Europäischen Rat kommen die Staats- und Regierungschefs der EU-Länder zusammen. Die Treffen finden innerhalb von sechs Monaten mindestens zweimal statt und werden auch als EU-Gipfel bezeichnet. In den Sitzungen werden übergeordnete Themen besprochen und Kompromisse zwischen den Regierungschefs der Mitgliedsstaaten verhandelt.

Wie viel Einfluss hat die EU auf die Regierungen ihrer Mitgliedsländer?

Tatsächlich wacht die EU-Kommission darüber, dass die auf europäischer Ebene beschlossenen Gesetze in den Mitgliedsstaaten umgesetzt werden. Damit beeinflusst die EU natürlich die Politik und die Gesetzgebung in den Mitgliedsstaaten. Denn wenn als europäisches Recht neue Richtlinien verabschiedet werden, müssen die EU-Staaten sie durch eigene nationale Gesetze ausfüllen. Richtlinien sind in der Regel Ziele, die zu erreichen sind. Die Mittel und Wege können die einzelnen Staaten aber individuell festlegen.
Neben den Richtlinien gibt es auch Verordnungen: Sie werden nicht mehr per Gesetz in den EU-Staaten umgesetzt. Sie durchlaufen nicht die nationalen Gesetzgebungsverfahren, sondern gelten unmittelbar.

Wo regiert die Troika?

In der Geschichte nannte man immer wieder einen Bund von drei Politikern eine Troika. Der Begriff bezieht sich auf das russische Wort für Dreigespann: Drei Zugtiere gehen nebeneinander und ziehen ein Fuhrwerk. In der neuesten Geschichte bezeichnet man ein Gremium aus Vertretern der Europäischen Kommission, der Europäischen Zentralbank (EZB) und des Internationalen Währungsfonds (IWF) als Troika. Dieses Gremium trat beispielsweise nach dem griechischen Staatsbankrott neben die Regierung des Staates und entschied über die weitere Vergabe von Finanzmitteln. Im Vorfeld solcher prekären Situationen verhandelt es mit finanziell angeschlagenen Mitgliedsländern, um einen Staatsbankrott abzuwenden.

Was ist auf den Euroscheinen abgebildet?

Auf allen Euroscheinen findet man vorne ein oder mehrere Tore, auf den Rückseiten sind verschiedene Brücken über einem Umriss Europas abgebildet. Dabei handelt es sich nicht um reale Bauwerke, sondern um Symbole für bedeutende europäische Stilepochen. Die Motive Tor und Brücke stehen für Offenheit und Zusammenarbeit.

Wert	Stilepoche	Zeit
5 Euro	Antike	vor dem 11. Jh.
10 Euro	Romanik	11.–12. Jh.
20 Euro	Gotik	13.–14. Jh.
50 Euro	Renaissance	15.–16. Jh.
100 Euro	Barock und Rokoko	17.–19. Jh.
200 Euro	Industriezeitalter	19. Jh.
500 Euro	Moderne Architektur	20.–21. Jh.

EU-Kommission

Die Europäische Kommission ist die Exekutive der EU. Sie ist für die EU-Beamten zuständig und dafür, dass der EU-Haushalt so umgesetzt wird, wie er vom EU-Rat und vom Europäischen Parlament beschlossen wurde. Darüber hinaus ist die EU-Kommission das einzige Organ, das Gesetzesvorschläge machen kann.

Was hat es mit der EU-Gurkenverordnung auf sich?

Eine Verordnung der EU aus dem Jahr 2008 gilt auch heute noch als Symbol für den „Regulierungswahn" der EU. Die EU-Gurkenverordnung – mit korrektem Namen „Verordnung (EWG) Nr. 1677/88" – dürfte dem Ansehen der EU für längere Zeit geschadet haben, obwohl sie bereits 2009 wieder abgeschafft wurde. „Gut geformt und praktisch gerade" musste eine Gurke der höchsten Güteklasse nach dieser Verordnung sein und sie durfte eine „maximale Krümmung" von 10 mm auf 10 cm Länge haben.

Was hinter der amüsanten Geschichte gern verschwiegen wird: Die Verordnung (die de facto auch heute noch befolgt wird) entstand auf Betreiben von Großhändlern und Supermarktketten. Aus Sicht des Handels und der Erzeuger sind internationale Normen für die Form von Gurken sinnvoll, da man sich im Geschäftsverkehr sicher sein kann, welche Ware geliefert wird.

Eine normgerechte EU-Gurke

Kann die EU Glühbirnen, Staubsauger und Kaffeemaschinen verbieten?

Glaubt man den Presseschlagzeilen, dann scheint die EU (ganz in der Tradition der Gurkenverordnung) willkürlich Glühbirnen oder auch Staubsauger bestimmter Leistungsklassen zu verbieten. Das ist allerdings nicht richtig. Vielmehr haben sich die Staaten der EU auf die Umsetzung strengerer Richtlinien zur Einsparung von Energie geeinigt. Und aus den Vorschriften ergibt sich dann etwa, dass Staubsauger mit mehr als 1600 Watt Leistung nicht mehr produziert werden dürfen. Bei der Kaffeemaschine geht es um die Warmhaltefunktion, die sich künftig schneller abschalten soll. Geräte, die bereits im Handel sind, können in allen Fällen weiterhin verkauft werden.

Hätten Sie's gewusst?

Geschichte der europäischen Hymne

Was für eine Hymne sollte ein europäischer Staatenverbund erhalten? Wie konnte sichergestellt werden, dass sich ein Land nicht wegen der verwendeten Sprache benachteiligt fühlte? Bereits 1955 wurden erste Vorschläge laut, die „Ode an die Freude" von Beethoven als Hymne zu verwenden, aber ohne den Text von Schiller. Darauf verständigten sich die Mitglieder des Europarats 1972. Der österreichische Dirigent Herbert von Karajan (1908–1989) arrangierte daraufhin eine Instrumentalversion, die 1985 zur offiziellen Hymne erklärt wurde.

Eine weltweite Angelegenheit

Die internationale Politik ist ein so weites Feld, dass der Überblick schwerfällt und die Details unmöglich zu erfassen sind. Dafür sorgt schon die internationale Diplomatie, durch die vieles anders scheint als es in Wirklichkeit ist. Dennoch lohnt es sich, die wichtigsten Themen zu kennen und sich der Unterschiede zwischen den Staaten bewusst zu sein.

Wie läuft die Präsidentschaftswahl in den USA ab?

Seit Mitte des 19. Jhs. ist der erste Dienstag im November Wahltag – es sei denn, dieser Tag ist selbst der 1. November. Der US-Präsident wird nicht direkt vom Volk gewählt, sondern von einem Gremium aus Wahlmännern. Die zur Wahl aufgerufenen Bürger geben in den Bundesstaaten einer Partei ihre Stimme. Diejenige Partei, die die einfache Mehrheit erringen konnte, stellt damit die Wahlmänner des gesamten Bundesstaates. Die Stimmen der unterlegenen Partei fallen weg.

Wie viele Wahlmänner ein Bundesstaat in das Wahlmänner-Gremium entsendet, hängt von seiner Größe und der Bevölkerungsdichte ab. Deswegen ist es besonders wichtig für die Parteien, die großen Staaten (Kalifornien, Texas und New York) zu gewinnen. Gewählt ist dann derjenige Präsidentschaftskandidat, der die Mehrheit der 538 Wahlmännerstimmen erringt.

In manchen Bundesstaaten der USA wird an Wahlcomputern abgestimmt. Ihre Sicherheit und Zuverlässigkeit sind umstritten.

Rekord!

Staat mit der höchsten durchschnittlichen Wahlbeteiligung

Wenn man Staaten außer Acht lässt, in denen Diktatur herrscht und keine freien Wahlen möglich sind, belegt Malta mit 94 % Wahlbeteiligung den Spitzenplatz. Ähnlich hohe Werte haben Australien und Chile, allerdings existiert dort eine Wahlpflicht. In diesen Staaten wurden im internationalen Vergleich noch recht selten Wahlen durchgeführt – in den USA mit einer der längsten Wahltraditionen gehen nur noch knapp 50 % der Wahlberechtigten an die Urnen.

Gibt es in Großbritannien nur zwei Parteien?

Eine Regierung der britischen Labour-Partei wird von einer Regierung der Konservativen abgelöst oder umgekehrt: Die Berichterstattung über Großbritannien legte es jahrelang nahe, dass es dort nur diese zwei Parteien gibt. Das stimmt nicht, doch sind beide Parteien die politischen Schwergewichte, denen sich erst seit einigen Jahren die Liberal Democrats als dritte Kraft zugesellt haben. Im Parlament sind noch deutlich mehr Parteien vertreten, die Zahl ihrer jeweiligen Abgeordneten bewegt sich aber im einstelligen Bereich. Das im Vereinigten Königreich herrschende Mehrheitswahlrecht verschafft nämlich größeren Parteien einen Vorteil: Die Stimmen der unterlegenen Parteien in einem Wahlkreis werden nicht berücksichtigt, wenn es um die Verteilung der Sitze im Parlament geht. Im Vergleich zum Wahlsystem der Bundesrepublik Deutschland gibt es also keine Zweitstimme und keine Auffüllung durch Listenkandidaten (s. S. 177), sondern nur Direktmandate zählen.

Warum sind die Schweizer neutral?

Bereits seit dem 16. Jh. hielt sich der Staatenbund, den wir heute als Schweiz kennen, aus den bewaffneten Konflikten des europäischen Auslands heraus. Anfangs beruhte diese Neutralität auf eigener Schwäche und innerer Zerstrittenheit. Der Dreißigjährige Krieg, der weite Teile Europas in Armut und Elend stürzte, ließ die Neutralität aber als sehr vorteilhaft erscheinen. So gab sich die Schweiz selbst die Maßgabe, auch zukünftig und immerwährend neutral zu bleiben. Dieser Status wurde von den anderen europäischen Mächten stets vertraglich zugesichert, etwa im Westfälischen Frieden von 1648 oder auf dem Wiener Kongress von 1815. Die Schweiz ist heute weder Mitglied der EU noch der NATO. Bei aller Neutralität bleibt sie aber wehrhaft und würde ihr Territorium durchaus mit Waffengewalt verteidigen.

Weil die Schweiz kein EU-Mitglied ist, hat sie ihre eigene Währung: den Schweizer Franken.

Welche Aufgaben hat die UNO?

Die Vereinten Nationen, auch als United Nations Organization (UNO) bezeichnet, haben sich selbst eine Charta („Selbstverpflichtung oder Satzung") gegeben, aus der sich folgende Ziele ableiten:

- Weltfrieden und internationale Sicherheit wahren
- friedliche Schlichtung aller Streitigkeiten
- Freundschaftliche Zusammenarbeit zur Friedenssicherung fördern
- internationale Zusammenarbeit fördern, um wirtschaftliche, soziale, kulturelle und humanitäre Probleme zu lösen
- Achtung der Menschenrechte und Grundfreiheiten ungeachtet der Rasse, des Geschlechts, der Sprache oder der Religion erreichen

Zur Erreichung der Ziele arbeiten die knapp 200 Mitgliedsländer in verschiedenen Organisationen und Hilfsprogrammen zusammen, etwa bei UNICEF, dem Kinderhilfswerk der UN.

Warum tragen die Friedenstruppen der Vereinten Nationen blaue Helme?

Die UN-Soldaten gehören zu den Berufsheeren der Mitgliedsstaaten der Vereinten Nationen. Sie werden zu bestimmten Missionen entsandt, um beispielsweise einen Waffenstillstand zu überwachen oder humanitäre Hilfe zu leisten. Waffengewalt dürfen sie nur anwenden, um sich zu verteidigen. Deshalb ist es wichtig, dass sie von anderen Soldaten zu unterscheiden sind: Die blauen Helme sorgen dafür, dass sie sofort als Friedenstruppe erkannt werden.
Ob und wie eine Mission durchgeführt wird, entscheidet die UNO. Aber jedes Mitgliedsland kann selbst von Fall zu Fall festlegen, ob es Soldaten zu einer Mission aussendet. Dazu existieren in den unterschiedlichen Ländern verschiedene Vorgehensweisen.

Ein Blauhelmsoldat während einer Stabilisierungsmission auf Haiti

Hätten Sie's gewusst?

Visumspflicht

Bei vielen Staaten reicht es nicht aus, einen Reisepass zu besitzen: Wer einreisen will, braucht zusätzlich ein Visum. Es muss vor der Reise bei der Botschaft oder einem Konsulat des betreffenden Landes beantragt werden. Das Visum soll die Grenzkontrolle vereinfachen und beschleunigen, da Formalien wie die Echtheit der Personaldokumente eines Einreisenden schon bei der Ausstellung des Visums erledigt werden. An der Grenze muss nur die Echtheit des Visums geprüft werden.
Viele Staaten haben jedoch Abkommen miteinander abgeschlossen, die gegenseitig die visumfreie Einreise erlauben.

Was sind Sanktionen und wer kann diese über Staaten verhängen?

Eine Sanktion ist im eigentlichen Sinne nichts anderes als eine Strafe. Der Bestrafte soll mit der Sanktion dazu gebracht werden, ein bestimmtes Verhalten auszuüben oder zu unterlassen. Sanktionen gegenüber Staaten bestehen meist darin, deren Produkte nicht mehr einzuführen oder bestimmte Lieferungen von Gütern, auf die der bestrafte Staat angewiesen ist, zu unterlassen. Je mehr Staaten sich einer solchen Sanktion anschließen, desto wirkungsvoller ist die Maßnahme. Verhängen kann eine Sanktion jeder Staat. Es gibt aber immer wieder auch Fälle, in denen etwa die UNO oder die EU gemeinsam gegen einen Staat vorgeht. Die Mitgliedsstaaten beschließen dann gemeinsam eine Sanktionierung.

Wirtschaft

Geld und Geldanlagen, Arbeitsplätze und Gewerkschaften, Import und Export: Das wirtschaftliche Leben ist bunt und vielfältig – und wird durch seine vielen Zusammenhänge, durch die stetige Veränderung und die fortschreitende Globalisierung immer komplizierter. Aber dennoch muss man das Thema nicht komplett den Finanzprofis überlassen. Wer einige Grundbegriffe kennt und über typische Vorgänge in der Wirtschaft Bescheid weiß, kann sich durchaus ein eigenes Bild vom Geschehen machen.

Wirtschaft als Motor

Wenn eine Wirtschaft funktioniert, dann geht es der Bevölkerung finanziell gut. Aber welche Leitlinien, Prinzipien und Mechanismen sorgen eigentlich für eine funktionierende Wirtschaft?

Was bedeutet soziale Marktwirtschaft?

Der Begriff der sozialen Marktwirtschaft geht auf den „Vater des Wirtschaftswunders“ Ludwig Erhard zurück und bezeichnet die Wirtschaftsordnung der Bundesrepublik.

„Der Markt ist der einzig demokratische Richter, den es überhaupt in der modernen Wirtschaft gibt.“

Ludwig Erhard (1897–1977)

Ihre Grundlage bildet der Kapitalismus. Das private Eigentum bleibt bestehen, und Preise für Güter werden über den Markt reguliert. Der Staat behält sich aber vor, gegen Kartelle und Monopole vorzugehen, um den Wettbewerb zu wahren. Zum anderen greift er auch aktiv ein, etwa durch sozial-, konjunktur- oder arbeitsmarktpolitische Maßnahmen, wenn dies für die Allgemeinheit als gut erachtet wird. Das Modell der sozialen Marktwirtschaft wurde auch in anderen Ländern als Vorbild genommen.

Ludwig Erhard mit seinem Markenzeichen, der Zigarre

Warum gibt es nicht in jeder Branche Tarifverträge?

Nach aktuellen Zahlen werden mehr als 50 % aller Arbeitnehmer in Deutschland nach einem Tarifvertrag bezahlt. Grundlage für einen solchen Vertrag ist, dass der Arbeitgeber Mitglied in einem Arbeitgeberverband ist, der für die Branche Tarife mit den Gewerkschaften der Arbeitnehmer aushandelt. Damit überhaupt ein Tarifvertrag in einer Branche ausgehandelt wird, müssen auf beiden Seiten so viele Unternehmen bzw. Arbeitnehmer Mitglied in der jeweiligen Vertretung sein, dass es von Vorteil ist, zentrale Verhandlungen über Tarife zu führen. In Deutschland gibt es für über 250 Wirtschaftszweige Tarifverträge – von der Metallbranche bis zur Schuhindustrie. Außerdem haben große Unternehmen wie VW und Lufthansa firmeninterne Tarifverträge. Branchen mit wenigen Beschäftigten und kleinere Einzelunternehmen sind dagegen nicht in Arbeitgeberverbänden organisiert, sondern führen die Gehaltsverhandlungen individuell.

Monopol

Von einem Monopol (von griech. *monos* = allein und *pōlein* = verkaufen) spricht man, wenn für eine Ware oder Dienstleistung nur ein Anbieter am Markt ist. Durch die fehlende Konkurrenz kann ein Monopolist die Preise frei bestimmen und dadurch seine Alleinstellung ausnutzen.

Urabstimmung

Zur Urabstimmung sind alle Mitglieder einer Organisation aufgerufen. Darin wird über elementare Fragen entschieden, für die man eine breite Zustimmung benötigt. So braucht eine Gewerkschaft beispielsweise eine Zustimmung von 75 %, um einen Streik ausrufen zu können.

Warum können Gewerkschaften einen Streik ausrufen?

Die Auseinandersetzung um Lohnerhöhungen, Arbeitszeiten usw. zwischen Arbeitnehmer und Arbeitgeber ist im Tarifrecht geregelt: Während der Tarifverhandlungen setzen Gewerkschaften häufiger auf einen sogenannten Warnstreik, eine Arbeitsniederlegung über einen kurzen Zeitraum. Wird mit den Arbeitgebern keine Einigung erzielt, sieht das Tarifrecht zunächst eine Schlichtung mithilfe eines neutralen Vermittlers vor. Während dieser Phase besteht eine sogenannte Friedenspflicht und es darf nicht gestreikt werden. Scheitert auch die Schlichtung, muss die Gewerkschaft dies offiziell erklären. Damit endet die Friedenspflicht. Die Gewerkschaft befragt ihre Mitglieder im Rahmen der Urabstimmung, ob sie einen Streik befürworten. Findet sich eine Mehrheit, darf die Gewerkschaft zum Streik aufrufen.

Warnstreik des Sicherheitsdienstes am Flughafen Hannover

Es kommt auch vor, dass eine Belegschaft ohne gewerkschaftliche Organisation die Arbeit niederlegt – dann spricht man von einem „wilden Streik". Da ein solcher Streik nicht rechtlich abgesichert ist, sind die Arbeitnehmer der Gefahr von Abmahnungen und Kündigungen ausgesetzt.

Was bedeutet „Just in Time" und welche Folgen hat diese Strategie?

Das deutsche Wort für Just-in-time-Produktion lautet bedarfssynchrone Produktion. Toyota entwickelte die Strategie erstmalig Ende der 1930er-Jahre. Beim Just in Time versucht man, Waren möglichst ohne Lagerhaltung zu produzieren. Es wird also nur so viel hergestellt, wie bestellt worden ist. Und auch die Materialien lässt man sich erst dann anliefern, wenn der Auftrag da ist. Das hat an mehreren Stellen Auswirkungen auf unser Wirtschaftsleben. Einerseits steigt die Bedeutung der Logistik, denn Material und Produkte müssen termingerecht zusammengestellt und abtransportiert werden. Andererseits nimmt auch das Verkehrsaufkommen (insbesondere Lkw auf den Straßen) zu, weil ja Rohstoffe und Produkte der Zulieferer häufiger in kleineren Mengen und schneller transportiert werden müssen. Und da Zulieferer nicht wissen, wann die Fabriken Materialien benötigen und wie viele, haben sie nicht mehr die gleiche Planungssicherheit. Das schlägt sich wiederum in der Forderung nach flexibleren Arbeitnehmerverhältnissen nieder – Arbeitsplätze sind also nicht mehr so sicher.

Weltweite Zusammenhänge: die internationale Wirtschaft

Heute sind zwei Schlagwörter untrennbar mit der internationalen Wirtschaft verbunden: die Globalisierung und die Finanzkrise ab 2007. Dabei die Profiteure und die Verlierer, die Schuldigen und die Opfer auszumachen, ist gar nicht so einfach.

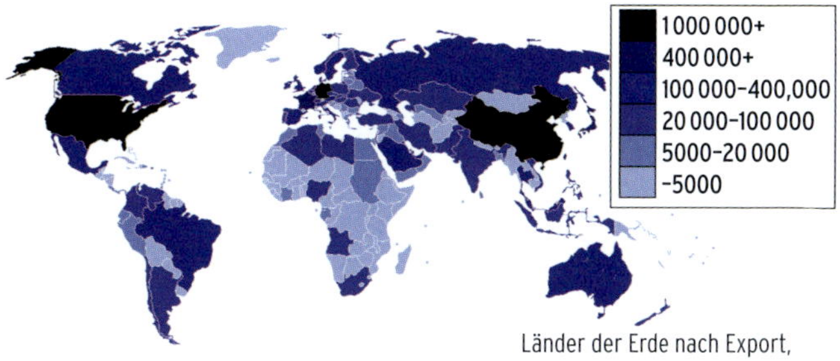

Länder der Erde nach Export, angegeben in Millionen US-$

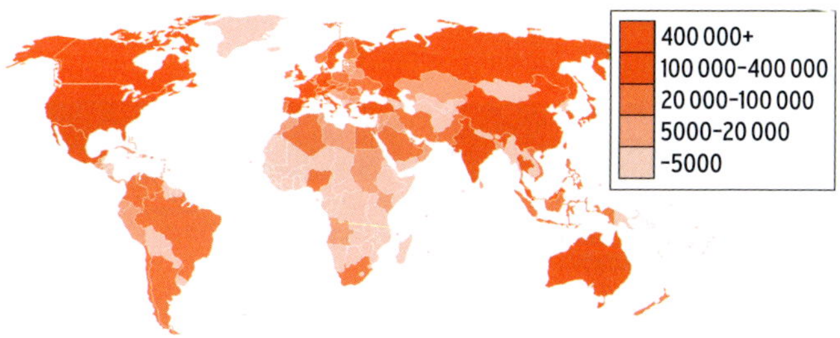

Länder der Erde nach Import, angegeben in Millionen US-$

Wer zählt zu den sogenannten Globalisierungsgewinnern – und wer nicht?

Sieht man sich die nackten Zahlen der Gesamtwirtschaft an, gehört die Bundesrepublik ohne Zweifel zu den Gewinnern. Die positiven Effekte werden aber auch durch negative Ereignisse erkauft, denn die Globalisierung kostet Arbeitsplätze: Kann anderswo günstiger produziert werden, werden die Arbeitsplätze dorthin verlagert. Die Globalisierung hat dadurch in Entwicklungs- und Schwellenländern durchaus positive Effekte gezeigt. Das ändert allerdings nichts daran, dass die meisten Arbeitnehmer dort in nach unseren Maßstäben prekären Arbeitsverhältnissen stehen.

Wer sind die „Exportweltmeister" – und was exportieren sie?

Im 20. Jh. waren die Titelträger sehr konstant: Meistens waren es die USA und häufig war es die Bundesrepublik Deutschland. Seit 2009 ist jedoch China ganz vorne. Dort werden inzwischen sehr viele Industriegüter für westliche Unternehmen produziert, wie z. B. Elektronik, Technik oder Autos.
Deutschland erreicht seine weiterhin guten Positionierungen mit Autos, Maschinen, Chemieerzeugnissen und elektrischen Geräten, während die USA vor allem Computer, Elektronik, Fahrzeuge, Nahrung, Tiere, militärische Ausrüstung und Flugzeuge exportieren.
Und wer sind die Importweltmeister? Dazu gehören ebenfalls die USA, China und die Bundesrepublik Deutschland. Denn wer viel produziert, benötigt auch viele Zulieferer. Und wer viel verkauft, hat auch Geld zum Einkaufen.

Welche Aufgaben hat die Deutsche Bundesbank?

Sie dient zum einen als Zentralbank, d.h. sie überwacht die Preisstabilität, die anderen Banken können sich über die Bundesbank Finanzierungsmittel beschaffen. Außerdem ist sie Notenbank: Sie sichert den Umlauf des Geldes, ist also für den Druck von Banknoten und das Prägen der Münzen zuständig. Dazu hat sie noch die Bankenaufsicht: Sie kann anderen Banken die Geschäftserlaubnis erteilen oder entziehen. Und schließlich ist die Deutsche Bundesbank auch noch eine klassische Bank, die ganz normale Bankgeschäfte macht. Denn für den Bund und die Länder führt sie z.B. kostenlose Konten. Auch karitative Einrichtungen können gebührenfreie Konten bei der Bundesbank erhalten.

Abkürzungen der Finanzwelt	Bedeutung
BaFin	Bundesanstalt für die Finanzdienstleistungsaufsicht. Überwacht Banken und Versicherungen auf rechtskonformes Handeln
B2B	Business to Business – Waren und Dienstleistungen, die nur zwischen Unternehmen ausgetauscht werden
EZB	Europäische Zentralbank – kümmert sich unter anderem um die Währungsstabilität in Europa
IWF	Internationaler Währungsfonds – eine UN-Sonderorganisation, die sich um den freien Handel bemüht (s. rechte Spalte)
OECD	Organisation für wirtschaftliche Zusammenarbeit und Entwicklung – Organisation, in der führende Wirtschaftsnationen zusammenarbeiten, um den Handel und den Wirtschaftskreislauf zu verbessern
SEPA	Single Euro Payments Area, Einheitlicher Euro-Zahlungsverkehrsraum – ein Projekt der EU, um den Zahlungsverkehr zwischen den Staaten zu erleichtern und reibungsloser zu gestalten
SoFFin	Sonderfonds Finanzmarktstabilisierung – ein Sonderhaushalt der Bundesrepublik mit dem Ziel, Banken zu stützen, die durch die Finanzmarktkrise in Schwierigkeiten geraten sind

Wozu brauchen wir den Internationalen Währungsfonds?

Der Internationale Währungsfonds (IWF) wurde bereits 1945 gegründet. Ihm gehören inzwischen knapp 190 Nationen an. Zu seinen Aufgaben zählen die Förderung der wirtschaftlichen Zusammenarbeit zwischen den Mitgliedern und der Abbau von eventuellen Hindernissen auf dem Weg zu freiem Handel. Auf der anderen Seite können sich Nationen, die in Zahlungsschwierigkeiten stecken, beim IWF Geld leihen. Auf diese Weise helfen sich die Mitglieder untereinander, was reibungslose Abläufe im weltweiten Wirtschaftssystem gewährleistet. Der IWF schlichtet auch bei Streitfragen, beispielsweise wenn eine Nation nicht mehr die Produkte eines anderen Landes einführen will. Dann kann er mit einer Kürzung oder Streichung von Krediten drohen. Damit hilft er der deutschen Wirtschaft mit ihrem starken Export ganz unmittelbar.

Was sind Inflation und Deflation?

Als Inflation wird ein dauerhafter Anstieg der Preise bezeichnet. Waren und Dienstleistungen verteuern sich ständig, man bekommt also immer weniger für den gleichen Geldbetrag. Der Bürger erleidet somit einen Verlust der Kaufkraft. Deflation ist das Gegenteil davon. Die Preise sinken, der Kunde bekommt immer mehr für das gleiche Geld. Inflation bedeutet auch, dass Schulden automatisch geringer werden. Angenommen, man hat so viele Schulden, dass man mit demselben Betrag in schwarzen Zahlen ein Mittelklasseauto

kaufen könnte. Nun kommt es zur Inflation und für dasselbe Geld bekommt man nur noch einen Kleinwagen: Dann hat man auch nur noch Schulden, die dem Wert eines Kleinwagens entsprechen. Aber auch die „Schulden" der Banken werden geringer und Sparer bekommen weniger Zinsen.
Eine Deflation bei fehlender Nachfrage ist ebenso schlecht für die Wirtschaft, da Unternehmen Absatzschwierigkeiten bekommen, weil die Kunden Anschaffungen immer weiter nach hinten schieben, um noch mehr für ihr Geld zu bekommen, oder aus Existenzsorgen sparen. Die Unternehmen reagieren darauf mit Kostensenkungen (Kurzarbeit, Entlassungen, weniger Investitionen).

Wie begann die Finanzkrise 2007/2008?

Im Jahr 2007 begann in den USA die große Finanzkrise, die auch heute noch international nachwirkt. Dort hatten viele Banken Immobiliendarlehen an Personen vermittelt, die sich den Kredit kaum leisten konnten. Da aber die Immobilienpreise seit Jahren stiegen, verloren die Banken kein Geld, auch wenn ein Kredit einmal platzte und die Immobilie an die Bank ging. Das Haus wurde oft sogar mit Gewinn verkauft. Dies änderte sich schlagartig, als sich die Konjunktur abschwächte und die Zinsen stiegen. Auch die in den Verträgen vereinbarten flexiblen Zinsraten wuchsen und plötzlich konnten sich immer mehr Menschen die monatlichen Raten für das Eigenheim nicht mehr leisten. Viele Objekte mussten verkauft werden, wodurch wiederum die Immobilienpreise sanken.
Weltweite Auswirkungen hatte die Immobilienkrise dadurch, dass sich zwischen den Banken längst etabliert hatte, solche Kreditforderungen zu bündeln und wie Wertpapiere zu handeln (= Interbankenhandel). Nun standen den Forderungen gegenüber den Kunden keine Werte mehr gegenüber, also verloren auch diese Papiere an Wert. Und diese Abwärtsspirale stürzte die Banken in der ganzen Welt in die Krise.

Was ist eine Bad Bank?

Eine Bad Bank, also eine „schlechte Bank", ist kein Kreditinstitut im traditionellen Sinne. Es handelt sich vielmehr um eine Zweckgesellschaft, die den Banken Wertpapiere abkauft, die gar nichts mehr wert sind. Dabei geht es nicht um einzelne Ausfälle von Krediten. Die Schaffung von Bad Banks ist eine direkte Auswirkung der globalen Finanzkrise. Banken hatten plötzlich viele Wertpapiere in den Schränken, die über Nacht nichts mehr wert waren. Die Bilanz und Kreditwürdigkeit der Institute wären dadurch nachhaltig geschädigt. Wenn aber nun alle schlechten Papiere bei der Bad Bank landen, stehen die richtigen Banken schnell wieder besser da, was ihre Kreditwürdigkeit und Geschäftstätigkeit wiederherstellt. Somit ist eine Bad Bank vergleichbar mit einer Giftmülldeponie. Dieses Konzept wurde nicht eingerichtet, um den Banken Narrenfreiheit zu gewähren, sondern um die unabsehbaren Folgen einer Bankeninsolvenz zu verhindern und zu vermeiden, dass Banken als Vorsichtsmaßnahme lieber gar keine Kredite mehr vergeben.

„Wenn wir ein bisschen mehr schwäbische Hausfrau mit auf den Weg nehmen, dann glaube ich, können wir das System stabil halten."

Josef Ackermann (geb. 1948)

Die Lichtinstallation an der Fassade der Zentrale der Hypo Real Estate (München im April 2009, Künstler: Oliver Bienkowski) thematisiert das Problem des Handels mit Wertpapieren, die nichts mehr „wert" sind.

Sparen, anlegen, spekulieren

„Spare in der Zeit, dann hast du in der Not“: So spannend die nationale und die internationale Wirtschaft auch sind – entscheidend für den Einzelnen ist, was bei ihm persönlich unter dem Strich steht. Die eigene Vorsorge ist wichtiger denn je – und wegen der vielen Möglichkeiten auch komplizierter denn je.

Was ist ein Pfandbrief?

Pfandbriefe sind Wertpapiere, die sich Anleger bei Banken kaufen können. Der Unterschied zu herkömmlichen Anleihen ist, dass die Bank nicht nur ihre eigene Bonität als Rückzahlgarant ausgibt, sondern auch Sachwerte wie Immobilien, Schiffe oder Flugzeuge: Sie sind das Pfand. Die Herausgabe von Pfandbriefen ist gesetzlich stark reglementiert. Eine Bank, die Pfandbriefe herausgibt, muss im Besitz von Pfandrechten an Immobilien etc. sein, deren Wert dem der Anleihe der Pfandbriefe entspricht. Deshalb gelten Pfandbriefe als eine sehr sichere Form der Geldanlage. Auch wenn das Pfand stark im Wert fällt, sind Pfandbriefe noch sicher, da der Anteil nur 60 % der Immobilie ausmachen darf und es dadurch einen Puffer von 40 % gibt – und so weit sinkt ein Pfand normalerweise nicht im Wert. Geschieht dies dennoch, wird es durch andere, bestehende Hypotheken gedeckt.

Was versichert eine Lebensversicherung?

Die Lebensversicherung versichert im Grunde nicht das Leben, wie der Name vermuten lässt, sondern den Tod. Sie ist eine Absicherung für die Familie, falls ihr Ernährer, also der Versicherungsnehmer, stirbt. Es gibt verschiedene Varianten der Lebensversicherung: Bei der sogenannten Risikolebensversicherung zahlt man einen monatlich Betrag ein. Kommt es zum Todesfall, wird eine vereinbarte Summe an die Begünstigten ausgezahlt. Stirbt der Versicherungsnehmer im festgelegten Zeitraum nicht, wird nichts ausbezahlt. Deshalb ist eine solche Versicherung auch wesentlich günstiger als beispielsweise die Kapitallebensversicherung. Hier gibt es nämlich neben dem Todesfall noch einen zweiten Auszahlungsfall: den Erlebensfall. D. h. es wird ausgezahlt, wenn der Versicherte ein bestimmtes Lebensalter erreicht.

Hätten Sie's gewusst?

Wann die Lebensversicherung nicht zahlt

Die Policen der Lebensversicherung enthalten Bestimmungen darüber, in welchen Fällen kein Geld ausbezahlt wird. So gibt es kein Geld, wenn der Nutznießer der Versicherung den Versicherungsnehmer umbringt oder der Versicherte in den Freitod geht und dies bereits vor Abschluss der Versicherung geplant hat. Hier gelten „Wartezeiten“ von drei Jahren und länger, die in den Policen festgelegt sind. Ein weiterer Ausschlussgrund besteht, wenn dem Versicherten bekannt war oder es ihm bekannt gewesen sein sollte, dass er an einer Krebserkrankung leidet.

Darf man mit dem Bausparvertrag nur bauen?

Der Ablauf des „Bausparens“ ist genau festgelegt: Erst zahlt man bis zu einer gewissen Summe und eine bestimmte Zeitlang ein. Dann kann man ein Bauspardarlehen beantragen. Dieses Darlehen tilgt man dann bis zum Ende der Vertragsdauer. Wer mehr eingezahlt hat, als er als Darlehen erhalten hat, kann sich den Betrag am Ende der Vertragslaufzeit oder nach einer Kündigungsfrist auszahlen lassen. Mit diesem Geld darf man dann machen, was man möchte. Es ist aber auch möglich, den Bausparvertrag zu verlängern und von Zinsen zu profitieren, die beim Verzicht auf ein Darlehen anfallen. Und meist haben alte Verträge ja bessere Zinsen als die heutigen.
Das Darlehen dagegen ist nicht allein aufs Bauen beschränkt – aber auf Dinge, die mit dem Wohnen zu tun haben: Man darf damit Wohneigentum bauen oder kaufen, ein Grundstück finanzieren, das später bebaut werden soll, Wohneigentum modernisieren und auch Kredite ablösen.

Wie verlässlich ist ein Fonds?

Wer sein Geld in einzelnen Aktien anlegt, geht ein Risiko ein: Bei fallendem Kurs kann sich ein Vermögen binnen Stunden sprichwörtlich in nichts auflösen. Fonds versuchen, dieses Risiko zu verringern. Der Anleger erwirbt Anteile am sogenannten Fondsvermögen. Dieses wird von Fondsmanagern im Sinne der Risikomischung in verschiedene Anlagewerte wie Aktien, Immobilien oder festverzinsliche Wertpapiere gesteckt. Aber was passiert, wenn die Investmentgesellschaft, die den Fonds kauft und verwaltet, in Schwierigkeiten gerät? Auch dann ist das Geld der Anleger nicht verloren: Fonds werden unabhängig von der Gesellschaft abgewickelt und im Fall der Fälle wird das Fondsvermögen aufgelöst und der Erlös gemäß den Anteilen an die Fondsinhaber verteilt. Deutlich riskanter sind allerdings sogenannte geschlossene Fonds, die direkt in eine Sache investieren (Bauvorhaben, Schiffe etc.). Anders als beim Pfandbrief ist hier das Geld verloren, wenn beispielsweise das Schiff – also der Gegenwert – untergeht.

Was haben Bulle und Bär mit der Börse zu tun?

Es ranken sich viele Geschichten und Legenden um die Symboltiere der Börse, den Bullen und den Bären. Die plausibelste geht auf den Besuch eines spanischen Schriftstellers an der Amsterdamer Börse im 16. Jh. zurück, den das Treiben vor Ort an Kämpfe zwischen Bären und Bullen in seiner Heimat erinnerte: Der Bär kämpft mit seinen Tatzen, die von oben nach unten schlagen. Im Börsenhandel spekuliert der Bär auf fallende Kurse. Der Bärenmarkt, die sogenannte Baisse, geht also bergab. Der Bulle dagegen kämpft mit seinen Hörnern und vollführt eine Aufwärtsbewegung. Er steht für steigende Kurse und wirtschaftliches Wachstum, den sogenannten Bullenmarkt oder auch Hausse genannt.

„An der Börse sind zwei mal zwei nicht vier, sondern fünf minus eins – und man muss die Nerven haben, dieses minus eins auszuhalten.“

Peer Steinbrück (geb. 1947)

Die Skulptur vor der Frankfurter Börse: der Bär in pessimistischer und der Bulle in optimistischer Körperhaltung

Die Fassade der New York Stock Exchange in der Wall Street

Was sind die Unterschiede zwischen DAX, Dow Jones und NASDAQ?

DAX, Dow Jones und NASDAQ sind verschiedene Aktienindizes. Ein Aktienindex ist eine Zahl, die Aufschluss über die Wertentwicklung der gehandelten Papiere gibt. Ausgangspunkt ist ein bestimmtes Datum, an dem der Index eine Grundzahl erhalten hat. In der Folge spiegelt der Aktienindex also die bisherige Entwicklung wider. Der DAX z.B. startete am 31. Dezember 1987 mit 1000 Punkten.

DAX ist die Abkürzung für Deutscher Aktienindex. Er gibt die Entwicklung von 30 der größten und umsatzstärksten Unternehmen wieder, die an der Börse gehandelt werden. Der Dow Jones ist ein Sammelbegriff für eine ganze Reihe von Indexzahlen, die vom Unternehmen Dow Jones veröffentlicht werden. In der Praxis wird darunter der Dow Jones Industrial Average verstanden, der sich aus den Werten der 30 bedeutendsten börsennotierten Unternehmen der USA ergibt. Die NASDAQ (National Association of Securities Dealers Automated Quotations) war der erste rein elektronische Handelsplatz für Aktien in den USA. Sie wurde 1971 gegründet. Wenn man im Zusammenhang mit Indizes vom NASDAQ spricht, meint man den Nasdaq Composite, der über 3000 börsennotierte Technologieunternehmen umfasst.

Rekord!

Die spektakulärsten Firmenpleiten in der Geschichte der Bundesrepublik

Jahr	Beschreibung
2012	Zu den aktuelleren Firmenpleiten zählt die der ehemaligen Handelskette Schlecker. In jeder Stadt waren die Drogeriemärkte zahlreich präsent.
2009	Jeder kennt die Unter- oder Nachtwäsche der Firma Schiesser. Wenigstens die Marke konnte gerettet werden, das Unternehmen wurde an einen israelischen Konkurrenten verkauft.
2009	Durch den Insolvenzantrag von Arcandor, Nachfolger der KarstadtQuelleAG, geriet Karstadt mit seinen mehr als 125 Jahren Unternehmenskultur in massive Schwierigkeiten.
2008	Die Insolvenz der US-amerikanischen Investmentbank Lehmann Brothers brachte die globalen Finanzmärkte in Turbulenzen.
2002	KirchMedia gehört verdient auf die Liste der geschichtsträchtigen Firmenpleiten. Bei einer Überschuldung von ca. 6,5 Mrd. Euro trug eine Verletzung des Bankgeheimnisses dazu bei, dass der mächtige Medienkonzern binnen kurzer Zeit zerschlagen wurde.
1986	Neue Heimat – ein Wohnungsbauunternehmen, das den Gewerkschaften gehörte – besaß in den 1950er-Jahren 100 000 Wohnungen. 1986 hatte das Unternehmen 16 Mrd. DM Schulden und wurde kurze Zeit später zerschlagen.
1974	Herstatt, eine Kölner Privatbank, machte einen Verlust von 460 Mio. DM. Daraufhin wurde der Bank die weitere Tätigkeit untersagt. Dieser Pleite verdanken wir den Sicherungsfonds der Banken, der Sparern im Falle eines Falles als Rettungsschirm dient.
1961	Die blühende Automarke Borgward musste 1961 Insolvenz anmelden – die erste große Pleite der Nachkriegsgeschichte kostete 20 000 Menschen den Arbeitsplatz.

Wie geht ein Unternehmen an die Börse?

Ziel eines Börsengangs ist es, dem Unternehmen finanzielle Mittel zuzuführen. Das Unternehmen, das schon die Rechtsform Aktiengesellschaft besitzen muss, sucht sich eine Bank, die die Aktien auf den Kapitalmarkt bringen wird. Diese Bank ist dann das Emissionshaus (von lat. *emittere* = aussenden). Sie unterzieht das Unternehmen einer ganzen Reihe von Tests und Untersuchungen, u.a. der sogenannten Stärken- und Schwächenanalyse, um die Börsenreife zu prüfen. Die Informationen gehen in den verbindlichen Börsenprospekt ein, über den sich die Anleger informieren können. Ist die Zulassung zum Handel erledigt, können Wertpapiere „gezeichnet" werden: Investoren verpflichten sich, Aktien zu einem bestimmten Preis abzunehmen. Nach diesem Initial Public Offering (IPO; erstmaliges Angebot auf dem offenen Markt) können die Aktien gehandelt werden.

Was versteht man unter der Dotcom-Blase?

Mitte der 1990er-Jahre begannen sich das Internet und neue technische Geräte wie Mobiltelefone und PDAs zu etablieren. Die Entwicklung versprach, dass sich unsere Art zu arbeiten, einzukaufen und zu produzieren grundlegend verändern würden. Immer mehr Unternehmen gründeten sich, sogenannte Start-ups (engl. *to start up* = anspringen, in Betrieb nehmen): Sie wollten Produkte und Dienste entwickeln, in deren Zentrum das Internet stehen würde. Die Endung „.com" (engl. *dot com* = Punkt com) für Internetadressen von Unternehmen gab diesen Firmen den Beinamen Dotcoms. Viele davon gingen an die Börse, und eine Investition versprach Millionengewinne – bis Anfang des Jahres 2000 erkennbar wurde, dass die Unternehmen die Erwartungen nicht in absehbarer Zeit erfüllen würden. Die überhitzten Kurse fielen ins Bodenlose, die Blase platzte.

Wird an Börsen nur mit Geld gehandelt?

Das Wort Börse stammt vom lateinischen *bursa* für Geldsäckchen. Schon seit dem 15. Jh., als in Brügge die erste Börse gegründet wurde, ist sie eine organisierte Form des Marktes: Zu bestimmten Zeiten kommen Händler zusammen, um Geschäfte zu tätigen. Die bekanntesten Börsen der heutigen Zeit sind sicherlich die Wertpapierbörsen, an denen mit Aktien gehandelt wird. Es gibt aber auch heute noch eine ganze Reihe weiterer Börsen, an denen völlig andere Dinge ge- und verkauft werden:

Börse	Handelsgut
Warenbörsen	Kaffeebörsen und Edelmetallbörsen sind Beispiele für diese älteste Form der Börse.
Terminbörsen	Verträge, die hier abgeschlossen werden, kommen erst in der Zukunft zum Tragen. Dadurch sollen Transaktionskosten verringert und der Handel konzentriert werden.
Devisenbörsen	Handel von Fremdwährungen
Dienstleistungsbörsen	An der Schifffahrtsbörse werden z.B. neben Ladungen auch freie Beförderungsmöglichkeiten untereinander vermittelt.

PDA

Die Abkürzung PDA steht für *Personal Digital Assistant* (persönlicher digitaler Assistent). PDAs sind kleine Computer, die in den 1990er-Jahren als Terminplaner, Adressspeicher und für die Aufgabenverwaltung verwendet wurden. Man bediente sie mit einem kleinen Plastikstift. Durch die Etablierung von Smartphones sind sie heute überflüssig geworden.

Recht

Manch einer mag das ein oder andere Gesetze nur als Schikane ansehen. Doch was wäre, wenn es keine Gesetze gäbe? Eine solche Welt wäre kaum vorstellbar, denn der Mensch braucht feste Regeln und Normen, wenn er innerhalb einer Gruppe in Frieden leben will: Die Rechtsstaatlichkeit, bei der jeder auf faire Behandlung und die Gleichheit vor dem Gesetz vertrauen kann, ist eine der Säulen der Demokratie.

Im Zweifel für den Angeklagten: Justiz und Gesetzgebung

Sich selbst vor Gericht vertreten, der Polizei den Zutritt verwehren oder Berufung einlegen: Mit diesen Fragen müssen sich wohl die wenigsten beschäftigen – spannend sind sie aber allemal.

Was versteht man unter einem Rechtsstaat?

Für den Begriff Rechtsstaat existieren unterschiedliche Definitionen. Generell lässt sich sagen, dass Regierung und Verwaltung in einem Rechtsstaat nur im Rahmen bestehender Gesetze handeln dürfen. Außerdem ist es jedem Bürger möglich, sich an ein unabhängiges Gericht zu wenden, wenn er sich in seinen Rechten verletzt sieht. Die Rechtsordnung in einem Rechtsstaat sieht auch vor, dass Selbstjustiz nicht erlaubt ist. Der Staat geht dagegen vor, denn er besitzt das sogenannte Gewaltmonopol.

Gewaltmonopol

Ursprünglich kommt dieser Begriff tatsächlich daher, dass nur der Staat das Recht hat, Gewalt auszuüben. Das Prinzip löste die Fehde und die Blutrache ab. Heute versteht man darunter, dass die Legitimation, Recht zu sprechen und Urteile zu vollstrecken, auf den Staat übertragen wurde.

Welche Befugnisse hat die Polizei, um den Rechtsstaat aufrechtzuerhalten?

Die genaue Ausgestaltung der Befugnisse der Polizei ist in den Polizeigesetzen der Länder geregelt. Generelle Befugnisse sind:

- Durchführung von Ermittlungen, Befragungen
- Durchsuchung von Personen, Sachen oder Wohnungen
- Erfassung von personenbezogenen und biometrischen Daten
- Erhebung von Daten bei öffentlichen Veranstaltungen, an gefährdeten Objekten oder in öffentlichen Verkehrseinrichtungen
- Identitätsfeststellung
- Ingewahrsamnahme (zeitlich begrenzter Freiheitsentzug)
- Platzverweisung
- Polizeiliche Beobachtung
- Sicherstellung bzw. Beschlagnahmung von Gegenständen
- Vorladung

Bevor Polizisten einen Platzverweis aussprechen, können sie eine Ermahnung erteilen. Kein Scherz: 2006 wurde dazu in manchen Städten die „Gelbe Karte für Störer" eingeführt.

Braucht die Polizei immer einen Durchsuchungsbefehl?

Man kennt es aus diversen TV-Krimis: Polizisten ermitteln „auf eigene Faust" ohne Durchsuchungsbefehl, oder Verdächtige schicken Kommissare mit der triumphierenden Frage nach dem Durchsuchungsbefehl unverrichteter Dinge nach Hause. Tatsächlich benötigen Ermittlungsbehörden üblicherweise einen Durchsuchungsbeschluss, da das Eindringen in eine Wohnung gegen das Grundgesetz verstößt. Der Beschluss wird von einem Richter erteilt, der mit der Sache befasst ist. Er enthält den Grund für die Durchsuchung und beschreibt die genaue Lage der Räumlichkeiten. Allerdings braucht die Polizei dieses Dokument nicht, wenn „Gefahr in Verzug" ist – beispielsweise bei einer Geiselnahme oder bei häuslicher Gewalt – oder generell Gefahren für Leib und Leben drohen.
Für die Durchsuchung eines Autos ist ein Durchsuchungsbefehl übrigens nicht nötig.

Welche Aufgaben hat ein Staatsanwalt während der laufenden Ermittlungen?

Während der laufenden Ermittlungen erfüllt die Polizei einen Großteil der Aufgaben. Dazu zählen die Befragungen von Zeugen und Tatverdächtigen, das Sichern von Spuren etc.
Aufgaben der Staatsanwaltschaft sind dagegen, ein Verfahren zu eröffnen, Zeugen vorzuladen, Durchsuchungsbeschlüsse oder andere genehmigungspflichtige Ermittlungsschritte bei

In der Krimiserie *Tatort* nehmen die Staatsanwälte oft wichtige Rollen ein, z B. Staatsanwältin Wilhelmine Klemm (gespielt von Mechthild Großmann) im Münsteraner *Tatort*.

Gericht zu beantragen, die Klageschrift zu verfassen und im Prozess die Anklage zu übernehmen.

Wann ermitteln die Justizbehörden?

Damit gegen ein potenzielles Unrecht ermittelt wird, muss ein entsprechender Antrag gestellt werden, dem eine Strafanzeige vorausgeht, nach dem Motto: „Wo kein Kläger, da kein Rich-

„Etwas ist nicht recht,
weil es Gesetz ist,
sondern es muss Gesetz sein,
weil es recht ist."

Charles de Montesquieu (1689–1755)

ter". Anders ist es, wenn es sich um einen sogenannten Offizialdelikt handelt: Dann werden die Behörden unabhängig davon tätig, ob ein Geschädigter oder eine andere Person einen Antrag stellt. Es genügt, dass die Behörden Kenntnis vom Delikt erhalten – meistens durch die Ermittlung der Polizei. Zur Gruppe dieser Taten gehören Raub, Mord, Totschlag, aber auch Betrug, Körperverletzung, Trunkenheit im Straßenverkehr, Nötigung oder Freiheitsberaubung.

Wie ist die Hierarchie unserer Gerichte aufgebaut?

Wenn in Deutschland ein Prozess stattgefunden hat und ein Urteil gesprochen wurde, haben die Prozessparteien die Möglichkeit, in Berufung oder Revision zu gehen: Ein übergeordnetes Gericht, also eine höhere Instanz, prüft anschließend das Urteil auf Rechtmäßigkeit. Bei der Berufung können dabei u.a. neue Beweise vorgelegt werden. Die Revision beschränkt sich dagegen auf die rein formelle Überprüfung des Verfahrens. Ob es im Einzelfall möglich ist, in Berufung oder Revision zu gehen, entscheiden Richter, die nicht am Prozess beteiligt waren. Ein Antrag auf Berufung oder Revision ist nicht mehr möglich, wenn entweder die erlaubte Frist verstrichen ist oder wenn die letzte Instanz der Gerichte erreicht wurde.

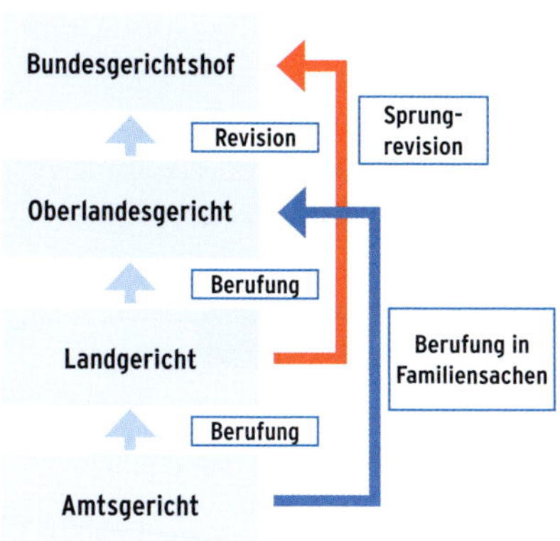

Der sogenannte Instanzenzug in Deutschland bei Zivilprozessen. Bei der Sprungrevision wird die zweite Instanz ausgelassen – sie soll den Gesamtprozess vereinfachen.

Was ist der Oberste Gerichtshof und wer ist dort Richter?

Der Oberste Gerichtshof ist die höchste Instanz in der Hierarchie der Gerichte. In der Bundesrepublik gibt es fünf Oberste Gerichtshöfe, die für unterschiedliche Themen zuständig sind:

Gericht	Abkürzung	Zuständigkeit	Sitz
Bundesgerichtshof	BGH	Zivil- und Strafrecht	Karlsruhe
Bundesverwaltungsgericht	BVerwG	öffentliches Recht	Leipzig
Bundesfinanzhof	BFH	Steuer- und Zollrecht	München
Bundesarbeitsgericht	BAG	Arbeitsrecht	Erfurt
Bundessozialgericht	BSG	Sozialrecht	Kassel

Das Bundesverfassungsgericht (BVerfG) in Karlsruhe steht aufgrund seiner besonderen Zuständigkeit neben allen anderen Gerichten. Es prüft die Entscheidungen anderer Gerichte, aber nicht auf die Frage hin, ob diese nach den bestehenden Gesetzen richtig geurteilt haben, sondern ob das Urteil und damit möglicherweise auch die bestehenden Gesetze gegen das Grundgesetz verstoßen.

Recht im Alltag

Gesetze haben ganz unmittelbare Auswirkungen auf unseren Alltag. Fast zu jedem Bereich gibt es Regelungen – und nicht immer sind sie eindeutig und transparent. Aber es hilft über viele Tücken und Unsicherheiten hinweg, seine Rechte zu kennen!

Kulanz

Wenn sich Vertragspartner nach dem Vertragsschluss entgegenkommen, handeln sie kulant: Die Kulanz ist ein Rechtsverzicht – im Fall der Händler zum Zwecke der Kundenbindung.

Wer seine Kassenbons aufbewahrt, ist so oder so auf der sicheren Seite.

Kann man nur mit Kassenzettel Waren umtauschen?

Einen Umtausch aus Kulanz kann der Händler gestalten, wie er will, und meistens wird er die Vorlage eines Kassenzettels verlangen. Ein solcher Umtausch findet etwa dann statt, wenn man zu Hause vor dem Spiegel feststellt, dass einem der Pullover doch nicht so gut steht. Ganz anders sieht die Sache aus, wenn ein sachlicher Grund für eine Reklamation vorliegt. Die Ware ist defekt? Es tut sich ein Mangel auf, der im Geschäft übersehen wurde? Dann ist der Händler verpflichtet, auch ohne Kassenzettel für ein einwandfreies Produkt zu sorgen – allerdings muss man im Zweifel beweisen, dass der Artikel bei eben diesem Händler erworben wurde. Das geht aber auch mit dem Abbuchungsbeleg, wenn man mit Karte gezahlt hat, oder mit einem Zeugen.

Was passiert, wenn Waren falsch ausgezeichnet sind?

An der Kasse verlangt der Händler plötzlich einen deutlich höheren Preis, als auf dem Etikett steht. Kann man jetzt verlangen, die Ware zum ausgezeichneten Preis zu erhalten? Nein, das kann man nicht! Die Preisangabenverordnung verlangt vom Händler zwar, dass die Ware korrekt ausgezeichnet werden muss. Allerdings ergibt sich daraus nicht der Anspruch, die Ware zu eben jenem Preis zu erhalten. Denn juristisch betrachtet handelt es sich bei den Preisschildern um ein unverbindliches Kaufangebot des Händlers (er könnte sich beim Auszeichnen auch geirrt haben). Beim Scannen des Artikels an der Kasse macht er ein neues Angebot, das man akzeptieren kann oder nicht: Dann lässt man den Artikel im Laden.

Wie nimmt man sein Widerrufsrecht wahr?

Laut § 355 des BGB über den Widerruf von Verbraucherverträgen kann man binnen einer Frist von 14 Tagen von einem Vertrag (beginnend mit Vertragsabschluss) zurücktreten – allerdings gilt dies speziell beim Kauf von Waren im Internet oder über

Verbrauchervertrag

Verbraucherverträge sind alle Verträge zwischen einem Unternehmen und einem Verbraucher – und ein Verbraucher ist wiederum jemand, der etwas zu nicht gewerblichen Zwecken und nicht für eine selbstständige berufliche Tätigkeit kauft.

Hätten Sie's gewusst?

Fakten und Irrtümer rund ums Taxifahren

Rund ums Thema Taxi ranken sich viele juristische Irrtümer. Höchste Zeit, damit aufzuräumen:

- **Man muss stets ins erste Taxi in einer Schlange einsteigen.**
  Falsch! Der Fahrgast darf sich seinen Fahrer und sein Taxi frei auswählen, egal wie streng die anderen Fahrer schauen.
- **Der Taxifahrer muss jeden Passagier mitnehmen.**
  Ja und Nein. Im sogenannten Pflichtfahrgebiet (das ist in der Regel die Stadt, in der Sie sich befinden) hat der Fahrer normalerweise eine Beförderungspflicht. Auch wenn die Tour nur wenige 100 m weit sein soll, muss er einen Passagier mitnehmen. Fahrten, die die Grenze des Gebiets überschreiten, kann er aber ablehnen. Anders sieht es aus, wenn vom Passagier Gefahren ausgehen (gefährliche Gegenstände, sichtbar getragene Waffen). Dann darf die Beförderung generell abgelehnt werden. Unter diese Ausnahme fallen auch stark alkoholisierte Personen, die sich aggressiv verhalten. Außerdem kann der Fahrer einen Passagier ablehnen, wenn er den Verdacht hegt, dass dieser nicht zahlen kann.
- **Haustiere müssen im Taxi befördert werden.**
  Richtig. Lehnt der Fahrer Hund oder Katze ab, riskiert er sogar ein Bußgeld – allerdings unter der Voraussetzung, dass sich der Fahrer nicht bedroht fühlt.

In welches Taxi würden Sie steigen?

einen Katalog bzw. bei sogenannten Haustürgeschäften. Ladengeschäfte nehmen gekaufte Waren nur freiwillig – aus Kulanz – zurück. Dieser Paragraf wurde 2014 reformiert: Während es vorher genügte, bereits erhaltene Waren einfach zurückzusenden, muss der Widerruf jetzt ausdrücklich formuliert werden. Widerrufen kann man schriftlich (auch per E-Mail) oder telefonisch – aber die schriftliche Form ist zu empfehlen, da sie gleichzeitig eine Bestätigung beinhaltet. Eine Begründung ist nicht nötig. Es gibt allerdings generelle Ausnahmen vom Widerruf: Waren, die individuell angefertigt wurden, leicht verderbliche Dinge oder Tageszeitungen können nicht zurückgegeben werden.

Ist man rechtlich verpflichtet, bei „Kaffeefahrten" etwas zu kaufen?

Eine solche Verpflichtung gibt es nicht. Den Veranstaltern und Verkäufern gelingt es nur immer wieder, eine Atmosphäre zu erzeugen, durch die sich viele Teilnehmer verpflichtet oder unter Druck gesetzt fühlen, etwas zu kaufen. Wer an einer Kaffeefahrt teilnimmt, muss also nur eine Grundregel beherzigen: nie etwas zu unterschreiben, das man nicht zuvor genau geprüft hat! Und wenn man doch etwas gekauft hat und es danach bereut: Auch bei Waren von Kaffeefahrten greift das Widerrufsrecht, da sie rechtlich gesehen als Haustürgeschäft gelten. Der Käufer kann also innerhalb von zwei Wochen vom Kaufvertrag zurücktreten.

Welche Daten speichern Rabattkarten?

Kundenkarten stecken inzwischen in fast jeder Geldbörse. Wer eine Rabattkarte eines Unternehmens besitzt, spart entweder bei jedem Einkauf oder sammelt Punkte, die später in eine Prämie umgetauscht werden können.
Ob sich das lohnt, muss jeder selbst entscheiden. Denn für die Rabatte bezahlt man mit der Weitergabe von Informationen an den Herausgeber der Karten. Dort weiß man mit der Zeit, wie viel, wo und was der Kunde kauft. Diese Informationen dienen dazu, den Benutzern der Rabattkarten individualisierte Angebote zu unterbreiten, die weiter zum Kauf anregen sollen. Welche Daten gespeichert und ausgewertet werden, ist von der Kartenart (Chip, Magnetkarte) abhängig.

Auch wenn die vielen Rabatte noch so verlockend sind, durch Bonuskarten wird man schnell zum „gläsernen Kunden".

Hätten Sie's gewusst?

Reparaturzeiten

Die Frage, wie lange Geräte in Reparatur sein dürfen, gerät regelmäßig zum Streitfall, denn der Gesetzgeber hat keine verbindlichen Fristen definiert. Wenn ein Fall zum Anwalt oder vor Gericht kommt, orientieren sich Juristen an vergleichbaren Arbeiten und Reparaturen: Während vier Wochen für die Reparatur an einem Paar Kopfhörer zu lang sind, kann dies bei einem Kaffeevollautomaten angemessen sein.

Geregelt ist allerdings, dass nicht beliebig oft derselbe Defekt repariert werden darf. Nur insgesamt dreimal darf derselbe Fehler auftreten. Danach steht dem Besitzer des Geräts ein Schadensersatz oder bei einer Garantiereparatur ein neues Gerät zu.

Haben behinderte Menschen ein Recht auf einen Sitzplatz?

Auch wenn es viele Betroffene ganz anders sehen: Einen juristischen Anspruch auf einen Sitzplatz haben behinderte Menschen nicht – lediglich die Beförderung muss gewährleistet sein. In den Beförderungsbedingungen können Unternehmen zwar definieren, dass das Personal einem Fahrgast einen Sitzplatz zuweisen kann, aber dann muss das auch von einem Angehörigen des Unternehmens im konkreten Fall gemacht werden. Symbole, die Menschen mit Beeinträchtigung bestimmte Plätze zuordnen, verweisen lediglich darauf, wo sich die Plätze befinden, die das Personal in einem solchen Fall zuweisen kann.

Was regeln die Fahrgastrechte?

Der Begriff der Fahrgastrechte betrifft das Verhältnis zwischen Eisenbahnunternehmen und Reisenden. Im Jahr 2009 traten diese als EU-Verordnung in Kraft. Es handelt sich also nicht nur um eine freiwillige Leistung der Unternehmen, sondern um das gute Recht der Passagiere. Geregelt wird, was im Falle von gravierenden Verspätungen oder Ausfällen von Fahrten gelten soll: Ab 60 Minuten Verspätung besteht im Fernverkehr etwa Anspruch auf eine Entschädigung von 25 % des gezahlten Fahrpreises für die einfache Fahrt. Wenn die Weiterfahrt aufgrund von Beeinträchtigungen am gleichen Tag nicht mehr zumutbar oder möglich sein sollte, hat der Fahrgast auch Anspruch auf die Erstattung der Übernachtungskosten.

Muss man immer einen Ausweis bei sich tragen?

Das Personalausweisgesetz (PAuswG) verlangt von jedem deutschen Staatsbürger, der das 16. Lebensjahr vollendet hat, dass er einen amtlichen Ausweis besitzt. Aus dem Wortlaut des Gesetzes erwächst aber keine Verpflichtung, den Ausweis auch ständig mit sich zu führen. Allerdings können die Ordnungsbehörden und die Polizei nach den Polizei- und Ordnungsgesetzen der Länder unter bestimmten Voraussetzungen – etwa bei Verdacht auf eine Straftat – eine Person ohne Personalausweis festhalten und zur Dienststelle bringen, um die Identität festzustellen. Und andere Gesetze können sehr wohl zum Mitführen eines Ausweises verpflichten, etwa um Schwarzarbeit zu verhindern (Baubranche). Eine generelle Verpflichtung besteht aber nicht.

Müssen Mieter die Wände streichen, bevor sie ausziehen?

Die in Mietverträgen definierten Fristen und Auflagen für den Mieter zur Renovierung sind ein seit Jahrzehnten währender Streitpunkt zwischen den Parteien. Grundsätzlich gilt, dass kein Mieter renovieren muss, denn sogenannte Schönheitsreparaturen sind nach Gesetz Sache des Vermieters. Eine Ausnahme, von der die meisten Vermieter gern Gebrauch machen, besteht dann, wenn im Mietvertrag eine wirksame Klausel vereinbart ist. Die Formulierungen der Standardformulare werden aber regelmäßig von Gerichten als unwirksam eingestuft. Im Zweifel muss jedenfalls immer der Einzelfall geprüft werden. Wenn der Mieter aber beim Einzug oder während seiner Mietzeit renoviert oder den Wohnraum individuell gestaltet, gilt ein Grundsatz: Er darf die Neuvermietung nicht erschweren. Also kann der Vermieter vom Mieter verlangen, auffällige Wandfarben, Fototapeten und Co. beim Auszug fachgerecht zu beseitigen und gegebenenfalls Reparaturen durchzuführen.

Knallrote Wand: In diesem Fall kann der Vermieter darauf bestehen, dass der Mieter beim Auszug streicht.

Erhalten Erben immer einen Pflichtteil?

Der Pflichtteil umfasst die Hälfte des gesetzlichen Erbteils eines Erben. Wenn also ein Witwer 200 000 Euro hinterlässt und zwei Söhne hat, beträgt das gesetzliche Erbteil pro Sohn 50 %. Auch wenn ein Sohn „enterbt" ist, bekäme er davon die Hälfte, also 50 000 Euro. Jemandem dieses Pflichtteil juristisch vorzuenthalten, ist kaum möglich – außer man könnte beweisen, dass der Enterbte den Erblasser töten wollte o. Ä. Problematisch kann es werden, weil das Pflichtteil immer in Form von Geld zu erfüllen ist. Werden also viele Sachwerte (Haus und andere Besitztümer) vererbt, kann es notwendig sein, diese Sachwerte zu verkaufen, damit Pflichtteile ausgezahlt werden können.

POWER
SOURCE
ON/OFF
1
2
3
4
5
6
7
8
9
0
TTX/MIX
PRE-CH
MUTE
P
CH LIST
MENU
GUIDE
INFO
EXIT

Digitale Welt
Medien
Sport

Digitale Welt

Computertechnik begegnet uns heute auf Schritt und Tritt. Sie hat unseren Alltag enorm verändert: von der Informationsbeschaffung über die Kommunikation bis zum Freizeitverhalten. Bei der Vielfalt an Geräten und Anwendungen und nicht zuletzt der rasanten Entwicklung auf diesem Gebiet fällt es manchmal schwer, den Überblick zu behalten. Deshalb ist es vor allem wichtig, die Möglichkeiten und auch die Grenzen der digitalen Welt zu kennen, um daraus auszuwählen, was für einen selbst sinnvoll ist.

Was dahintersteckt: Computertechnik & Co.

Die digitale Welt beruht auf einer Technik, die sich in den letzten Jahrzehnten aus der Elektrotechnik und der Elektronik entwickelt hat. Mitunter ist diese Technik sehr kompliziert – dennoch ist es spannend, einen Einblick zu erhalten.

Was ist ein Mikroprozessor?

In der Industrie benutzt man auch heute noch Schaltschränke, um Maschinen, Anlagen oder Geräte zu steuern: In solchen Schränken befinden sich Schalter, mit denen elektrische Spannung so verteilt werden kann, wie sie benötigt wird. Auch die Sicherungskästen in Wohnungen sind einfache Schaltschränke: Es fließt Strom oder nicht. Für die Datenverarbeitung im Computer benötigt man ebenfalls Schalter, die elektrische Spannung ein- und ausschalten. Bis in die 1950er-Jahre hinein benutzte man dafür Elektronenröhren – Computer füllten deswegen ganze Räume. Erst die Entwicklung des Prozessors in den 1950er-Jahren ermöglichte den PC, den Personal Computer fürs Wohnzimmer. Denn ein Prozessor ist im Grunde ein kleiner Schaltschrank voller winziger elektrisch betriebener Schalter, den sogenannten Relais. Und ab den 1970er-Jahren arbeiteten Wissenschaftler dann an einer wiederum stark verkleinerten Form, die grundlegend war für unsere heutigen Laptops, Smartphones und Co.: dem Mikroprozessor.

Alle Elemente eines Prozessors auf einem winzigen Chip – der Mikroprozessor

Hätten Sie's gewusst?

Je kleiner, desto besser

Je schneller eine elektronische Schaltung arbeiten soll, umso kleiner muss sie sein. Denn die elektrischen Signale brauchen eine gewisse (winzig kleine) Zeit, um die Wege innerhalb der Schaltung zurückzulegen. Und in einem modernen Mikroprozessor geht alles so schnell, dass selbst die unvorstellbar kleine Zeitspanne eine Rolle spielt, die ein elektrisches Signal für einen Weg von ein paar Millimetern braucht. Obwohl die Mikroprozessoren immer kleiner geworden sind, finden dennoch immer mehr Schaltungen darauf Platz. Einer der ersten Mikroprozessoren war der Intel 4004 von 1971 mit 2300 Schaltungen, der moderne Intel E5-2699 v3 besitzt über 5 Mrd.

Was ist an digitaler Übertragung anders als an analoger?

Früher wurden Radio- und Fernsehprogramme ausschließlich analog gesendet, und auch die Telefontechnik funktionierte analog. Heute löst das digitale Verfahren mehr und mehr die Analogtechnik ab. Bei der analogen Übertragung schwankt die Spannung in der genutzten Leitung im Rhythmus des übertragenen Signals, beispielsweise durch den Schalldruck auf einer Mikrofonmembran. Daher kommt auch die Bezeichnung: Die Spannung in der Übertragungsleitung verändert sich analog zum Eingangssignal (z. B. akustische Signale). Am anderen Ende der Leitung wird dann die Lautsprechermembran durch einen Elektromagneten genau so stark ausgelenkt, wie es dem Schalldruck am Mikrofon entspricht.

Bei der digitalen Übertragung wird das zunächst auch analog aufgenommene Signal in einem Analog-Digital-Wandler sozusagen elektronisch gemessen und der Messwert in eine Folge von logischen Nullen und Einsen codiert: eine sogenannte Binärzahl. So eine Binärzahl kann man sehr leicht elektrisch übertragen: Je nachdem, ob Spannung auf der Leitung ist, weiß der Empfänger, ob in diesem Moment eine Null oder eine Eins gesendet wurde. Deshalb gibt es bei digitaler Übertragung weniger Störungen. Die empfangenen Zahlenwerte können dann in einem Digital-Analog-Wandler z. B. wieder in Stromschwankungen für einen Kopfhörer oder Lautsprecher umgewandelt werden.

Was ist ein Router?

Ein Router ist ein Gerät, das zwei Computernetze miteinander verbindet, z. B. das lokale Netz zu Hause (bestehend aus mehreren internetfähigen Geräten wie PC, Smartphone und Tablet) mit dem Internet. Er schickt vor allem Anfragen von Computern im lokalen Netz an die entsprechenden Rechner im Internet weiter und sendet die zurückkommenden Antworten an die lokalen Computer. Heutzutage sind Router meist mit einem DSL-Modem kombiniert: Ein solcher Modem-Router ist über die Telefonleitung mit dem Provider und über den DSL-Splitter mit dem Internet verbunden. Der DSL-Splitter sortiert Telefon- und Internetsignale, sodass man über eine Leitung parallel telefonieren und online sein kann.

Provider

Ein Provider ist ein Anbieter von Telekommunikationsdiensten – ein Internetprovider beispielsweise verkauft die Dienste und technischen Leistungen, die man benötigt, um das Internet zu nutzen.

Was ist ein LAN?

LAN steht für *Local Area Network,* was in etwa Netzwerk für einen lokalen Bereich bedeutet. Gemeint ist ein Computernetz, das eine Anzahl Computer in einem Haushalt oder einer Firma miteinander verbindet. Heute sind die Rechner eines LAN jeweils mit einem Netzwerkkabel an einem

Switch (einer Art Verteilerstation für Daten) angeschlossen – ganz ähnlich wie Telefone über die Telefonzentrale miteinander verbunden waren. Moderne Modem-Router haben in der Regel einen solchen Switch gleich eingebaut, sodass die angeschlossenen Computer nicht nur alle ins Internet gehen, sondern auch untereinander Daten austauschen können.

Wie funktioniert Wireless LAN?

Wireless bedeutet drahtlos bzw. kabellos. Ein *Wireless LAN*, kurz auch „WLAN" genannt, ist also ein lokales Netzwerk, das ohne Netzwerkkabel auskommt, weil die Daten über Funk ausgetauscht werden – ganz ähnlich wie bei einem drahtlosen Telefon. In viele Modem-Router ist heute ein kleines Funkgerät eingebaut. Deshalb können sie nicht nur als Zentrale des lokalen kabelgebundenen Netzes dienen, sondern auch ein WLAN ermöglichen. Allerdings muss man beim WLAN darauf achten, dass man es mit einem Passwort absichert: Sonst kann es jeder, der in der Nähe ist, mitbenutzen und den Internetzugang für illegale Aktivitäten missbrauchen. Die Sicherungspflicht ist mittlerweile sogar gesetzlich verankert.

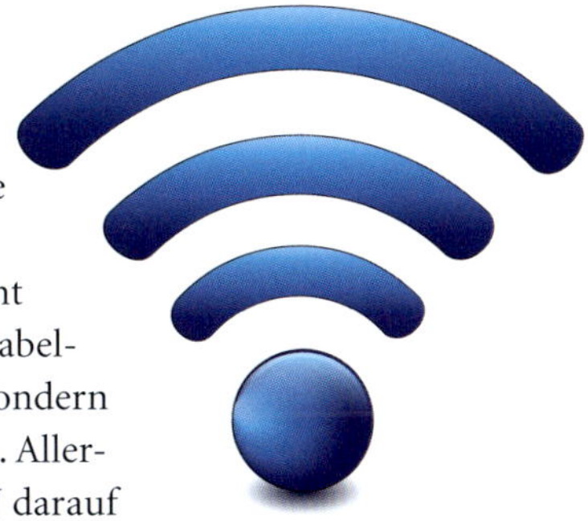

Das WLAN-Symbol findet sich auf den Geräten, die für WLAN geeignet sind.

Rekord!

Die schnellsten Rechner

Man nennt sie Supercomputer: die jeweils schnellsten Rechner ihrer Zeit. Sie werden in der Forschung eingesetzt. Ihre Leistungsfähigkeit wird in *Floating Point Operations Per Second* (FLOP; wörtl. Gleitkommaoperationen pro Sekunde) angegeben: Es sind die Rechenoperationen, die pro Sekunde geleistet werden können. Eine Auswahl an Supercomputern:

Jahr	Rechner	Standort	FLOPS
1906	Babbage Analytical Engine	Essex, England	0,3
1928	IBM 301	verschiedene Orte	1,7
1940	Zuse Z2	Berlin	3
1942	TRE Heath Robinson	Milton Keynes, England	200
1943	Flowers Colossus	Milton Keynes, England	5000
1946	UPenn ENIAC	Maryland, USA	50 000
1958	IBM SAGE	an 25 U.S.-Airforce-Stützpunkten	400 000
1969	CDC 7600	Kalifornien, USA	36 000 000
1976	Cray-1	New Mexico, USA	250 000 000
1984	M-13	Moskau, UdSSR	2 400 000 000
1993	Fujitsu Numerical Wind Tunnel	Tokio, Japan	124 500 000 000
2005	IBM Blue Gene/L	Kalifornien, USA	136 800 000 000 000
2013	Tianhe-2	Guangzhou, China	33 863 000 000 000 000

„Ich denke, es gibt weltweit einen Markt für vielleicht fünf Computer."

Thomas J. Watson, ehemaliger Vorsitzender von IBM (1874–1956)

Wie telefoniert man „VoIP"?

VoIP steht für *Voice over Internet Protocol*, übersetzt Stimme übers Internet-Protokoll: VoIP-Telefone benutzen anstelle des herkömmlichen Telefonnetzes das Internet. Es gibt sie in Form von Programmen, die man auf dem Computer laufen lässt, aber auch als „richtige" Telefone, die man an den Computer anschließt. Dabei ist es möglich, vom Internet aus jemanden anzurufen, der im herkömmlichen Telefonnetz telefoniert und umgekehrt. Die VoIP-Anbieter, wie z. B. Skype, verlangen dafür zwar in der Regel eine Gebühr, bei Gesprächen über weite Entfernungen kann sie aber durchaus deutlich günstiger ausfallen als die entsprechenden herkömmlichen Telefongebühren.

Was versteht man unter dem Begriff ROM?

ROM steht für *Read Only Memory*, also „Speicher, der nur gelesen werden kann". In ROMs werden Daten eingebrannt, die immer gleich sind und die der Computer nur zu lesen braucht. Das sind beispielsweise die Informationen, die der Rechner gleich nach dem Einschalten braucht, um hochzufahren, oder auch Software, die auf CD-ROMs gespeichert ist.

Und was ist RAM?

RAM steht für *Random Access Memory*, was ungefähr so viel bedeutet wie „Speicher mit beliebigem Zugriff". Gemeint ist damit der Speicher, den der Computer beim Ausführen von Programmen benutzt: Er legt in ihm die Programme selbst und die bearbeiteten Daten ab. Das Entscheidende am RAM ist deshalb, dass der Computer ihn sowohl lesen als auch auf ihm schreiben kann.

Was ist ein Pixel und was versteht man unter Bildschirmauflösung?

Wenn man sich das Bild auf einem Computerbildschirm genau anschaut, erkennt man, dass es sich dabei um ein Mosaik aus lauter kleinen Lichtpunkten handelt. Helligkeit und Farbe jedes dieser Lichtpunkte, die man Pixel nennt, können vom Computer gesteuert werden, um ein Bild zu erzeugen. Als Bildschirmauflösung bezeichnet man die Anzahl der Pixel, die der Bildschirm in der Breite und in der Höhe aufweist. Gängig ist beispielsweise 1920 × 1080 Pixel.

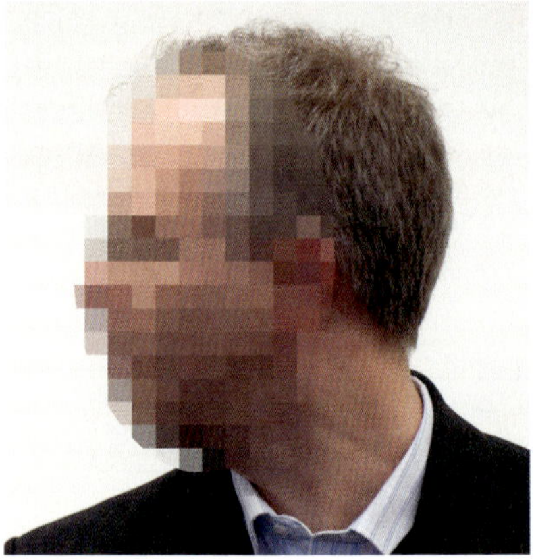

Wenn die Auflösung zu gering ist, ein Bild also zu wenige Pixel hat, wirkt es „verpixelt": Man kann die einzelnen Bildpunkte erkennen. Man setzt diesen Effekt in den Medien dazu ein, um Gesichter unkenntlich zu machen – der schwarze Balken hat damit weitgehend ausgedient.

Was macht eine Grafikkarte?

Die Grafikkarte ist der Teil des Computers, der die Pixel auf dem Bildschirm steuert, also für das Bild zuständig ist. Früher taten Grafikkarten nichts anderes, als die fertigen Farbwerte für die einzelnen Pixel aus dem Speicher zu lesen und entsprechende Signale an den Monitor zu senden. Moderne Grafikkarten können aber viel mehr: Sie bekommen beispielsweise von einem Computerspiel Daten über die augenblickliche Szene, die Abmessungen der Objekte, die zu sehen sein sollen, die Positionen und Farben von Lichtquellen, die Beschaffenheit von Oberflächen usw. Daraus berechnet die Grafikkarte blitzschnell ein perspektivisches Bild, das oft nahezu fotorealistisch ist.

So sieht eine Grafikkarte aus: Auf eine Platine sind verschiedene elektronische Bauteile wie Prozessoren und Speicher aufgebracht.

Was bedeutet USB?

USB steht für *Universal Serial Bus*. Unter einem *bus* (= Übertragung) versteht man in der Computertechnik eine Datenleitung, die verschiedene Komponenten mit Daten versorgt. Früher brauchten Computer unterschiedliche Anschlüsse für verschiedene Peripheriegeräte wie Drucker, Modem, Scanner, Laufwerke usw. Dank der USB-Schnittstelle benötigt man nur noch eine einzige Art von Anschluss, an die von der Maus über die Webcam bis zur externen Festplatte alles angeschlossen werden kann.

Was versteht man unter Bluetooth?

Bluetooth ist ein Standard, mit dem Computer, Handys und Zusatzgeräte schnell über Funk miteinander verbunden werden können. Mit Bluetooth-Schnittstellen erledigt man im Wesentlichen alle die Aufgaben, für die man sonst mit einem kurzen Kabel eine meist temporäre Verbindung zwischen den Geräten herstellt: etwa das Übertragen von Fotos vom Handy auf den Computer oder das Laden von Musik auf einen MP3-Player. Man kann mit Bluetooth-Geräten aber auch dauerhafte Verbindungen herstellen, etwa vom Computer zur Maus oder zum Drucker, sodass man weniger Kabel braucht.

Bluetooth-Symbol

Der Name Bluetooth

Die Funktechnik zur Verbindung von Geräten wurde für das schwedische Unternehmen Ericsson entwickelt. Bei der Namensfindung bewiesen die Verantwortlichen Kreativität: Bluetooth leitet sich ab vom dänischen Wikingerkönig Harald Blauzahn (910–987), der Teile von Norwegen und Dänemark miteinander vereinte. Das Bluetooth-Logo besteht aus den zusammengerückten Initialen Haralds in Runenschrift.

Das größte Surfgebiet der Welt: das Internet

Das Internet ist mittlerweile riesengroß: Über 46 Mrd. Websites sind eingetragen und pro Stunde wird weltweit ein Exabyte an Daten übertragen – das sind 1 Mio. Terabyte, was der 2500-fachen Datenmenge aller geschriebenen Texte in sämtlichen Sprachen entspricht.

Sind Web und Internet dasselbe?

Auch wenn die beiden Begriffe oft synonym gebraucht werden – sie beziehen sich nicht auf dasselbe. Das Internet ist ein Datennetz, das Computer auf der ganzen Welt miteinander verbindet. Das WWW (*World Wide Web* = weltweites Netz; Kurzform Web) ist lediglich einer der Dienste, die über das Internet funktionieren. Auch E-Mail ist einer dieser Dienste: Er ist nicht ins Web integriert, nutzt aber das Internet. Es gibt noch einen ganze Reihe anderer solcher Dienste, die weniger bekannt sind, weil sie teilweise sehr speziellen Zwecken dienen.

Hätten Sie's gewusst?

Die Erfindung des Internets – und des Webs

Das Internet geht auf ein Computernetz zurück, das im Kalten Krieg als unabhängige Kommunikationsverbindung für das amerikanische Militär geschaffen wurde. Später wurden Universitäten und wissenschaftliche Institute angeschlossen, damit sie wissenschaftliche Daten austauschen konnten. Für die Forschung war dies ein großer Fortschritt: Man konnte nun einer Quellenangabe oder einem Querverweis folgen, der zu einem Dokument irgendwo ganz anders auf der Welt führte. Heute nutzen wir täglich solche Verbindungen – sogenannte Links –, auch wenn sie inzwischen eher seltener zu wissenschaftlichen Dokumenten führen. Denn als dieser Dienst der Öffentlichkeit zugänglich gemacht wurde, war der Aufstieg des Webs nicht mehr aufzuhalten.

Was ist De-Mail?

Das Logo der De-Mail

De-Mail steht für Deutschland-Mail. Es ist ein von den Behörden als rechtssicher eingestuftes und gesetzlich geregeltes E-Mail-System, das von zertifizierten Anbietern betrieben wird. Die verwendete Technik soll vor allem gewährleisten, dass verschickte Dokumente von keinem Unbefugten gelesen werden können und die Zusendung ähnlich wie bei einem Einschreiben nachgewiesen werden kann. Dadurch können auch Behördenbriefe u.Ä. auf elektronischem Weg versendet werden. Um eine De-Mail-Adresse zu erhalten, muss man sich ähnlich wie bei der Eröffnung eines Bankkontos offiziell ausweisen. Momentan steckt das System allerdings noch in den Kinderschuhen und es bleibt abzuwarten, ob es sich großflächig durchsetzen wird.

Wogegen schützt eine Firewall?

Eine Firewall (englisch für Brandmauer) ist bildlich gesprochen eine Schutzmauer gegen unerlaubte Zugriffe. Dabei gibt es zwei Arten von Firewalls. Die eine ist ein Programm, das auf einem sogenannten Gateway läuft: einem Gerät, das zwei Netzwerke verbindet. Im privaten Bereich ist das typischerweise der Modem-Router. Bei großen Netzwerken gibt es einen eigenen Computer, auf dem das Firewall-Programm läuft und den man dann auch als Firewall bezeichnet. Eine solche Firewall lässt nur bestimmte Daten durch und erlaubt lediglich Zugriffe aus dem lokalen Netz ins Internet, aber nicht umgekehrt. So kann niemand aus dem Internet auf das lokale Netz hinter der Firewall zugreifen. Die andere Art ist ein Programm, das auf dem Computer immer mitläuft und kontrolliert, welche anderen Programme versuchen, sich mit dem Internet zu verbinden. Man kann bei einer solchen Firewall z. B. einstellen, dass nur die Programme auf das Internet zugreifen dürfen, denen man es explizit erlaubt. Eine solche Firewall ist beispielsweise die Windows-Firewall.

Was ist der Unterschied zwischen einem Computervirus und einem Computerwurm?

Ein Virus hängt sich an Computerprogramme an und wird mit ausgeführt, wenn sein „Wirtsprogramm“ gestartet wird. Dann kopiert es sich selbst und hängt die Kopien an weitere Programme – deshalb sind Viren „ansteckend“. Viele Viren richten nach einer gewissen Zeit – nämlich wenn sie sich nach der Einschätzung ihres Schöpfers genug verbreitet haben – Schäden an. Andere sind nur darauf programmiert, ein wenig harmlosen „Unfug“ anzurichten.

Würmer sind für sich allein lauffähige, kleine Programme. Wenn sie auf einem Computer (versehentlich) gestartet werden, sorgen sie dafür, dass sie fortan bei jedem neuen Start des Computers mit gestartet werden. Oft verschicken sie sich selbst an E-Mail-Adressen, die sie auf ihrem Wirtscomputer finden, um sich weiter zu verbreiten. Sie dienen typischerweise dazu, die Wirtscomputer für irgendwelche Dinge zu missbrauchen: z. B. unerwünschte Werbemails verschicken, Websites angreifen oder Spionagesoftware installieren.

Bedeutende Würmer/Viren	Jahr	Art	Besonderheiten/Auswirkungen
Brain	1986	Virus	benannte das Inhaltsverzeichnis befallener Disketten in „brain“ um
Freitag der 13.	1987	Virus	löschte an jedem Freitag, den 13., alle ausführbaren Dateien und verlangsamte an allen anderen Tagen nach einer halben Stunde die Rechengeschwindigkeit des befallenen Computers
Michelangelo	1992	Virus	machte am 6. März (dem Geburtstag von Michelangelo) Datenträger unlesbar
ShareFun	1997	Wurm	der erste Wurm, der sich per E-Mail verschickte.
Loveletter	2000	Wurm	E-Mail-Wurm, der mit der Betreffzeile ILOVEYOU (Ich liebe dich) verschickt wurde und weltweit Schäden in Höhe von geschätzt 10 Mrd. US-Dollar verursachte
Code Red	2001	Wurm	fuhr eine Attacke auf die ursprüngliche Adresse der Website des Weißen Hauses
Mydoom	2004	Wurm	E-Mail-Wurm, der sich am bislang schnellsten und am weitesten ausgebreitet hat. Durchsucht Adressen und Dateien und versendet sich weiter
SymbOS. Commwarrior	2005	Wurm	befällt Handys und verschickt sich selbst als MMS
Stuxnet	2010	Wurm	manipuliert Computersteuerungen für Maschinen, um diese zu beschädigen (z. B. Zentrifugen in iranischen Atomfabriken)

Ist Bezahlen über das Internet sicher?

Banken und Onlinehändler arbeiten kontinuierlich daran, die Bezahlung über das Internet sicherer zu machen. Durch verschiedene Passwörter muss der Nutzer bestätigen, dass er der Kontoberechtigte ist. Aber egal, wie man an die Passwörter kommt, ob man sie selbst festlegt, per Post oder aufs Handy geschickt bekommt oder ob sie per Fingerabdruck-Scanner am Rechner des rechtmäßigen Benutzers erzeugt wurden – letztendlich ist nur von Bedeutung, dass bestimmte Zahlen bei dem anderen Rechner ankommen. Der Empfänger kann nicht feststellen, ob sie nicht doch von einem Hacker geschickt wurden, der sie mithilfe eines Programmes gefälscht hat. Wichtig ist beim Online-Banking und Online-Shopping deshalb, dass die Daten verschlüsselt über eine sichere Verbindung geschickt werden. Man erkennt sie daran, dass in der Adresszeile des Browsers statt „http://“ nun „https://“ steht. Immer noch am sichersten ist es allerdings, auf Rechnung zu bestellen. Ist das nicht möglich, ist das Lastschriftverfahren besser als eine Kreditkartenzahlung, da hier Abbuchungen ohne Angabe von Gründen widerrufen werden können. Eine ebenfalls gute Möglichkeit ist, sich ein Konto bei Anbietern wie PayPal, ClickandBuy oder Sofort-Überweisung.de einzurichten: Dieses „Zwischenkonto“ muss man nicht mit seinem Bankkonto verknüpfen, sondern kann auch ein gewisses Guthaben dorthin überweisen. Sollte dieses Guthaben „geplündert“ werden, hält sich der Schaden zumindest in Grenzen.

„Passwörter sind wie Unterwäsche. Du darfst sie keinen sehen lassen, musst sie regelmäßig wechseln und solltest sie nicht mit Fremden tauschen.“

Chris Pirillo (geb. 1973)

Online-Shopping ist eine bequeme Alternative zum Stadtbummel. Aber seine Kreditkartendaten sollte man nicht unbedacht preisgeben.

Was bedeutet Web 2.0?

Zu Beginn wurde das Internet von den meisten Menschen lediglich dazu benutzt, um sich Informationen und Unterhaltung zu holen. Anfang des 21. Jhs. kam dann das Schlagwort „Web 2.0“ auf. Damit ist gemeint, dass das World Wide Web mittlerweile auch von den Nutzern mitgestaltet wird: Interaktive Dienste wie Facebook bieten einfache Möglichkeiten, Inhalte selbst zu erstellen und zu „posten“, also zu veröffentlichen. Die Nutzer der interaktiven Plattformen entscheiden auch, was sich im Internet verbreitet, indem sie etwas „liken“ (durch Anklicken kundtun, dass es ihnen gefällt) oder „teilen", also andere darauf aufmerksam machen. Neben Facebook ist die „Mitmach-Enzyklopädie" Wikipedia eine entscheidende Entwicklung des Web 2.0: Jeder Internetnutzer kann hier Artikel schreiben, über andere Artikel diskutieren und sie verändern.

Welche Vor- und Nachteile hat Facebook?

Facebook ermöglicht es, auf unkomplizierte Weise mit Freunden in Kontakt zu bleiben, ihnen etwas über sich mitzuteilen und etwas über sie zu erfahren. So kann man beispielsweise Fotos auf der „Timeline" – einer fiktiven Pinnwand – posten, wobei diese aber, sofern man es nicht deaktiviert, von allen „Facebook-Freunden" oder sogar von allen Facebook-Nutzern gesehen werden können. Dass die Selbstdarstellung bei Facebook quasi öffentlich ist, scheint manchen Nutzern nicht bewusst zu sein: Sie posten private Informationen und Fotos, die im Internet nichts zu suchen haben. Kritiker sprechen zudem davon, dass das soziale Netzwerk statt zu verbinden eher voneinander trennt – da „Facebook-Freunde" eben keine Freunde im richtigen Leben sind.

Der öffentliche Charakter und die Möglichkeit, viele Personen gleichzeitig zu erreichen, macht Facebook auch für Unternehmen interessant, die hier ihre Produkte bewerben – und für Menschen bzw. Organisationen, die aus einem anderen Grund eine Botschaft zu verbreiten haben: Politiker, Vereine, Verbände.

Problematisch ist außerdem, dass Facebook, ähnlich wie Google, die Daten seiner Nutzer sammelt. Das soziale Netzwerk versucht sogar aktiv, Nutzern Informationen über andere zu entlocken. So wird nach der Art der Beziehung – Onkel, Geschäftskollege, Schulkamerad usw. – zwischen Nutzern gefragt. Oder Facebook lässt Nutzer, die von anderen eingestellte Fotos betrachten, die Namen der auf den Fotos sichtbaren Personen eintragen, ohne dass diese ihre Erlaubnis zur Veröffentlichung oder Namensnennung gegeben haben.

Daumen hoch: Auf Facebook erklärt man per „Like", dass einem etwas gefällt.

Hätten Sie's gewusst?

Schutz vor Phishing

Beim Phishing wird versucht, mit gefälschten Nachrichten an wichtige Zugangsdaten des Empfängers zu kommen. Meistens sind es E-Mails, die so aussehen, als kämen sie z.B. von der Bank des Empfängers. Man wird darin aufgefordert, auf einen Link zu klicken, der auf eine gefälschte Website führt, wo Benutzerdaten und Passwort, manchmal auch unbenutzte TANs abgefragt werden – angeblich weil die Kundendatenbank aktualisiert werden soll oder weil es einen Serverausfall gegeben habe. Diese Daten gelangen dann zum Absender der Phishing-Mail, der damit an das Geld des Getäuschten kommt.

Oft entlarven sich Phishing-Mails selbst durch Merkmale wie schlechtes Deutsch und eine fehlerhafte Orthografie, besonders bei der Groß- und Kleinschreibung – denn meist kommen Phishing-Mails aus dem Ausland. Auch eine unpersönliche Anrede wie „Sehr geehrter Kunde" kann ein Indiz sein. Darauf sollte man sich allerdings nicht verlassen, da die Mails immer perfekter werden. Im Zweifelsfall hilft eine Recherche im Internet, ob gerade eine Phishing-Mail, die das entsprechende Unternehmen imitiert, im Umlauf ist. Oder man fragt direkt bei diesem Unternehmen nach.

Hätten Sie's gewusst?

Der Ursprung des Wortes googeln

Das Wort googeln hat sich im Sprachgebrauch etabliert und bedeutet, dass man im Internet etwas sucht. Es kommt vom Namen der Suchmaschine Google. Doch woher hat die ihren Namen? Er leitet sich von dem Wort Googol ab, das im Englischen eine Zahl mit 100 Nullen bezeichnet, also eine immens große Zahl. Der Name Google soll auf die große Anzahl von Informationen hinweisen, die man mit der Suchmaschine finden kann, und dass man diese in eine Ordnung bringen kann – so wie der Begriff Googol eine Zahl mit 100 Nullen fassbar macht. Ob die Änderung in die im Englischen gebräuchlichere Endung -le auf einem Rechtschreibfehler basierte oder Absicht war, ist nicht bekannt.

„Ich sage voraus, dass sich das Internet bald zu einer Supernova aufbläht und 1996 katastrophal kollabieren wird."

Robert Metcalfe (geb. 1946), Erfinder des Ethernet, im Jahr 1995

Was ist ein Online-Rollenspiel?

Bei einem Computer-Rollenspiel steuert der Spieler einen Helden in einer interaktiven Geschichte. Typisch für Rollenspiele sind die sogenannten Quests, das sind kleinere oder größere Aufgaben, die gelöst werden müssen. Bei einem Online-Rollenspiel sind mehrere, in der Regel sogar sehr viele Spieler über das Internet und einen Spielserver miteinander verbunden und erleben eine gemeinsame Spielwelt, in der sie sich gegenseitig unterstützen oder auch bekämpfen können. Es gibt hier typischerweise auch Quests, die von einem einzelnen Spieler allein nicht gelöst werden können, sondern die Zusammenarbeit mehrerer, oft auch unterschiedlich spezialisierter Spielfiguren erfordern.

Eines der bekanntesten Rollenspiele, *World of Warcraft*, entführt den Spieler in eine Fantasy-Welt.

Internet & Co. für unterwegs: mobile Geräte

Das herkömmliche Telefon hat den Weg geebnet: Plötzlich konnte man direkt mit jemandem kommunizieren, ohne ihn aufsuchen zu müssen. Das Mobiltelefon hat diese Möglichkeit erweitert, weil man nicht mehr an ein „Festnetz" gebunden ist. Der Zugriff auf das Internet per Smartphone oder Tablet bietet noch mehr Komfort: Vom Busfahrplan über den Staumelder bis zum Restauranttipp sind viele praktische Informationen unterwegs abrufbar.

War das Autotelefon der Vorgänger der Handys?

Im Hinblick auf die Idee, mobil telefonieren zu können, war es das sicherlich. Allerdings gibt es bedeutende technische Unterschiede und das alte Autotelefon war das Statussymbol einiger weniger – nicht nur wegen der hohen Kosten, sondern auch, weil die analoge Funktechnik der damaligen Zeit nicht dafür geeignet war, sehr viele Funkverbindungen gleichzeitig zu betreiben. Das moderne Mobiltelefonsystem ist dagegen von vornherein dafür ausgelegt, einer Vielzahl von Nutzern einen Zugang zu ermöglichen, da die digitale Datenübertragung eine hohe Zahl von Gesprächen gleichzeitig ermöglicht.
Ein großer technischer Unterschied zwischen dem modernen Mobiltelefon und dem alten Autotelefon besteht auch darin, dass das Mobilfunknetz ein Handy problemlos überall finden kann, solange es Kontakt zu einer Mobilfunkstation hat – man kann also immer auf einem Handy anrufen. Wenn man jemanden auf seinem Autotelefon anrufen wollte, musste man seinen ungefähren Standort kennen und über das dortige Ortsnetz anrufen.

Handy

Wie sich der Begriff Handy als gebräuchliche Bezeichnung für das Mobiltelefon im deutschsprachigen Raum etabliert hat, weiß man nicht so genau. Zum einen nannten CB-Funker einen handlichen Empfänger so, zum anderen produzierte Motorola bereits im Zweiten Weltkrieg das *Handie Talkie*, das erste Funkgerät, das man in der Hand halten konnte. Im Englischen gibt es das Wort *handy* hingegen nur als Adjektiv für handlich/praktisch und ist als Synonym für das Mobiltelefon völlig unbekannt.

„Unerreicht sind nur noch Leute ohne Handy."

Klaus Klages (geb. 1938)

Mobilfunkmasten, wie hier auf einem Dach in Berlin, sorgen zwar dafür, dass man überall und jederzeit mit dem Handy erreichbar ist. Die von den Masten ausgehende Strahlung ist aber äußerst umstritten und wird von Kritikern immer wieder mit Krebserkrankungen in Zusammenhang gebracht.

Hätten Sie's gewusst?

Das erste Mobiltelefon

Der erste Prototyp eines Mobiltelefons wurde 1973 von Motorola gebaut. Sein Entwickler Martin Cooper (geb. 1928), einer der leitenden Forscher von Motorola, rief damit seinen Konkurrenten Joel Engel, den Technik-Chef des US-Telekommunikationsunternehmens AT&T von der 5th Avenue in New York aus an. Allerdings waren von da an noch viel Zeit, Geld und Arbeit notwendig, bis der erste Kunde 1984 das erste serienmäßig hergestellte Mobiltelefon von Motorola in die Hand nehmen konnte – nachdem er 3995 US-Dollar dafür bezahlt hatte.

Auf diesem 2007 aufgenommenen Foto posiert Martin Cooper mit dem Mobiltelefon-Prototyp von 1973.

Wie können Handys geortet werden?

Die Verbindung, die ein Handy zum Netz hat, läuft immer über den nächstgelegenen Funkmast. Da diese Masten heutzutage recht dicht stehen – in einer Entfernung von 100–500 m in Städten, auf dem Land 2–5 km –, lässt sich auf jeden Fall feststellen, wo das Handy ungefähr ist. Wenn ein Handy sich in der Reichweite von mindestens drei Funkmasten befindet, kann man es auch „einpeilen" und seine Position manchmal bis auf 25 m genau bestimmen. Ganz einfach kann man Handys mit eingebautem GPS orten und zwar per Ortsbestimmung via Satellit. Smartphones haben generell eine GPS-Funktion – sie lässt sich allerdings deaktivieren.

Was ist der Unterschied zwischen Laptop, Tablet und Smartphone?

Ein Laptop ist im Prinzip ein üblicher PC in einer kompakten Bauweise, bei dem die Tastatur direkt am Gehäuse sitzt und der Bildschirm klappbar daran angebracht ist. Auch das Tablet ist ein Computer, der aber so flach gebaut ist, dass er zusammen mit dem Monitor in ein sehr dünnes Gehäuse passt. Es gibt auch keine Tastatur – dafür besitzt das Tablet einen Bildschirm, der Berührungen mit dem Finger erkennen kann, sodass man durch Tippen und Wischen Eingaben machen kann. Und das Smartphone ist im Prinzip ein kleines Tablet, in dem gleichzeitig ein Mobiltelefon eingebaut ist. Es gibt aber auch schon Tablets, mit denen man telefonieren kann.

GPS

Diese Abkürzung steht für *Global Positioning System*: globales Positionsbestimmungssystem. Es funktioniert mithilfe von Satelliten, die sich in der Erdumlaufbahn bewegen. Diese Satelliten funken permanent ihren Standort nach unten. GPS-Geräte werten diese Signale aus und können dann berechnen, wo sie sich gerade befinden.

„Mit Walkman, iPod®, Handy und anderen transportablen Kommunikationsgeräten ist der Mensch längst zu einem Tonträger geworden."

Willy Meurer (geb. 1934)

Was ist eigentlich „smart" am Smartphone?

Smart bedeutet klug und soll als Bestandteil der Bezeichnung Smartphone aussagen, dass das Mobiltelefon eine eigene „Intelligenz" hat: einen eingebauten Computer. Und schließlich war es auch eine wirklich kluge Idee, ein Mobiltelefon mit einem Computer zu kombinieren, sodass man fast überall auch von unterwegs Zugang zum Internet hat.

Was bezeichnet man als Roaming?

Wenn man sein Handy einschaltet, verbindet es sich normalerweise mit dem Mobilfunknetz des Betreibers, mit dem man seinen Vertrag hat. Wenn man im Ausland ist, erreicht man jedoch in der Regel das eigene Netz nicht. Dann sucht das Handy die örtlichen Netze und verbindet sich mit einem davon. Und das stellt wiederum die Verbindung zum eigenen Netz her. Diese Technik nennt man Roaming. Allerdings können dafür zusätzliche Gebühren fällig werden – und zwar nicht nur, wenn man jemanden anruft, sondern auch, wenn man angerufen wird. Die EU erlässt aber seit 2007 regelmäßig Verordnungen, um diese Gebühren immer weiter nach unten zu korrigieren.

Was ist eine Flatrate?

Eigentlich ist eine Flatrate eine altbekannte Sache, nämlich ein Tarif, bei dem man etwas für eine feste Gebühr beliebig viel nutzen kann – wie den Bus mit einer Monatskarte oder das Schwimmbad mit einer Jahreskarte. Beim Telefon und bei Internetzugängen versteht man darunter, dass man für den Anschluss lediglich eine feste Monatsgebühr bezahlt und dafür so lange telefonieren bzw. surfen kann, wie man will. Bei Internet-Flatrates gibt es dabei aber oft einen Haken, nämlich wenn sie eine sogenannte Volumenbegrenzung haben. Man kann zwar beliebig lange online sein, aber wenn dann eine bestimmte Menge an Daten übertragen wurde, muss man in manchen Fällen für die weitere Nutzung extra bezahlen. Bei mobilen Internetzugängen ist die Variante verbreitet, dass man nur eine bestimmte Menge von Daten mit der eigentlichen Geschwindigkeit des Zugangs übertragen kann. Ist das Kontingent aufgebraucht, kann man zwar weiter surfen, aber nur mit stark verminderter Geschwindigkeit. Bei solchen Angeboten muss man genau prüfen, ob das erlaubte Datenvolumen für die eigenen Surf-Gewohnheiten ausreicht.

Telefonieren in Paris? Achtung: Das kann Extra-Gebühren kosten!

Gibt es versteckte Kosten, wenn man ein Smartphone nutzt?

Wenn man keine Flatrate hat, kann vor allem das Surfen mit dem Smartphone teuer werden. Deshalb sollte man unbedingt darauf achten, die Datenverbindung zu deaktivieren, wenn man das Smartphone nicht benutzt – denn sonst greifen Programme, die auf dem Gerät installiert sind, automatisch auf das Internet zu, ohne dass man davon etwas merkt.

Versteckte Kosten aus dem eigentlichen Vertrag sollte es normalerweise nicht geben. Allerdings gibt es bei den Anbietern von Apps – den kleinen Programmen, die man sich herunterlädt – schwarze Schafe: Typisch sind Kosten, die bei der Benutzung einer App fällig werden und die irgendwo im „Kleingedruckten" versteckt sind. Der Gesetzgeber versucht, solche Praktiken zu unterbinden: Inzwischen muss auch auf der Seite, wo man die App herunterlädt, auf sogenannte In-App-Käufe hingewiesen werden.

Was ist eine App?

App ist die Kurzform von *Application*, also Anwendung. Man bezeichnet damit Programme für Smartphones und Tablets, die schnell und einfach aus sogenannten App Stores heruntergeladen und installiert werden können. Es gibt kostenlose Apps – von ihnen erwartet sich der Anbieter z. B. eine Umsatzsteigerung. Eine solche App zeigt das nächste Restaurant an und dessen Speisekarte oder die neuesten Angebote beim Discounter. Außerdem gibt es Apps, die ein paar Cent bis ein paar Euro kosten und auf irgendeine Art und Weise nützlich oder unterhaltsam sind, ohne einen werblichen Hintergrund zu haben – beispielsweise ein Fitnessprogramm oder ein Spiel. Bei dieser Variante verdient der Anbieter am Kaufpreis der App.

Wofür ist ein Hotspot zu gebrauchen?

Ein Hotspot ist ein WLAN-Zugriffspunkt in öffentlich zugänglichen Bereichen, etwa in Gaststätten, Bibliotheken, Flughäfen usw., über den man sich mit Smartphone, Tablet oder Laptop schnell und einfach ins Internet einloggen kann. Es gibt kostenlose Hotspots, die als Service etwa für die Gäste eines Cafés betrieben werden, und solche, für die man einen kostenpflichtigen Account benötigt. Vorsichtig sein sollte man in beiden Fällen mit sensiblen Daten, die bei einer solchen Verbindung besonders leicht von Unbefugten ausgelesen werden können.

Was transportiert eine SMS und was eine MMS?

SMS steht für *Short Messaging Service*, Kurznachrichtendienst, und MMS für *Multimedia Messaging Service* – also in etwa „Dienst für Nachrichten mit multimedialem Inhalt". Allerdings hat es sich schnell eingebürgert, die Nachricht selbst als SMS oder MMS zu bezeichnen. Per SMS kann man kurze

Textnachrichten von Mobiltelefon zu Mobiltelefon verschicken. Bei einer MMS gibt es zusätzlich die Möglichkeit, Bilder, Audiodateien oder kleine Präsentationen an die Nachrichten anzuhängen.

Was ist WhatsApp?

WhatsApp ist ein Kurznachrichtendienst, der dem Versenden von SMS- und MMS-Nachrichten ähnelt, aber vom Mobiltelefon aus über das Internet funktioniert. Wer eine Datenflatrate hat, zahlt hier also keine zusätzlichen Gebühren. Der Name ist ein Wortspiel mit *What's up?*, dem englischen Ausdruck für „Was gibt es?" oder „Was ist los?" und App, weil das zugehörige Programm eine App für Smartphones und Tablets ist. Kritisiert wird WhatsApp, das 2014 von Google aufgekauft wurde, wegen der unsicheren Datenübertragung. Deshalb gibt es inzwischen alternative Apps, die ein Verschlüsselungssystem benutzen, darunter das schweizerische Threema.

Wie macht man Selfies – und warum?

Selfies sind Selbstporträts, die man typischerweise mit der Kamera eines Handys oder der eines Tablets von sich macht: Man hält das Gerät auf Armeslänge von sich weg und richtet es auf sich. Manche Smartphones haben dafür eine extra Kamera an der Vorderseite des Geräts. Dann sieht man beim Fotografieren den Monitor und kann Bildausschnitt, Licht etc. prüfen.
Die Charakteristik von Selfies ist keine besondere Ästhetik, sondern dass ein Moment, eine Stimmung eingefangen wird. Sehr oft werden sie von Leuten gemacht, die schnell ein Foto von sich brauchen, weil sie es auf ihre Seite in einem sozialen Netzwerk stellen wollen. Man kann ein Selfie auch an eine E-Mail oder eine MMS-Nachricht hängen, um jemanden zu grüßen oder beispielsweise der besten Freundin zu zeigen, wie man mit der neuen Frisur aussieht.

Früher war man auf der Jagd nach Autogrammen, heute macht man Selfies von sich und den Stars. Hier posieren Fans mit dem ehemaligen englischen Fußballstar David Beckham.

Rekord!

Die schnellste SMS

Den Weltrekord im Tippen von SMS (160 Zeichen) hält laut *Guinness Buch der Rekorde* der Brasilianer Marcel Fernandes Filho. Er war 17 Jahre alt, als er Ende 2014 diesen nicht gerade einfachen Text in 18,19 Sekunden auf einem Touchscreen tippte: „The razor-toothed piranhas of the genera Serrasalmus and Pygocentrus are the most ferocious freshwater fish in the world. In reality they seldom attack a human."

Medien

Bücher, Zeitschriften, Radio, Fernsehen – schon vor der Zeit des Internets (s. S. 206) hatten die Menschen vielfältige Möglichkeiten, sich zu informieren und zu unterhalten. Die Medien sind aus der heutigen Welt nicht mehr wegzudenken und man kann sich gar nicht vorstellen, wie sich die Menschen früher in ihrer Freizeit beschäftigt haben. Dabei ist es noch gar nicht so lange her, dass es Fernsehprogramme nur zu einigen Stunden am Tag gab. Die große Auswahl heutzutage hat wie alle Dinge zwei Seiten: Wer die Wahl hat, hat die Qual. Es ist oft nicht einfach, aus dem Angebot das vermeintlich Beste herauszufinden. Da hilft es dann doch, einfach mal wieder ein gutes Buch zu lesen.

Hörfunk – ein Medium für die Ohren

Heute läuft das Radio meistens eher im Hintergrund und versorgt uns ganz nebenbei mit Musik und Informationen zu allen möglichen Themenbereichen. Aber das war nicht immer so: Bevor das Fernsehen erfunden und zum Massenmedium wurde, versammelten sich die Menschen vor den Radiogeräten, um neuartige Musik, Nachrichten und Magazine aus aller Welt zu hören.

Woher kommt das Wort Radio?

Der Begriff leitet sich von dem lateinischen Wort *radius* ab: Strahl. Physikalisch korrekt formuliert, empfängt das Radio aber keine Strahlen, sondern Wellen. Schon im 19. Jh. wusste man, dass sich elektromagnetische Kräfte wellenartig ausbreiten. Der Physiker Heinrich Hertz (1857–1894) erzeugte als Erster sogenannte Radiowellen: elektromagnetische Wellen, die als sogenannte Trägerwellen Informationen (z. B. Sprache) transportieren. Ein Gerät, das diese Wellen empfängt und in hörbaren Schall umwandelt, nennt man Radiogerät – kurz Radio.

Heinrich Hertz im Alter von ca. 33 Jahren. Kurz darauf erkrankte er an einer Granulomatose (Gefäßkrankheit) und starb mit nur 36 Jahren.

Wie unterscheiden sich Kurz-, Mittel- und Langwelle?

Radiowelle ist nicht gleich Radiowelle. Einige weisen nur 20 oder 30 Schwingungen pro Sekunde auf, andere bis zu 300 Mio. Und sie sind auch unterschiedlich lang: Ultrakurzwellen (UKW) sind zwischen 1 und 10 m lang, Kurzwellen reichen von 10–100 m. Radiowellen von über 100 m bis zu 1 km Länge nennt man Mittelwellen, Langwellen können es auf 10 km bringen. Von den Wellenlängen sind die Frequenzen abhängig, die in Hertz angegeben werden. Jede Rundfunkstation sendet auf einer eigenen Frequenz.

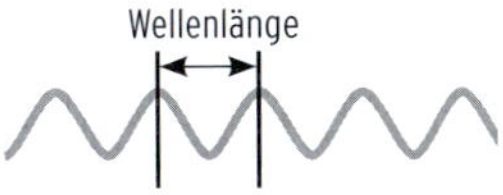

Viele Wellenkämme und -täler pro Zeiteinheit: hohe Frequenz

Wenige Wellenkämme und -täler pro Zeiteinheit: niedrige Frequenz

Frequenz

Die Frequenz gibt die Anzahl der Schwingungen pro Zeiteinheit an. Bei einer Welle ist die Frequenz mit der Wellenlänge verknüpft: Eine kurze Welle hat eine hohe Frequenz. Als Maßeinheit verwendet man Hertz, abgekürzt Hz.

Was verbirgt sich hinter einem Podcast-Angebot?

Das englische Wort für Rundfunk heißt *broadcast*. Es bezeichnet das fürs Radio bislang bekannte Prinzip: Eine Rundfunkanstalt sendet zu einer bestimmten Zeit ein bestimmtes Programm, das viele genau zur selben Zeit hören können. Ein Podcast dagegen ist ein Radiobeitrag, der übers Internet übertragen wird und vom Nutzer angehört werden kann, wann immer er will. Der Begriff setzt sich zusammen aus *broadcast* und iPod®, dem ersten mobilen Empfangsgerät der Marke Apple. Neutraler, aber weniger gebräuchlich ist die Bezeichnung Netcast.

Welche Radiosendung war die erste in Deutschland?

Das erste Unterhaltungsprogramm wurde am 29. Oktober 1923 um 20 Uhr aus dem Berliner Vox-Haus gesendet. Der Inhalt: eine Stunde Musik. Die Künstler waren live im Studio und wurden vorgestellt, bevor sie zwölf Stücke präsentierten. Den Abschluss bildete das Deutschlandlied. Übrigens startete keine sechs Monate später der Bayerische Hörfunk – ebenfalls mit Musik.

In den 1920er-Jahren gab es „Konzert-Aufnahmeräume", in denen Musik für den Rundfunk eingespielt wurde.

Was ist beim sogenannten Funkerspuk passiert?

Bis 1922 lag der Rundfunk in Deutschland ausschließlich in den Händen der Regierung. Wolffs Telegraphisches Bureau (W.T.B.) in Berlin, 1849 gegründet durch den jüdischen Verlags- und Nachrichtenunternehmer Bernhard Wolff, diente als Zentrale des deutschen Pressenachrichtenwesens und war bis zum Ende des Ersten Weltkriegs unmittelbar von der Monarchie beeinflusst. Am 9. November 1918 wurde es von Soldaten der ehemaligen Funkertruppe besetzt – und der Funkerspuk begann. Die Revolutionäre verkündeten irreführende und falsche Meldungen, mit denen sie bestimmte Geschehnisse einfach vorwegnahmen: die Abdankung des Kaisers und den Sieg der Revolution.

Hätten Sie's gewusst?

Seit 1924 beginnt das Programm von BBC Radio 4 täglich gleich

Das Programm des beliebten britischen Senders beginnt jeden Tag mit dem Seewetterbericht, und zwar pünktlich um 5.20 Uhr. Das war nur ein einziges Mal anders: Am 30. Mai 2014 kam es zu einer Panne, der Seewetterbericht fiel aus.

Womit schrieb Orson Welles 1938 Radio-Geschichte?

Es war der Abend vor Halloween. Aus dem Radio ertönte Tangomusik, dann der Wetterbericht. Plötzlich wurde das Programm „aus aktuellem Anlass“ unterbrochen. Es habe eine Explosion auf dem Mars gegeben. Es folgt ein Bericht von einer Invasion Außerirdischer. Das Ganze gehörte zum Hörspiel *Der Krieg der Welten* in der Inszenierung von Orson Welles (1915–1985).

Orson Welles (o. li.) während der Aufnahmen zu *Der Krieg der Welten*

Der Krieg der Welten

Der Science-Fiction-Roman des englischen Schriftstellers H. G. Wells (1866–1946) erschien 1898. Er handelt von einem Angriff der Marsianer auf das Vereinigte Königreich. Die Menschen unterliegen den Außerirdischen, aber am Ende werden diese von den Bakterien der Erde doch noch besiegt, da deren Immunsystem nicht an die Bedingungen auf der Erde angepasst war.

Er hatte es am Vortag aufgenommen und mit Musik unterlegt. Die Hörer hatten den Eindruck, einem üblichen Musikprogramm zu lauschen, das hin und wieder für die neusten Nachrichten der Invasion unterbrochen wurde. Daher dachten manche Zuhörer, es gehe um eine echte Bedrohung und waren entsprechend aufgebracht. Nur wer ganz am Anfang eingeschaltet hatte, wusste, dass ein Hörspiel lief. Dieses Hörspiel und die nachfolgenden Pressemeldungen machten den jungen Orson Welles berühmt.

Wie wird man Radiomoderator?

Die meisten Moderatoren im Hörfunk haben ein Journalistik- oder Publizistikstudium an einer öffentlichen Hochschule oder an einer privaten Schule, etwa der RTL Journalistenschule für TV und Multimedia, hinter sich. Fast immer folgt ein Volontariat, bei dem nach der theoretischen Ausbildung praktische Kenntnisse erworben werden. Auch Stimmbildung und Aussprache gehören dazu.

Welche Aufgabe hat die GEMA?

Hinter der Abkürzung steckt die Gesellschaft für musikalische Aufführungs- und mechanische Vervielfältigungsrechte. Sie nimmt sowohl die Rechte von Komponisten, Musikverlegern als auch die von Textdichtern wahr. Das heißt, sie kassiert Gebühren für öffentlich gespielte Musik und verteilt diese an die Musikschaffenden. Ihre Aufgabe ist also der Schutz des geistigen Eigentums ihrer Mitglieder, das deren Einkommen und damit auch deren kreative Arbeit sichert.

„Wenn Sie eine markante und einprägsame Stimme besitzen, können Sie den größten Käse erzählen, der Klang Ihrer Stimme wird den Hörern dennoch in Erinnerung bleiben.“

Werner Hansch (geb. 1938), dt. Sportreporter

TV – ein Medium fürs Auge

Das Medium Fernsehen ist allgegenwärtig und erscheint heute den meisten unverzichtbar: Über vier Stunden verbringen wir im Durchschnitt pro Tag vor dem TV-Gerät. Und das Fernsehen hat nicht nur unser Freizeitverhalten und unsere Sehgewohnheiten verändert, sondern durch seine Berichterstattung auch großen Einfluss auf Politik und Geschichte.

Wie finanzieren sich öffentlich-rechtliche Sender?

Die Finanzierung wird über die Rundfunkgebühren realisiert. So will es der Rundfunkstaatsvertrag, der zwischen den Bundesländern besteht. Bis Ende 2012 war die GEZ, die Gebühreneinzugszentrale, die ausführende Institution. Sie leitete die Gelder der Rundfunknutzer an die Landesanstalten weiter. Während man früher ein Empfangsgerät, also einen Fernseher oder ein Radio brauchte, um gebührenpflichtig zu sein, wird die Abgabe seit 2013 solidarisch von jedem Haushalt und Unternehmen sowie von Organisationen entrichtet. Die unbeliebte GEZ wurde in diesem Zuge umbenannt in ARD ZDF Deutschlandradio Beitragsservice.

Was macht der Rundfunkrat?

Der Rundfunk blickt auf eine lange Geschichte zurück, während der die Sendeanstalten politisch gelenkt oder sogar zu Propagandazwecken missbraucht wurden. Um das zu verhindern und finanzielle Unabhängigkeit zu gewährleisten, wurden Verträge und Gesetze beschlossen. Darin ist unter anderem der Rundfunkauftrag geregelt, der einer freien Meinungsbildung dienen soll. Der Rundfunkrat jedes Senders soll die Erfüllung dieses Auftrags überwachen, indem er etwa Intendanten und Direktoren wählt, Aufgaben und auch Ausgaben plant oder auch Entscheidungen zur Programmgestaltung trifft. Seine Mitglieder werden gewählt und kommen aus unterschiedlichen gesellschaftlichen Gruppen, aus Organisationen wie Gewerkschaften, Verbänden und auch aus den Landeskirchen. Der Rundfunkrat soll also repräsentativ für die Bundesrepublik Deutschland sein.

Hätten Sie's gewusst?

Geheimdienstmethoden bei der GEZ?

Als man noch die GEZ-Gebühren nur dann bezahlen musste, wenn man auch tatsächlich ein Radio- und/oder TV-Gerät besaß, meldeten manche ihre Geräte nicht an. Diesen Leuten statteten Kontrolleure gern einen Hausbesuch ab – hineinlassen musste man sie aber rechtlich gesehen nicht. Und so machte das Gerücht die Runde, die GEZ besäße sogenannte Peilwagen, mit denen sie auch von außen feststellen konnten, ob in einer Wohnung Hörfunk und Fernsehen empfangen wurden. Und tatsächlich sah man manchmal Kleinbusse mit Antenne auf dem Dach durch Wohngebiete fahren. Allerdings handelte es sich dabei um Autos von der Telekom oder anderen Kommunikationsanbietern auf der Suche nach elektromagnetischen Störfeldern. Auch sie wurden in Zeiten des digitalen Empfangs seltener – und Peilwagen der GEZ hat es nie gegeben.

Wie werden Einschaltquoten ermittelt?

In Deutschland besitzen 5500 zufällig ausgewählte Haushalte eine Quotenbox, auch GfK-Meter genannt. Dieses Messgerät der Gesellschaft für Konsumforschung (GfK) erfasst sämtliche Aktivitäten des Fernsehgeräts. Es registriert, wann ein-, um- und ausgeschaltet wird. Zusätzlich wird jedes Mitglied des Haushalts extra registriert und muss sich an- und abmelden, sobald die Person beginnt oder aufhört, fernzusehen. Das Ergebnis wird von 5600 auf rund 40 Mio. existierende TV-Apparate hochgerechnet. Diese Stichprobe ist einigermaßen repräsentativ – ganz exakt ist die Hochrechnung aber natürlich nicht.

Messgerät zur Erfassung der Einschaltquoten: Es ist nicht nur wichtig, wie oft geschaut wird, sondern auch wer schaut.

Was ist die Primetime?

Übersetzt handelt es sich um die „beste Zeit", und das ist aus wirtschaftlicher Sicht durchaus wörtlich gemeint – denn dann ist die Werbeminute am teuersten. Die *Primetime*, auf Deutsch Hauptsendezeit, bezeichnet die Phase mit den meisten Zuschauern bzw. Zuhörern. Bei den großen Sendern beginnt die Primetime um 20 Uhr. Bei den öffentlich-rechtlichen Sendern, die sich nicht durch Werbung finanzieren, ist dann allerdings unterbrechungsfreie Zone. Die teuerste Werbeminute in der ARD – die „Best Minute" – beginnt um 19.59 Uhr vor der *Tagesschau*.

Wann wurde das Fernsehen farbig?

Am 25. August 1967 fiel in Deutschland der Startschuss für das Farbfernsehen. Vorausgegangen war eine beinahe fünf Jahre dauernde Forschungs- und Erprobungsphase, in deren Verlauf auch Geräte Farbbilder zeigen konnten, die zuvor nur Schwarz-Weiß-Aufnahmen abspielten. 200 Mio. DM waren schließlich investiert worden, als Willy Brandt (1913–1992) während der Funkausstellung in Berlin den Knopf drückte, der von Schwarz-Weiß- auf Farbfernsehen umschalten sollte. Der Knopf war allerdings nur eine Attrappe, und die Farbe wurde von den Technikern zwei Sekunden zu früh zugeschaltet. Diese Panne bemerkten die meisten Zuschauer allerdings gar nicht, da sie noch keinen Farbfernseher besaßen.

Willy Brandt gibt 1967 den Startschuss für das Farbfernsehen.

Seit wann gibt es private Fernsehsender?

Am 1. Januar 1984 ging das heutige SAT.1 unter dem Namen Programmgesellschaft für Kabel- und Satellitenrundfunk (PKS) auf Sendung. Einer kleinen Ansprache folgte die *Feuerwerksmusik* von Händel, danach lief die Doku-Serie *Abenteuer Wildnis*. Am Tag darauf folgte RTL Plus. In den USA gibt es bereits seit den 1940er-Jahren Privatsender, die sich nicht durch öffentliche Gelder finanzieren, in England seit den 1950er-Jahren. In Deutschland bereitete das sogenannte 3. Rundfunk-Urteil des Bundesverfassungsgerichts den Weg für privates Fernsehen, das Rundfunkfreiheit sicherstellen sollte. Der erste Pay-TV-Sender startete in Deutschland 1986: In und um Hannover konnte gegen Extra-Gebühr der Teleclub empfangen werden, aus dem 1990 der bekannte Sender Premiere (heute Sky) wurde.

„Ich bin nicht dumm genug, um das deutsche Fernsehen ernst nehmen zu können."

Hans-Joachim Kulenkampff (1921–1998), dt. Schauspieler und Showmaster

Aufnahmen im Studio der PKS. Produziert wurde in einem Kellerstudio in Ludwigshafen.

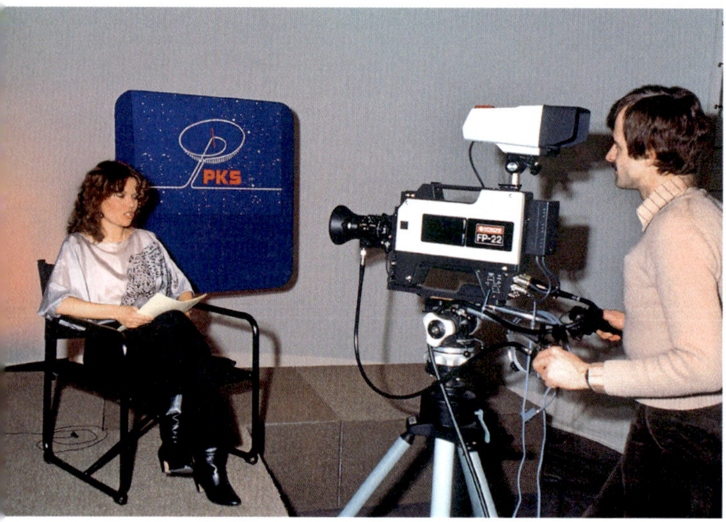

Pay-TV

Beim Pay-TV, im deutschsprachigen Raum auch Bezahlfernsehen genannt, abonniert der Kunde ein Paket aus Sendern, die ein bestimmtes Interessengebiet abdecken. Ein typisches Angebot ist z. B. das Sportfernsehen. Damit auch nur zahlende Kunden diese Programme sehen können, werden diese verschlüsselt ausgestrahlt. Mit einem speziellen Gerät und einer Karte zum Einstecken, der SmartCard, entschlüsseln Pay-TV-Kunden das Programm: Die empfangenen Signale werden in sichtbare Fernsehbilder umgewandelt.

Qualitätsmerkmal HD. Was steckt eigentlich dahinter?

Die beiden Buchstaben stehen für den englischen Begriff *High Definition*, das bedeutet hohe Auflösung. Tatsächlich wird damit geworben, dass mit HD eine bis zu fünffache Auflösung erreicht werden kann. Das führt zu mehr Detailgenauigkeit, größerer Farbtiefe und schärferen Kontrasten. Was in den USA seit einigen Jahren Standard ist, wird in Europa gerade nach und nach eingeführt. Um in den Genuss der höheren Qualität zu kommen, benötigt man ein Gerät, das in der Lage ist, die Fülle an Bildpunkten darzustellen. Solche Fernseher sind mit dem Label „HD ready 1080p" gekennzeichnet.

HD ready 1080p

Was bedeutet FSK?

Hinter dieser Abkürzung verbirgt sich die Freiwillige Selbstkontrolle. Diese Organisation prüft die sogenannte Altersfreigabe von Filmen, die öffentlich gezeigt oder auf Medienträgern angeboten werden sollen. Ihre Entscheidung bestimmt beispielsweise maßgeblich darüber, um welche Uhrzeit ein Film gezeigt werden darf. Seit 1949 ist die FSK für den Jugendschutz im Einsatz. Sie hat auch die Entwicklung eines Jugendschutzgesetzes in Deutschland beeinflusst, in dem eine Sortierung von Filmen nach geeigneten Altersgruppen eingeführt wurde.

Hätten Sie's gewusst?

Berühmte TV-Pannen

Gleich zwei asiatischen Fernsehsendern ist eine ähnliche Panne passiert: Zum Tod der britischen Politikerin Margaret Thatcher (1925–2013) zeigte der eine ein Bild von Queen Elisabeth II. (geb. 1926), der andere eines der Schauspielerin Meryl Streep (geb. 1949), die Thatcher auf der Leinwand verkörperte.
Darüber gab es in Deutschland viel Schadenfreude:

Sendung	Datum	Panne
Quizduell	12.05.2014	Eigentlich sollen die Studiokandidaten gegen die Nutzer der gleichnamigen App spielen – aber das System fällt vermutlich wegen eines Hackerangriffs aus und Moderator Pilawa lässt ganz konventionell gegen das Studiopublikum quizzen.
Tagesschau	21.06.2008	Zum Fußballländerspiel Türkei–Deutschland wird die deutsche Fahne in Rot-Schwarz-Gold abgebildet.
Ziehung der Lottozahlen	30.07.2005	Weil ein Computer ausgefallen war, werden die Lottozahlen manuell eingegeben – bei der Zusatzzahl wird dabei aus der 18 eine 8.
Sabine Christiansen	18.12.2005	Publizist Rudolf Hickel (geb. 1942) doziert statt mit erhobenem Zeigefinger mit dem Mittelfinger.
Johannes B. Kerner	25.10.2002	Moderator und Talkgast Hans Meiser (geb. 1946) stürzt kurz nach dem Betreten des Studios.
Tagesschau	17.02.2000	Eine Reinigungskraft grüßt freundlich und leert den Mülleimer, während Sprecherin Susanne Daubner die Nachrichten verliest.
Tagesschau	02.04.1988	Dagmar Berghoff (geb. 1943) verkündet das Ergebnis des WTC-Turniers, sagt aber WC-Turniers. Daraufhin hat sie einen Lachanfall, der während des Verlesens der Lottozahlen anhält.
Neujahrsansprache	31.12.1986	Statt der aktuellen Aufzeichnung flimmert Helmut Kohls (geb. 1930) Rede vom Vorjahr über den Bildschirm – die Kassetten waren verwechselt worden.
Das aktuelle Sportstudio	21.07.1973	Der Klassiker: Carmen Thomas spricht vom Fußballverein Schalke 05 anstatt Schalke 04.

Printmedien – schwarz auf weiß und ziemlich bunt

Für viele gehört die Zeitung zum Start in den Tag einfach dazu. Sie informiert über das aktuelle Geschehen in der Region und in der Welt. Heute wird die gedruckte Zeitung immer mehr durch digitale Formen wie Websites oder Apps abgelöst – ob ihre Inhalte darunter leiden oder nur die äußere Form sich ändert, wird kontrovers diskutiert. Ähnlich geht es den anderen Printmedien, der Zeitschrift und dem Buch, die auch immer öfter online oder als E-Book gelesen werden.

„Die Zeitungen sind die Sekundenzeiger der Geschichte."

Arthur Schopenhauer (1788–1860), dt. Philosoph

Wie kommt die Nachricht in die Zeitung?

Die erste Frage lautet wohl: Was ist es überhaupt wert, in der nächsten Ausgabe erwähnt zu werden? Dafür werden in der Redaktion zunächst die zur Verfügung stehenden Meldungen gesichtet. Die kommen unter anderem von Nachrichtenagenturen wie der Deutschen Presse-Agentur, kurz dpa. Journalisten in der ganzen Welt beschaffen diese Meldungen und versorgen damit die Redaktionen. Die dortigen Mitarbeiter entscheiden, was eine Titelgeschichte und was eine Randnotiz werden kann. Dann machen sie sich an die Arbeit, recherchieren z. B. die Hintergründe und führen Interviews. Eigene Fotografen sorgen für passendes Bildmaterial, oft wird es aber auch schon von den Agenturen angeboten. Die regionalen Themen werden von Lokalreportern vor Ort gesucht und recherchiert. Mediengestalter setzen dann sämtliche Texte und Abbildungen zu einem ansprechenden Ganzen zusammen, Schlussredakteure werfen einen prüfenden Blick auf Rechtschreibung und mögliche Fehler. Dann wird die Zeitung gedruckt bzw. ins Internet gestellt.

Wie sind Zeitungen klassisch aufgebaut?

Die Tageszeitung besteht aus mehreren Themengebieten, Ressorts genannt. Sie verteilen sich auf verschiedene „Bücher": So nennt man die einzelnen Papierlagen. Die Ressorts Politik und Wirtschaft haben ihren Platz immer ganz weit vorne. Es folgen Kultur, Lokales und Sport. Ein zusätzliches Buch kann einem Spezialthema ge-

Rekord!

Die erste Zeitung der Welt

1605 kam in Straßburg die erste Zeitung in den Handel. Sie trug den Titel *Relation aller Fürnemmen und gedenckwürdigen Historien*, kurz *Relation*. Verleger Johann Carolus (1575–1634) ließ sich von verschiedenen Korrespondenten, die an den wichtigsten Postrouten stationiert waren, Neuigkeiten schicken. Diese veröffentlichte er wöchentlich.

Als erste Tageszeitung gilt das Blatt *Einkommende Zeitungen*, das 1650 in Leipzig erschien.

Schriftzug der *Einkommenden Zeitung*

Kolumne

Eine Kolumne ist ein kurzer Text mit großen Möglichkeiten. Der Kolumnist darf nämlich, was der Journalist sonst streng zu vermeiden hat: seine Meinung zum Ausdruck bringen. Häufig geschieht das humorvoll oder ironisch, auf jeden Fall im ganz eigenen Stil des Schreibers. Eine Kolumne ist immer an der gleichen Stelle und unter einem bestimmten Namen zu finden – das unterscheidet sie vom Kommentar, zu dem die Grenzen sonst aber fließend sind.

widmet sein, etwa einem Sportereignis wie den Olympischen Spielen. Oder es erscheint regelmäßig eine Fernsehbeilage, ein Immobilien- oder Reiseteil. In jedem Buch gibt es klassische Berichte, aber auch Kommentare und Kolumnen. Da Zeitungen in erster Linie von Werbung leben, brauchen sie eine Anzeigenabteilung und einen entsprechenden Teil in jeder Ausgabe. Dieser sollte auf Anhieb vom redaktionellen Teil zu unterscheiden sein.

Zum 350. Geburtstag der Tageszeitung im Jahr 2000 brachte die Deutsche Post eine Sonderbriefmarke heraus.

Meldung, Nachricht, Bericht, Reportage – was macht den Unterschied?

Stark vereinfacht kann man sagen: Die Meldung ist die Kurzfassung, daraus entsteht die Nachricht, die ausführlichste Version ist die Reportage oder der sachliche Bericht. Bei der Nachricht kommt hinzu, dass sie einen besonderen Aspekt enthalten muss, der von allgemeinem Interesse ist. Das klassische Beispiel, das an Journalistenschulen gelehrt wird, lautet: Wenn ein Hund einen Mann beißt, ist das keine Nachricht. Beißt ein Mann aber einen Hund, ist es eine. Bei Bericht und Reportage kommen zur Nachricht Hintergründe oder die Vorgeschichte hinzu.

Wie definiert man Boulevardpresse?

Zur Boulevardpresse gehören neben Zeitungen und Zeitschriften auch Fernseh- und Radioformate. Es hängt vom jeweiligen Medium ab, wie ausgeprägt die Merkmale des Boulevardjournalismus sind. Generell wird dabei stark an die Gefühle der Konsumenten appelliert, wobei der Schwerpunkt eher auf der Sensation liegt und nicht unbedingt auf der Wahrheit. Böse Zungen nennen dieses Genre auch Klatsch- oder Regenbogenpresse. Der Ausdruck Boulevardpresse liegt in der Vorstellung begründet, dass solche Zeitungen nur wenige Abonnenten haben und eher auf der Straße, dem Boulevard, verkauft werden.

Welche Zeitschrift hat die höchste Auflage?

Eine Zeitschrift ist ein regelmäßig erscheinendes Blatt für eine breite Zielgruppe, das meist stark bebildert ist und bunt gedruckt wird. Diese Zeitschriften werden in Deutschland am häufigsten gekauft:

Zeitschrift	Inhalt	Auflage (gerundet)
tv14	Zweiwöchige Programmzeitschrift mit Ratgeber- und Promi-Teil	2 371 000
TV DIGITAL	TV-Programm, Hintergründe und Interviews	1 775 000
TV Movie	Programmzeitschrift plus Unterhaltung	1 193 000
BILD am Sonntag	Nachrichten der Woche, Sport, Reisen, Unterhaltung	1 191 000
HÖRZU	Programmzeitschrift mit Service- und Unterhaltungsteil	1 160 000
TV direkt	Zweiwöchige Programmzeitschrift mit Unterhaltung und Service	1 157 000
Landlust	Garten, Küche, Naturerlebnis – Reportagen und Anleitungen	1 024 000
Auf einen Blick	Programmzeitschrift und Freizeit-Illustrierte	946 000
TV SPIELFILM	Programmzeitschrift mit Sport und Hintergründen zu TV und Film	945 000
DER SPIEGEL	Informatives und Hintergründe zur deutschen und internationalen Politik, zu Wirtschaft, Wissenschaft, Kultur und Sport	874 000

Was kostet eine Anzeige in einer großen Tageszeitung?

Die Preise unterscheiden sich erheblich, abhängig von der Zeitung und natürlich von der Größe der Anzeige. Für rund 7 Euro gibt es im *Tagesspiegel* bereits eine einspaltige Anzeige. Für eine ganze Seite muss man dagegen mit rund 30 000 Euro rechnen, je nachdem ob es sich um einen Wochentag oder die Wochenend-Ausgabe handelt. Das ist viel Geld, aber längst nicht die Obergrenze. Für eine ganze Seite verlangt die *Süddeutsche Zeitung* zwischen 70 000 und 80 000 Euro. Wer seine Anzeige deutschlandweit in der *BILD* platzieren möchte, steigt bei rund 140 Euro ein, die komplette Seite ist für über 400 000 Euro zu haben, für eine Doppelseite wird mehr als 1 Mio. Euro fällig. Bei regelmäßigen Schaltungen kommt ein Rabattsystem zum Tragen.

Was verraten ISSN und ISBN?

Diese beiden Identifikationsnummern für Zeitschriften, fortlaufende Publikationen und Bücher reichen aus – wie der Name schon sagt –, um gedruckte Produkte eindeutig zu identifizieren. ISSN ist die Abkürzung für den englischen Ausdruck International Standard Serial Number (= Internationale Standardnummer für fortlaufende Sammelwerke). Die Ziffern verraten allerdings weiter nichts über die Zeitschrift oder ihre Herkunft. Anders ist es bei der ISBN (= Internationalen Standardnuchnummer), die Auskunft über die Herkunft eines Buches gibt.

ISBN:

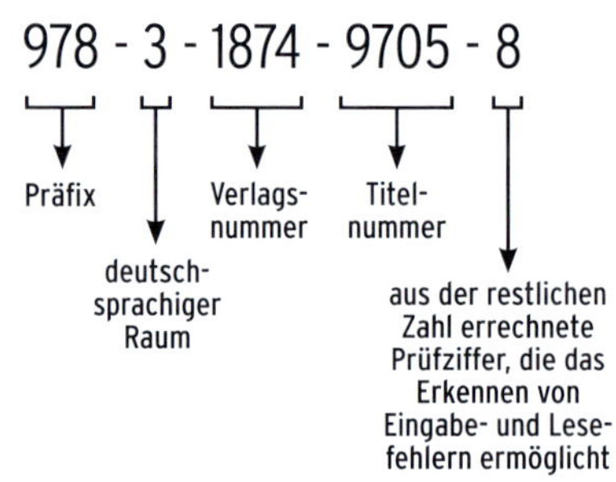

Was macht der Börsenverein des Deutschen Buchhandels e.V.?

Der Börsenverein des Deutschen Buchhandels e.V. ist in erster Linie ein Berufsverband. Das Besondere an ihm ist, dass er sämtliche Bereiche der Buchbranche vertritt. Verlage und Buchhandlungen sind unter seinem Dach aufgehoben, genauso Zwischenhändler, Antiquariate und die Vertreter der Verlage. Der Börsenverein versucht, mit Wirtschaft und Politik so zusammenzuarbeiten, dass für die Branche gute Bedingungen bestehen. Ein wichtiges Thema ist dabei das Urheberrecht. Auch eine kaufmännische Besonderheit steht im Fokus, nämlich die noch immer existierende Preisbindung für Bücher.

Was ist ein E-Book?

Das englische Kunstwort steht für *electronic book*, also elektronisches Buch. Der Begriff ist eigentlich nicht ganz korrekt, denn elektronisch ist nicht das Buch an sich, sondern das Lesegerät, das man dafür benötigt. Man kann E-Books auf dem Computer lesen oder – sehr viel bequemer – auf sogenannten E-Readern, also speziell dafür entwickelten Geräten, die besonders leicht und handlich sind. Der Anteil der als E-Book gelesenen Bücher beträgt momentan rund 10 %, allerdings wird bereits knapp die Hälfte aller Neuerscheinungen zusätzlich auch in elektronischer Form angeboten. Mit ein paar Schwierigkeiten hat das E-Book aber noch zu kämpfen. Beispielsweise sind nicht alle Dateiformate, in denen ein Buch abgespeichert wird, auf allen Lesegeräten zu öffnen.

Wo findet die bedeutendste Messe für die internationale Verlagsbranche statt?

Jedes Jahr im Oktober findet in Frankfurt am Main die Buchmesse statt. Über 7000 Aussteller aus mehr als 100 Ländern nehmen daran teil. Damit ist die Messe, die Verleger und Autoren, Buchhändler und Agenten anzieht, die größte und auch wichtigste ihrer Art weltweit. Bereits im 15. Jh., nachdem Gutenberg (um 1400–1468) unweit von Frankfurt den Buchdruck mit beweglichen Lettern erfunden hatte, traf man sich in der hessischen Metropole, um zu zeigen und zu sehen, was in diesem Bereich möglich und Trend ist. Zwar hat es Unterbrechungen gegeben, doch hat Frankfurt seine Bedeutung auf diesem Gebiet erhalten können.

Geschäftiges Treiben auf der Buchmesse in Frankfurt am Main

Wie entstehen Bestsellerlisten?

In Deutschland verfügen etwa 500 repräsentativ ausgewählte Buchhandlungen über ein Warenwirtschaftssystem, das von der Fachzeitschrift *Buchreport* jede Woche ausgelesen wird. Diese landesweit repräsentativen Geschäfte geben damit ihre Verkaufszahlen preis. Bestsellerlisten gibt es für unterschiedliche Rubriken wie Belletristik, Sachbuch, Jugendbuch etc. Der Titel, der sich innerhalb der Woche im Vergleich zu den anderen auf dem Markt erhältlichen Titeln am besten verkauft, schafft es in seiner Rubrik ganz nach oben. Die auf diese Weise ermittelten Daten werden u. a. vom *Spiegel*-Magazin für seine wöchentlich erscheinenden Bestsellerlisten genutzt, wobei auch hier zwischen Belletristik und Sachbuch unterschieden wird.

Sport

Sport – ob aktiv oder passiv – ist das wohl beliebteste Hobby der Deutschen. Doch was versteht man unter „Sport“ überhaupt? Der Begriff, der sich ursprünglich vom lateinischen Ausdruck *disportare* (Vergnügen, Zerstreuung) ableitet, tauchte erst gegen Ende des 19. Jhs. zum ersten Mal im Deutschen auf. Sprach man zuvor noch von Turnen – der reinen körperlichen Betätigung ohne Konkurrenzdenken –, so wird seitdem fast alles, was mit körperlicher Aktivität zu tun hat, als Sport bezeichnet. Der Wettkampfgedanke hat sich dabei in den Vordergrund geschoben – verstärkt durch die mediale Präsenz in allen Bereichen.

Fußball: die schönste Nebensache der Welt

Fußball ist ein einfaches Spiel, so Gary Lineker: 22 Spieler jagen hinter einem Ball her und am Ende gewinnt immer Deutschland. Dieser Ausspruch des englischen Fußballspielers während der Fußballweltmeisterschaft 1990 traf danach nur noch eingeschränkt zu – 24 Jahre später bei der WM in Brasilien stimmte es wieder!

Seit wann gibt es die deutsche Fußball-Bundesliga?

Die deutsche Fußball-Bundesliga startete zur Saison 1963/64. Bis dahin hatte man lediglich in regionalen Ligen gespielt. Der deutsche Meister wurde dann in einem Turnier der regionalen Meister ermittelt. Die 16 Bundesligavereine kamen aus vier Oberligen und der Stadtliga Berlin. Der heutige Rekordmeister FC Bayern München gehörte nicht dazu, obwohl er sich sportlich qualifiziert hatte. Der TSV 1860 München hatte aber besser abgeschnitten und pro Stadt sollte es damals nur einen Verein in der Bundesliga geben.

Der FC Bayern feierte 2015 seine 25. Meisterschaft.

Saison	Meister
2015	FC Bayern München
2014	FC Bayern München
2013	FC Bayern München
2012	Borussia Dortmund
2011	Borussia Dortmund
2010	FC Bayern München
2009	VFL Wolfsburg
2008	FC Bayern München
2007	VfB Stuttgart
2006	FC Bayern München
2005	FC Bayern München
2004	Werder Bremen
2003	FC Bayern München
2002	Borussia Dortmund
2001	FC Bayern München
2000	FC Bayern München
1999	FC Bayern München
1998	1. FC Kaiserslautern
1997	FC Bayern München
1996	Borussia Dortmund
1995	Borussia Dortmund
1994	FC Bayern München
1993	Werder Bremen
1992	VfB Stuttgart
1991	1. FC Kaiserslautern
1990	FC Bayern München
1989	FC Bayern München
1988	Werder Bremen
1987	FC Bayern München
1986	FC Bayern München
1985	FC Bayern München
1984	VfB Stuttgart
1983	Hamburger SV
1982	Hamburger SV
1981	FC Bayern München
1980	FC Bayern München
1979	Hamburger SV
1978	1. FC Köln
1977	Borussia Mönchengladbach
1976	Borussia Mönchengladbach
1975	Borussia Mönchengladbach
1974	FC Bayern München
1973	FC Bayern München
1972	FC Bayern München
1971	Borussia Mönchengladbach
1970	Borussia Mönchengladbach
1969	FC Bayern München
1968	1. FC Nürnberg
1967	Eintracht Braunschweig
1966	TSV 1860 München
1965	Werder Bremen
1964	1. FC Köln

Was ist die „Blutgrätsche"?

Ein besonders heimtückisches Foul im Fußball ist die sogenannte Blutgrätsche: Der Foulende rutscht gezielt und mit einem ausgestreckten Bein auf einen Gegenspieler zu, der gerade den Ball hat – und zwar von hinten, wodurch der Gegenspieler keine Möglichkeit zur Reaktion hat. Wenn für den foulenden Spieler keine Chance besteht, den Ball zu spielen, und stattdessen eine Verletzung des Gegners in Kauf genommen wird, bestraft der Schiedsrichter die Blutgrätsche mit Platzverweis. Diese Regel wurde vom Weltfußballverband (FIFA) 1993 eingeführt und sollte technisch versierte Spieler wie Diego Maradona schützen.

Max Morlock während des WM-Finales 1954 in Bern

Bei welchem Verein spielte Max Morlock?

Der Fußballer Maximilian „Max" Morlock (1925–1994) wechselte 1940 mit 15 Jahren von der Eintracht Nürnberg zum 1. FC Nürnberg – und blieb dort bis zum Ende seiner Karriere. In den Jahren 1940 bis 1964 trug er bei Ligaspielen fast 500-mal das Trikot des „Clubs" und erzielte knapp 300 Tore. 1948 und 1961 wurde er Deutscher Meister. Als 1963 die Bundesliga startete, ging Morlock in seine letzte Saison. Auch wenn damals die Spieler generell länger bei ihren Vereinen blieben, als das heute der Fall ist, war Max Morlock schon zu seiner aktiven Zeit etwas Besonderes: Trotz zahlreicher Angebote aus dem In- und Ausland blieb er seinem Heimatverein treu und ist einer der wenigen Spieler, die während ihrer kompletten Karriere für nur einen Verein gespielt haben. Für Deutschland lief Morlock 26-mal auf. Das wichtigste seiner 21 Tore für die Nationalmannschaft war der 1 : 2-Anschlusstreffer gegen Ungarn im Finale der Weltmeisterschaft 1954.
Am 10. September starb Morlock kurz vor seinem 70. Geburtstag. Bis heute wird er in Nürnberg kultisch verehrt.

Wie alt war Pelé, als er erstmals mit Brasilien Weltmeister wurde?

Der dreimalige Weltmeister, der mit richtigem Namen Edison Arantes do Nascimento heißt und 1940 im Südosten Brasiliens geboren wurde, gilt als einer der besten Fußballspieler der Geschichte. Bei seinem ersten Verein FC Santos überzeugte Pelé sofort und er wurde bereits mit 16 Jahren in die brasilianische Nationalmannschaft berufen. Mit 17 spielte er bei der Fußball-WM in Schweden (1958), erzielte im Endspiel gegen den Gastgeber zwei Tore und wurde Weltmeister. Damit ist er bis heute der jüngste Weltmeister aller Zeiten. 1962 und 1970 folgten

Der erst 17-jährige Pelé ist überwältigt vom brasilianischen WM-Sieg 1958.

Hätten Sie's gewusst?

Der einarmige Fußballer

Der am 3. Februar 1924 in Stuttgart geborene Fußballer Robert Schlienz spielte von 1945–1960 beim VfB Stuttgart. 1948 hatte er einen folgenschweren Autounfall: Sein linker Unterarm musste amputiert werden. Doch nicht einmal vier Monate später stand Schlienz wieder auf dem Fußballplatz. Er wurde mit dem VfB Stuttgart in den 1950er-Jahren zweimal Deutscher Meister und zweimal Deutscher Pokalsieger. Unter Trainer Sepp Herberger spielte Schlienz sogar dreimal in der Nationalmannschaft. Nach seinem Tod am 18. Juni 1995 wurde das Amateurstadion des VfB Stuttgart nach ihm benannt.

Mannschaftskapitän Robert Schlienz vor dem Pokalendspiel 1958, das sein Team VfB Stuttgart mit 4:3 gegen Fortuna Düsseldorf gewann.

zwei weitere WM-Titel. 1999 wurde Pelé von der FIFA der Titel „Weltfußballer des Jahrhunderts" verliehen.

Wann ist Abseits (außer „wenn der Schiedsrichter pfeift")?

Das Abseits gilt als eine der kompliziertesten Regeln im Fußball – zumindest wenn man sie verbal erklären muss. Ein Fußballspieler steht nämlich dann im Abseits, wenn zum Zeitpunkt der Ballabgabe durch einen seiner Mitspieler nicht mindestens zwei gegnerische Spieler, den Torwart miteingerechnet, näher zur gegnerischen Torauslinie stehen. Die Abseitsregel greift jedoch nicht, wenn der Spieler sich dabei noch in der eigenen Hälfte, also hinter der Mittellinie, befindet. Ebenfalls nicht auf Abseits entschieden wird, wenn der Spieler und zumindest der vorletzte gegnerische Spieler auf einer Linie (parallel zum Toraus) stehen oder der Ball vom gegnerischen Tor aus gesehen zurück (also näher zur Mittellinie) gepasst wird. Zum Glück ist es in der Praxis gar nicht so schwer, Abseits zu erkennen. Sinnvoll ist die Abseitsregel, damit sich nicht einzelne Spieler permanent vor dem gegnerischen Tor aufhalten und auf Zuspiele aus dem Mittelfeld warten können. Erst nach ihrer Einführung ab 1863 entwickelten sich Dribbling und Kurzpassspiel.

Die Abseitsregel

Dribbling

Dribbling (von englisch *to dribble* = tröpfeln) bedeutet im Fußball, dass ein Spieler mit dem Ball „am Fuß" eine Strecke zurücklegt und dabei an verteidigenden Gegenspielern vorbeikommt, ohne den Ball zu verlieren oder zu passen.

„Abseits ist, wenn der Schiedsrichter pfeift."

Franz Beckenbauer (geb. 1945)

Hätten Sie's gewusst?

Die Arschkarte ziehen

Diese saloppe Redewendung (für „Pech haben") hat vermutlich ihren Ursprung in der Welt des Fußballs, wo 1970 zur Fußballweltmeisterschaft das Kartensystem eingeführt wurde. Während der Schiedsrichter die Gelbe Karte für Verwarnungen in der Brusttasche trug, befand sich die Rote Karte für Platzverweise in der Gesäßtasche. Dieser Aufteilung bleiben manche Schiedsrichter bis heute treu, um Verwechslungen vorzubeugen – eine Vorschrift dafür gibt es allerdings nicht. Aber weiterhin zucken Spieler wie Fans zusammen, wenn der Schiedsrichter nach hinten greift.

Warum gibt es keinen Libero mehr?

Lange Zeit nahm der Libero eine zentrale Rolle in der Verteidigung einer Fußballmannschaft ein. Zwei Verteidiger agierten als sogenannte Manndecker und bewachten jeweils den ihnen zugeteilten Stürmer. Der Libero war dagegen ein „freier Mann" ohne direkten Gegenspieler. Je nachdem, ob er defensiv oder offensiv ausgerichtet war, gab er einen klassischen „Ausputzer" vor dem eigenen Tor oder er schaltete sich ins Angriffsspiel ein. Ab den späten 1980er-Jahren wandelte sich jedoch die Taktik, bis der Libero Anfang des 21. Jhs. verschwunden war: Eine direkte Manndeckung wurde zugunsten einer Raumdeckung aufgegeben, bei der sich eine Vierer- bzw. Dreierkette immer nach dem Ball und den angreifenden Spielern orientiert. Dadurch wurde es auch wichtiger, dass die Torhüter „mitspielen": Verließen sie früher nur selten ihren Strafraum, ist es heute üblich, dass sie bei langen Bällen über die Viererkette hinweg auch weit in der eigenen Hälfte klären. Die offensiven Aufgaben des Liberos werden dagegen von den defensiven Mittelfeldspielern, den „Sechsern", übernommen.

Wie funktioniert die Torlinientechnologie?

Das in Deutschland entwickelte System Goalcontrol wurde von der FIFA erstmals beim Confed Cup 2013 und ein Jahr später bei der Fußballweltmeisterschaft 2014 in Brasilien eingesetzt. Es soll Fehlentscheidungen des Schiedsrichters bei der wichtigsten Frage im Fußball vermeiden, nämlich ob der Ball im Tor war oder nicht. Pro Stadion werden 14 Kameras um das Spielfeld herum positioniert, wobei jeweils sieben Kameras auf ein Tor ausgerichtet sind. Die Position des Balles wird dabei mit 500 Bildern pro Sekunde erfasst! Ein Computersystem berechnet dann bei einem Torschuss innerhalb Sekundenbruchteilen auf 5 mm genau, ob der Ball wie im Reglement gefordert im vollen Durchmesser die Torlinie überschritten hat – selbst wenn der Ball dabei nicht den Boden

Wenn die Torlinientechnologie ein Tor registriert, erscheint auf der Uhr des Schiedsrichters das Wort *goal* (= Tor).

berührt hat. Ist dies der Fall, erhält der Schiedsrichter auf seiner Armbanduhr ein Signal. Er kann zwar trotzdem anders entscheiden als von der Technik vorgegeben, aber das wird wohl kein Schiedsrichter tun.

Welchen persönlichen Erfolg feierte Miroslav Klose bei der Fußball-WM 2014?

Seine persönliche Sternstunde erlebte der deutsche Nationalstürmer Miroslav Klose (geb. 1978) bereits im Halbfinale gegen Brasilien. Beim historischen 7:1-Sieg erzielte er in der 23. Minute das zwischenzeitliche 2:0 und avancierte mit seinem insgesamt 16. WM-Treffer zum alleinigen WM-Rekordtorschützen. Er setzte sich in der Bestenliste vor den Brasilianer Ronaldo (15 Tore), Gerd Müller (14 Tore) und den Franzosen Just Fontaine. Dessen Rekord wiederum scheint für die Ewigkeit gemacht zu sein: Mit 13 Toren, allesamt erzielt bei der WM 1958 in Schweden, ist er bis heute Rekordtorschütze eines einzelnen Turniers. Kloses Rekord wurde zum i-Tüpfelchen einer überaus erfolgreichen WM-Karriere, die er nach einem zweiten und zwei dritten Plätzen mit dem Weltmeistertitel 2014 krönte.

Miroslav Klose bejubelt das Tor, das ihn zum Toptorjäger der WM-Geschichte machte.

Hätten Sie's gewusst?

Torhüter, die Tore schossen

Es gehört nicht zu den Aufgaben der Torhüter und doch kommt es immer wieder vor: Ein Torhüter erzielt ein Tor für seine Mannschaft. Der erfolgreichste deutsche Torhüter-Torschütze ist Jörg Butt (geb. 1974). Er schoss während seiner Bundesligakarriere in zehn Jahren 26 Tore – vom Elfmeterpunkt. Für einen dieser Treffer kassierte er allerdings auch einen kuriosen Gegentreffer: Beim Spiel seiner Mannschaft Bayer Leverkusen gegen den FC Schalke 04 verwandelte Butt erst einen Strafstoß, ließ sich dann aber auf dem Rückweg zu ausgiebig von den Fans feiern. Diese Zeit nutzte der Schalker Mike Hanke, um den Ball direkt vom Anstoß weg in Butts Tor zu befördern. Nur drei Torhütern in der Bundesliga gelang es bisher, auch aus dem Spiel heraus ein Tor zu erzielen: Jens Lehmann, damals in Diensten von Schalke 04, war im Dezember 1997 in den Schlussminuten der Partie gegen den Erzrivalen Borussia Dortmund nach vorne geeilt und traf per Kopf. Frank Rost von Werder Bremen beförderte im März 2002 in der 90. Minute gegen Hansa Rostock eine Ecke zum 3:3 ins Tor – seine Mannschaft gewann noch mit 4:3. Und Marwin Hitz vom FC Augsburg schoss im Februar 2015 in der Nachspielzeit das Tor zum Ausgleich: Sein Drehschuss war technisch durchaus anspruchsvoll!

Immer am Ball bleiben

Egal ob Tennis, Handball oder Basketball – eins haben all diese Spiele gemeinsam: den Ball. Er kann geworfen, geschlagen und gefangen werden; man kann mit ihm spielen, wie etwa beim Golf, oder um ihn kämpfen, wie beim amerikanischen Football – dem Spiel mit dem Ball sind (fast) keine Grenzen gesetzt.

Was ist der Kempa-Trick?

Der Kempa-Trick ist eine Wurfkombination aus dem Handball und wurde erfunden, weil Feldspieler bei dieser Sportart den Torraum nicht betreten dürfen: Ein Spieler wirft den Ball zu einem nah beim Torraum stehenden Mitspieler. Dieser springt ab, fängt den Ball noch in der Luft und zielt aufs Tor. Dabei muss der Ball aus der Hand gespielt werden, bevor der abwerfende Spieler den Boden im Torraum berührt. Schafft er das nicht, wird das Tor nicht gewertet. Da es bei diesem Spielzug auf eine exakte und genaue Abstimmung zwischen den Spielern ankommt, ist der Kempa-Trick sehr anspruchsvoll. Benannt wurde er nach seinem Erfinder Bernhard Kempa (geb. 1920), der mit Frisch Auf Göppingen zwischen 1945 und 1957 mehrmals Deutscher Meister und 1952 und 1955 Weltmeister im Feldhandball wurde.

In welchen Ballsportarten gibt es Zeitspiel?

In drei Ballsportarten gibt es eine Regel, die das Zeitschinden einer Mannschaft verhindern und so ein attraktives Spiel gewährleisten soll: Im Handball kann das „passive Spiel" einer Mannschaft geahndet werden, also eine Spielsituation, in der kein erkennbarer Versuch unternommen wird, ein Tor zu erzielen. Dabei liegt die Entscheidung allein im Ermessen der beiden Schiedsrichter. Handballer neigen dann zum „Passivspiel", wenn sie in Führung liegen oder in Unterzahl spielen und auf die Rückkehr eines Spielers warten, der für zwei oder vier Minuten des Feldes verwiesen wurde.

Für einen Angriff hat eine Basketball-Mannschaft nur 24 Sekunden Zeit.

Die 24-Sekunden-Regel im Basketball sieht vor, dass jeder Angriff nur maximal 24 Sekunden dauern darf; die Zeit wird dabei auf einer sogenannten Wurfuhr heruntergezählt.
Ähnlich ist die Regelung im Wasserball, wo der angreifenden Mannschaft jeweils 30 Sekunden Angriffszeit zur Verfügung stehen.

Warum hat beim Volleyball ein Spieler ein andersfarbiges Trikot?

Der Spieler mit dem andersfarbigen Trikot ist der Libero – eine Position, die 1999 im Volleyball eingeführt wurde. Der Libero verstärkt die Abwehr einer Mannschaft und darf beliebig oft gegen einen anderen Spieler eingetauscht werden. Seine Aufgabe besteht vor allem darin, Angriffsbälle des Gegners, die die Spieler vorne am Netz (= den Block) passiert haben, anzunehmen und im Spiel zu halten. Der Abwehrspezialist darf den Angriff seiner Mannschaft nicht stärken: Angriffsschläge darf er nur unternehmen, wenn sich der Ball unterhalb der Netzkante befindet. Es ist ihm auch nicht erlaubt, Aufschläge auszuführen, zu blocken oder den Ball übers Netz zu spielen. Außerdem kann er nur auf den drei Positionen hinter der Angriffslinie einer Spielhälfte eingesetzt werden. Das andersfarbige Trikot trägt er, um von den anderen Spielern eindeutig unterscheidbar zu sein.

Die Sonderrolle des Liberos ist für Schiedsrichter und Zuschauer sofort am Trikot erkennbar.

Was ist der Grand Slam?

Als Grand Slam (engl. für großer Schlag) wird der Gewinn der vier größten Tennisturniere der Welt in einem Jahr bezeichnet. Die Grand-Slam-Turniere sind die Australian Open in Melbourne, die French Open in Paris, die Wimbledon Championships in London und die US Open in New York. Hier sind nicht nur die meisten Weltranglistenpunkte zu holen, sondern auch die Preisgelder am höchsten. Die zweiwöchigen Turniere werden als Einzel-, Doppel- und Mixed-Wertung ausgespielt. Bisher gewannen nur fünf Einzelspieler den Grand Slam, dem US-Amerikaner Rod Laver (geb. 1938) gelang dieses Kunststück sogar zweimal (1962 und 1969). Die einzige Deutsche in diesem illustren Quintett ist Steffi Graf (geb. 1969). Ihr gelang 1988 sogar der Golden Slam, die Kombination aus Grand Slam und dem Gewinn der Goldmedaille bei den Olympischen Spielen (in Seoul).

Was hat Boris Becker nie gewonnen?

Obwohl der 1967 geborene deutsche Rekord-Tennisspieler im Lauf seiner Karriere 49 Einzelerfolge, darunter auch sechs Grand-Slam-Siege, erringen konnte und mit Auszeichnungen überschüttet wurde, blieb ihm eines stets verwehrt: ein Sieg bei einem Sandplatzturnier der ATP-Tour. Bei den French Open beispielsweise schaffte es der Rasenspezialist Boris Becker zwar in den Jahren 1987, 1989 und 1991 jeweils bis ins Halbfinale, darüber hinaus kam er aber nicht.

Sand und Rasen

Beim Tennis spielt man auf unterschiedlichen Bodenbelägen: Neben Sand (der meist aus Ziegelmehl besteht) und Rasen gibt es noch den Hartplatz, der aus Kunststoffgranulat hergestellt wird. Auf jedem Belag spielt es sich anders, da sich der Ball unterschiedlich verhält und auch die Reibung zwischen Schuh und Boden verschieden ist.

Hätten Sie's gewusst?

„Golden Set" – der perfekte Satz

Um im Tennis einen „Goldenen Satz" zu spielen, benötigt man Talent und eine gute Portion Glück (oder einen sehr schlechten Gegner)! Denn dazu muss ein Tennisspieler 24 Punkte in Folge erzielen: Alle Spiele müssen zu null ausgehen und der Satz mit 6:0 gewonnen werden. Im Profitennis haben das bisher nur drei Spieler weltweit geschafft – darunter der deutsche Tennisprofi Julian Reister (geb. 1986), dem 2013 in der ersten Qualifikationsrunde der US Open ein Golden Set gelang.

Stefanie „Steffi" Graf und Boris Becker nach ihren historischen Wimbledon-Triumphen 1989

Wer waren die Sieger von Wimbledon?

Eines der ältestes und traditionsreichsten Tennisturniere der Welt wird seit 1877 jedes Jahr ab Anfang Juni in London ausgetragen: die Wimbledon Championships. Es ist das einzige Grand-Slam-Turnier auf Rasen. Die Sieger im Einzel der letzten 20 Jahre:

Herren:

- 1995, 1997–2000 Pete Sampras (USA)
- 1996 Richard Krajicek (Niederlande)
- 2001 Goran Ivanisevic (Kroatien)
- 2002 Lleyton Hewitt (Australien)
- 2003–2007, 2009, 2012 Roger Federer (Schweiz)
- 2008, 2010 Rafael Nadal (Spanien)
- 2011, 2014 Novak Djokovic (Serbien)
- 2013 Andy Murray (Großbritannien)

Damen:

- 1995, 1996 Steffi Graf (Deutschland)
- 1997 Martina Hingis (Schweiz)
- 1998 Jana Novotna (Tschechien)
- 1999 Lindsay Davenport (USA)
- 2000, 2001, 2005, 2007, 2008 Venus Williams (USA)
- 2002, 2003, 2009, 2010, 2012 Serena Williams (USA)
- 2004 Maria Sharapova (Russland)
- 2006 Amélie Mauresmo (Frankreich)
- 2011, 2014 Petra Kvitovà (Tschechien)
- 2013 Marion Bartoli (Frankreich)

Woher kommt die Sportart Golf?

Der genaue Ursprung des Golfsports ist ungewiss. Während Archäologen bestätigen, dass es bereits im Römischen Reich, im alten Ägypten oder auch in asiatischen Ländern Spiele gab, bei denen mit einem Schläger ein Ball in ein Loch befördert wurde, rühmen sich viele Länder – etwa Schottland, die Niederlande oder Frankreich –, die Erfinder zu sein. Absolute Gewissheit wird es nie geben und so richtet man sich heute nach den ersten schriftlichen Aufzeichnungen. Diese findet man in Schottland: Dort wurde der Golfsport erstmals in der heutigen Schreibweise urkundlich erwähnt, und zwar 1457. Im Jahr 1744 gründete sich in Leith bei Edinburgh der erste Golfclub, der auch ein erstes Regelwerk verfasste. Heute gibt es mehr als 60 Mio. Golfspieler weltweit, die in Verbänden organisiert sind. Und nach über 100 Jahren ist der Golfsport bei den Spielen in Rio de Janeiro 2016 auch wieder olympisch.

Leichtathletik und Schwimmen

44,72 km/h – so schnell sprintete der Läufer Usain Bolt im Jahre 2009 und hält damit nicht nur den aktuellen Weltrekord, sondern ist sogar schneller als so mancher Kleinwagen. Den Weltrekord im Schwimmen hält seit 2014 der Franzose Florent Manaudou mit 20,26 Sekunden auf 50 m Freistil und darf sich seither „schnellster Mensch der Welt im Wasser" nennen.

Der Weitsprung-Weltrekord von Mike Powell hat bis heute Bestand.

Wer übertraf 1991 Bob Beamons „Rekord für die Ewigkeit" im Weitsprung?

Dem US-Amerikaner Bob Beamon (geb. 1946) gelang bei den Olympischen Spielen 1968 in Mexiko-Stadt eine Sensation: Mit einer Weite von 8,90 m errang er nicht nur die Goldmedaille im Olympischen Weitsprungwettbewerb, sondern er übertraf den bestehenden Weltrekord von Igor Ter-Owanesjan um sagenhafte 55 cm. Diese Bestmarke galt lange Zeit als Rekord für die Ewigkeit. 23 Jahre später fiel er dann aber doch: Beamons Landsmann Mike Powell (geb. 1963) sprang bei den Leichtathletik-Weltmeisterschaften 1991 in Tokio 8,95 m weit.

Was gehört zum Zehnkampf?

Dieser leichtathletische Mehrkampf findet bereits seit den Olympischen Spielen 1912 in Stockholm unverändert statt. Er umfasst am ersten Tag die Disziplinen 100-m-Sprint, Weitsprung, Kugelstoßen, Hochsprung und 400-m-Lauf. Am Folgetag stehen der 110-m-Hürdenlauf, Diskuswerfen, Stabhochsprung, Speerwerfen und ein abschließender 1500-m-Lauf auf dem Programm. Die Wertung erfolgt nach einem Punktesystem: Sieger ist, wer am Ende insgesamt die meisten Punkte in den Einzeldisziplinen erreichen konnte. Aufgrund der Vielseitigkeit gilt der Zehnkampf daher als Königsdisziplin der Leichtathletik, die Talent in Schnellkraft, Koordination, Kraft und Ausdauer erfordert. Frauen bestreiten analog dazu einen Siebenkampf: Die Laufstrecken sind kürzer – 100 m Hürden, 200 m und 800 m –, zudem fehlen die Wettkämpfe im 100-m-Sprint, Stabhochsprung und Diskuswurf.

Rekord!

Leichtathletik-Weltrekorde

Disziplin		Athlet(in)	Jahr	Ergebnis
100 m Sprint	M	Usain Bolt (Jamaica)	2009	9,58 s
	F	Florence Griffith-Joyner (USA)	1988	10,49 s
110 m Hürden	M	Aries Merritt (USA)	2012	12,8 s
100 m Hürden	F	Jordanka Donkowa (Bulgarien)	1988	12,21 s
Hochsprung	M	Javier Sotomayor (Kuba)	1993	2,45 m
	F	Stefka Kostadinowa (Bulgarien)	1987	2,09 m
Stabhochsprung	M	Renaud Lavillenie (Frankreich)	2014	6,16 m
	F	Jelena Issinbajewa (Russland)	2009	5,06 m
Weitsprung	M	Mike Powell (USA)	1991	8,95 m
	F	Galina Tschistjakowa (UdSSR)	1988	7,52 m
Kugelstoßen	M	Randy Barnes (USA)	1990	23,12 m
	F	Natalja Lissowskaja (UdSSR)	1987	22,63 m
Diskuswurf	M	Jürgen Schult (DDR)	1986	74,08 m
	F	Gabriele Reinsch (DDR)	1988	76,80 m
Speerwurf	M	Jan Železný (Tschechien)	1996	98,48 m
	F	Barbora Špotáková (Tschechien)	2008	72,28 m

Triathlon

Der Triathlon ist ein Mehrkampf der Disziplinen Schwimmen, Radfahren und Laufen. Dabei ist wichtig, dass alle drei Disziplinen direkt nacheinander ausgeführt werden und die Zeit „an einem Stück" gemessen wird. Der erste Triathlon fand 1920 in Frankreich statt mit einem 3-km-Lauf, 12 km auf dem Rad und einer Flussüberquerung. Seither haben sich zahlreiche Formen des Triathlons mit unterschiedlichen Streckenlängen etabliert. Bei Olympia werden 1,5 km geschwommen, 40 km geradelt und 10 km gelaufen.

Was ist ein Ironman?

Unter einem Ironman (engl. für eiserner Mann) versteht man einen Langstreckentriathlon. Es werden 3,86 km geschwommen, 180,2 km Rad gefahren und am Ende ein Marathon (42,195 km) gelaufen. Bei den einzelnen Wettkämpfen können die Streckenlängen leicht abweichen, da es kein offizielles Messverfahren gibt. Der Ironman ist von der World Triathlon Corporation als Marke eingetragen. Seit 2006 finden jährlich die offiziellen Weltmeisterschaften in Hawaii statt. Die Athleten können sich bei zahlreichen Ironman-Wettkämpfen weltweit dafür qualifizieren. In Deutschland findet der Wettkampf in Frankfurt statt; er ist gleichzeitig die Europameisterschaft. Alle anderen Langstreckentriathlons finden wegen der geschützten Marke unter anderen Namen statt.

Hätten Sie's gewusst?

Paul Biedermann und die Seepferdchenprüfung

Nicht jedem berühmten Sportler ist die Karriere schon im Kindesalter anzumerken, wie die Geschichte des Rekordschwimmers Paul Biedermann beweist. Dieser fiel nämlich als Fünfjähriger durch die Seepferdchenprüfung, weil er die erforderlichen 25 m nicht am Stück schwimmen konnte. Diese erste Niederlage scheint seinen Ehrgeiz angestachelt zu haben, denn aus dem 1986 in Halle/Saale geborenen Paul Biedermann wurde ein Schwimmstar. Neben deutschen und europäischen Rekorden errang er drei Weltrekorde. Außerdem ist er der erste Mann, dem es gelang, die 200-m-Freistilstrecke unter einer Minute und 40 Sekunden zu schwimmen.

In welcher Reihenfolge wird die Lagenstaffel geschwommen?

In der Einzeldisziplin wird das olympische Lagenschwimmen in der Reihenfolge Schmetterling, Rücken, Brust und Freistil geschwommen. Anders die Lagenstaffel: Gestartet wird sie mit Rückenschwimmen, es folgen Brust, Schmetterling und Freistil. Die andere Abfolge hat einen einfachen Grund: Bei den jeweiligen Wechseln schlägt der vorherige Schwimmer an den Beckenrand an, worauf der nachfolgende Schwimmer über diesen hinweg ins Wasser springt. Da sich die Rückenschwimmer beim Start jedoch bereits im Becken befinden müssen, kämen sich die Schwimmer beim Wechsel in die Quere – also muss der Rückenschwimmer als Erster ins Wasser. Freistil kommt immer am Schluss: Hier darf die Disziplin gewählt werden. Es wird aber immer gekrault, da Kraul der schnellste Schwimmstil ist.

Auf Kufen und Brettern

War es früher nur möglich, Wintersport in der kalten Jahreszeit und bei genügend Schneefall auszuüben, so erlauben es heute Ski- und Eislaufhallen, Schneekanonen und konservierte Schneemassen, die Wintersportsaison auszudehnen und Wettkämpfe (meistens) nach Plan zu starten.

Was ist ein Rittberger?

Der Rittberger ist einer der sechs Grundsprünge im Eiskunstlauf. Der Läufer gleitet auf beiden Kufen rückwärts, springt dann auf dem rechten Bein rückwärts ab, dreht sich und landet wieder auf dem Sprungbein. Es gibt den einfachen, zweifachen und dreifachen Rittberger, je nachdem wie viele Rotationen der Läufer in der Luft macht. Ein vierfacher Rittberger wurde bislang offiziell noch nie erfolgreich gestanden. Benannt wurde der Sprung nach seinem Erfinder, dem Deutschen Werner Rittberger (1891–1975). Die anderen Grundsprünge sind Salchow, Toeloop, Flip, Lutz und Axel.

Was ist der Unterschied zwischen Eistanzen und Paarlauf?

Sowohl Eistanz als auch Paarlauf gehören zu den klassischen olympischen Eiskunstlaufdisziplinen. Während bei beiden Disziplinen jeweils ein gemischtes Paar antritt, besteht der wesentliche Unterschied darin, dass beim Eistanz das Augenmerk weniger auf dem akrobatisch-technischen Schwierigkeitsgrad als vielmehr auf der künstlerischen Darstellung liegt. Der Eistanz ist oft sehr temporeich und exakt an die Musik angepasst; Hebungen und Pirouetten sind nur vereinzelt erlaubt, Sprünge gänzlich verboten. Beim Paarlauf werden dagegen technisch anspruchsvolle Hebefiguren, Pirouetten, Sprünge, geworfene Sprünge und Spiralen gefordert, die teils zu zweit und teils synchron nebeneinander ausgeführt werden.

Was ist die Besonderheit beim Shorttrack-Eislauf?

Diese Art des Eisschnelllaufs wird auf einer Kurzbahn ausgetragen: Im Gegensatz zum klassischen Eisschnelllauf mit einer Bahnlänge von 400 m ist sie beim Shorttrack nur 111,12 m lang – so groß ist der Umfang eines Eishockeyfelds. Die Shorttracker starten in einem Pulk von vier bis acht Läufern, während Eisschnellläufer jeweils eine eigene Bahn haben. Die ersten zwei oder drei eines Laufs erreichen die nächste Runde. Dabei ist nicht die Rundenzeit entscheidend, sondern ausschließlich die Platzierung im eigenen Rennen. Wegen der engen Laufbahn und des Massenstarts brauchen Shorttracker eine andere Technik und Ausrüstung als die klassischen Eisschnellläufer. Sie starten mit Helm, Knie- und Schienbeinschoner sowie mit schnittfesten Handschuhen, denn häufig stützen sich die Läufer in den Kurven mit der Hand am Boden ab.

Pirouetten, Sprünge und anspruchsvolle Hebefiguren unterscheiden den Paarlauf vom Eistanzen: Die deutschen Paarlauf-Weltmeister Aljona Savchenko und Robin Szolkowy beherrschen sie in Perfektion.

Welches Land ist das Mutterland des Eishockeys?

Als Mutterland des modernen Eishockeys gilt Kanada, obwohl es verschiedenste Sportarten und Traditionen gibt, in denen Eishockey seinen Ursprung gehabt haben könnte. Beispielsweise gab es in Dänemark ähnliche Spiele, aber der heutige Sport entwickelte sich aus dem noch heute in Schottland verbreiteten keltischen Spiel „Shinty", bei dem zwei Teams mit je zwölf Spielern mithilfe eine Schlägers den Ball ins gegnerische Tor zu befördern versuchen. Britische Soldaten übertrugen Mitte des 19. Jhs. das Spiel aufs Eis, als sie in Kanada stationiert waren und Hafenbecken zufroren. Wenig später wurden die ersten Regeln formuliert und 1875 fand im kanadischen Montréal das erste Eishockey-Spiel statt. Bei den ersten olympischen Eishockey-Wettbewerben 1920 in Antwerpen gewann standesgemäß Kanada die Goldmedaille. Mit bisher neun gewonnenen olympischen Turnieren ist Kanada das erfolgreichste Team vor Russland (8) und den USA (2).

Welches exotische Bobteam trudelte bei Olympia in Calgary den Eiskanal hinunter?

Bei den Olympischen Winterspielen im kanadischen Calgary 1988 ging erstmals ein Bobteam aus Jamaika an den Start. Gegründet wurde die Mannschaft von zwei amerikanischen Geschäftsleuten, die bei einem Besuch der Insel ein Seifenkistenrennen sahen und sich dabei ans Bobfahren erinnert

Kaum vorstellbar, aber 1988 startete erstmals ein jamaikanisches Bobteam bei den Olympischen Winterspielen.

fühlten. Obwohl das Team im sonnigen Karibikstaat nicht gerade die besten Voraussetzungen hatte, um in einer Wintersportart zu trainieren, schafften sie die Qualifikation. Leider konnte der Viererbob in Calgary nicht alle Rennen beenden und auch der Zweierbob schaffte nur einen 30. Platz. Bei den Olympischen Spielen in Albertville 1992 sah es schon besser aus: Der Viererbob erreichte den 14. Platz, der Zweierbob landete auf Platz zehn. Ein Jahr später erzählte der Film *Cool Runnings – Dabei sein ist alles* die Geschichte der Exoten im Eiskanal.

Wie groß sind die Zielscheiben beim Biathlon?

Biathleten müssen während eines Rennens aus zwei Positionen schießen: im Liegen und im Stehen. Beim Liegendschießen wird auf 4,5 cm große Zielscheiben geschossen, beim Stehendschießen hat die Scheibe einen

Durchmesser von 11,5 cm. Dies entspricht etwa der Länge einer Streichholzschachtel bzw. dem Durchmesser einer CD. Dabei ist die Entfernung zu den fünf Scheiben immer gleich: Sie beträgt 50 m. Beim Stehendschießen ist die Scheibe deshalb größer, da es in aufrechter Position wesentlich schwerer ist, das Gewehr ruhig zu halten.

Durch das Schießen wird beim Biathlon eine Präzisionssportart mit einer Ausdauersportart – dem Langlauf – verbunden.

Wer gewann als Erster alle vier Springen einer Vierschanzentournee?

Die Vierschanzentournee ist ein prestigeträchtiger Wettbewerb der Skispringer, der seit 1952 jährlich ausgetragen wird. Die Tournee besteht aus vier Einzelwettkämpfen, die in Deutschland und Österreich ausgetragen werden. Begonnen wird in Oberstdorf, danach folgen das traditionelle Neujahrsspringen in Garmisch-Partenkirchen und die Wettkämpfe in Innsbruck und Bischofshofen. Bei der Vierschanzentournee 2001/2002 gelang es dem 1974 geborenen Sven Hannawald aus Erlabrunn in Sachsen, alle vier Springen in Folge zu gewinnen. In den 49 Jahren zuvor ist dies keinem anderen Springer gelungen – und auch bislang nicht danach.

Der Überflieger Sven Hannawald entschied mit acht überragenden Sprüngen als erster und bisher einziger Skispringer alle vier Wettbewerbe der Vierschanzentournee für sich.

Rekord!

Pistenrekorde

Für viele sind die alpinen Skirennen die Königsdisziplin des Wintersports. Jede Saison kämpfen die Sportler in den Disziplinen Abfahrt, Super-G (eine Kombination aus Abfahrt und Riesenslalom), Riesenslalom und Slalom um den Sieg. Und wer ist dabei am erfolgreichsten?

Rekord	Athlet(in)	
die meisten Weltcupsiege	Ingemar Stenmark (geb. 1956), Schweden	86 (1973–1989)
die meisten Gesamtweltcupsiege	Annemarie Moser-Pröll (geb. 1953), Österreich	6-mal (1970/71, 1971/72, 1972/73, 1973/74, 1974/75, 1978/79)
die meisten Weltcupsiege in einer Saison	Vreni Schneider (geb. 1964), Schweiz	14 von 26 Rennen in der Saison 1988/89
die beste Teamleistung	9 Österreicher auf den Plätzen 1–9	1998/99 beim Super-G von Innsbruck
ältester Sieger eines Weltcuprennens	Didier Cuche (geb. 1974), Schweiz	2012 in Crans-Montana
die höchste Geschwindigkeit	Johan Clarey (geb. 1981), Frankreich	161,9 km/h in Wengen 2013

Register

A

B

G

H

I

J

K

L

M

N

O

P

Q

R

S

T

U

V

W

Bildnachweis

Elisabeth Galas: 83, 90

Fotolia.com: yanikap 8, Jakub Krechowicz 9, Fotimmz 12 r., Hellen Sergeyeva 14 u., Aaron Amat 24, Romolo Tavani 28, everythingpossible 36, MaciejBledowski 37, Pixelshop 38, Gabriele Maltinti 39 u., adrenalinapura 62, marchibas 68, itay uri 75, jovannig 86, fotoherkules 136 (auch auf S. 5), Tyler Olson 140 r., blvdone 152, Smiler 160, alex9500 164, foodinaire 165, draghicich 166, Floydine 167, Aintschie 170 (auch auf S. 5), grafikplus-foto 183, ExQuisine 184, Andrey_Lobachev 186, Patryk Kosmider 205, Oleksiy Mark 224

iStockphoto.com: viridis 17 r.

Lizenz CC BY SA: Martin Knaak 14 o., Bjørn Christian Tørrissen 19 l., Desmodus 22, Accord H. Brisse 25 o., Felix König 32, Chris828 34, Glg 39 o., Simon Eugster 39 M., RedAndr 41 u., NASA/ESA/Richard Massey (California Institute of Technology) 44, Tom Reding 48/49, D. Helber 52, Hans Bernhard 53, BruceBlausen 69, Wortel 83, Wolfgang Sauber 84, Loewe AG 87, Abhijit Tembhekar (Apfel) 97, MatthiasKabel 111, nlil2 113, Marie-Lan Nguyen 116, Beckstet 119, Guinnog 130, Adrien Le Mao 137, Stan Wiechers 162, Edroeh 181, Felix König 182 u., laubz83 191 o., Distantbody 191 u., Appaloosa 213 l., Rico Shen 220

picture alliance: 21 r., 151 l., AA 40, 169 l., akg-images 110, 120, 147, 178 r., akg-images/Orsi Battaglini 159, AP Images 105, AP Photo 128, 131, 218, 238 r., Arco Images 71, Augenklick/Rauchensteiner 249 l., Bildagentur-online/Saurer 51, Bildagentur-online/Tetra Images 42, Bildagentur-online/TIps-Images 16, blickwinkel/A. Hartl 99, blickwinkel/artifant 33, blickwinkel/Blinkcatcher 187, blickwinkel/Blinkcatcher 25 u., blickwinkel/G. Stahlbauer 17 l., blickwinkel/J. Fieber 19 r., blickwinkel/J. Hauke 23, blickwinkel/L. Koch 100, blickwinkel/Luftbild Bertram 35, blickwinkel/ M. Lohmann 11 o., blickwinkel/McPHOTO 31, 203, 233 r., blickwinkel/R. Linke 101, blickwinkel/S. Sailer/A. Sailer 21 l., BREUEL-BILD 132, BSIP 161, chromorange 176, 244 r., Daniel Reinhardt 198, Design Pics 29, dpa 11 u., 15, 45, 46, 57, 64, 73, 77, 79, 82, 88, 94, 97 (Biosiegel), 115, 121, 126, 129, 142, 143, 146, 150, 151 r., 154, 178 l., 182 o., 189, 190, 193, 199, 200, 202, 212, 214, 219, 226, 227, 229 o., 229 u., 230 l., 239 u., 239 o., 240, 242, dpa Themendienst 26, 204, dpa/dpaweb 89, 139 r., 185, 235, dpa-infografik 12 l., dpa-infografik (©Globus) 27, eb-stock 195, Eibner-Pressefoto 20, 196, Eventpress Hoensch 139 l., GES-Sportfoto 241, Lacy Perenyi 244 l., 245, 248, landov 41 o., 133, 148, 157, 175, 209, Martin Lejeune 172, Mary Evans Picture Library 117 o., 145, 149, Pressefoto Baumann 238 l., R. Goldmann 95, 168, Relaximages 188, Rolf Kosecki 249 r., Sport Moments/Basting 243, Sven Simon 179, 237, 246, 247, United Archives 169 u., WILDLIFE 13, 18, 91, 88, Wolfgang Minich 180, ZB 65, 107, 123, ZUMAPRESS. com 47, 223

Shotshop.com: HannaNes 66 u.

Shutterstock.com: Estremo 6 (auch auf S. 5), sculpies 58 (auch auf S. 5), Janaka Dharmasena 60, Vitaly Korovin 76, Pavel L Photo and Video 80, Angela Crimi 92, Vitoriano Junior (Karte) 117 u., connel 134, racorn 153, Gladskikh Tatiana 158, Balazs Justin 206 (auch auf S. 5), Oleksiy Mark 208, Dominik Zorgie 211, rvlsoft 217, geniusksy 221, adamico 222, Christian Bertrand 236